Basic Economics

베이직 경제학

전현중

도서출판
청람

| 머 | 리 | 말 |

최근 제4차 산업혁명의 물결이 일어나면서 경제환경이 급변하고 있다. 인공지능(AI), 사물인터넷(IoT), 가상통화, 클라우드 컴퓨팅, 빅데이터, 모바일 등 지능정보기술이 전통 산업 및 서비스와 융합하고, 3D 프린팅, 로봇공학, 생명공학, 나노기술과 같은 신기술과 결합하고 있다. 새로운 첨단기술은 현실세계의 모든 상품과 서비스를 네트워크로 연결하고 사물을 지능화하고 있다.

제4차 산업혁명은 초연결(hyperconnectivity)과 초지능(superintelligence)을 특징으로 한다. 과거의 산업혁명에 비해 더 넓은 범위(scope)에 더 빠른 속도(velocity)로 더욱 큰 영향(impact)을 미친다. 차세대 산업혁명의 효과가 확산되면서 현실경제에서 거래되는 상품과 서비스의 유형을 크게 바꾸어놓고 있다. 소비자 · 기업과 같은 주요 경제주체도 빠르게 진화하는 기술환경에 적응하며 새로운 역할과 역량을 요구받고 있다. 세계 모든 나라도 긴밀하게 연결되어 서로에게 점점 더 많은 영향을 주게 되었다.

정부의 역할도 점점 확대되고 있다. 전통적으로 정부는 시장개입을 통해 경제위기에서 벗어나게도 하였지만 때로는 더 큰 수렁에 빠뜨리기도 하였다. 각국 정부는 새로운 기술 · 경제환경을 맞아 다른 어느 시대보다 더욱 적극적으로 현실경제와 시장에 개입하며 영향력을 키워오고 있다.

지금까지 경제학은 개별시장의 원리와 기능을 설명하며 효율성을 강조하거나 경제불황에 대한 해결방안을 내놓기도 하였다. 하지만 날로 복잡해지고 있는 경제현실을 설명하는 데 한계를 보이는 것도 사실이다. 경제이론이 설명하지 못하는 많은 시장 불완전성 때문에 정치와 정부의 개입을 초래하고 포퓰리즘(populism) 정책이 확산되는 빌미를 제공하기도 하였다.

현실경제가 복잡해질수록 ‘보이는 손(visible hand)’으로 조정할 수 없는 수많은 난제가 늘어나고 있다. 기본적인 경제체제 운용은 시장의 ‘보이지 않는 손(invisible hand)’에 맡기고, 정부는 시장시스템이 원활하게 작동하도록 돕거나 부족한 부분을 보완하는 역할을 담당해야 할 것이다. 정부가 일일이 개입하여 경제문제를 풀어가기에는 현실경제가 너무 복잡하고 다양하기 때문이다. 경제현상을 정확하게 파악하기 위해서는 시장시스템의 성격과 작동원리를 이해할 필요가 있다.

20여 년간 대학에서 경제학을 강의하면서 가지게 된 물음이 있다. 어떻게 하면 쉽게 경제학이론을 설명할 수 있는가? 일상생활과 비즈니스에 바로 적용할 수 있는 경제학 지식을 쉽게 전달할 수 있는 방법은 무엇인가? 이 물음들에 대한 답을 찾는 과정에서 부족하나마 이 책을 엮게 되었다. 경제학을 처음 대하는 대학생이나 일반인이 필요로 하는 기본적인 경제학이론을 설명하고자 하였다. 많은 경제학자들의 연구와 저작에 기대고 도움을 받았으며, 수업에서 만난 수많은 학생들의 질문이 책의 방향을 이끌었다. 기본적인 경제학이론을 학습한 다음, 경제현실에서 질문을 발견하고 답을 찾을 수 있도록 하였다. 일부 기초수준을 넘어서는 내용이 있으나 강의자나 학습자가 필요에 따라 선택할 수 있을 것이다.

어려운 여건에서도 출판을 허락해주신 도서출판 청람의 이수영 사장님과 세심한 편집으로 책의 완성도를 높여준 편집진에게 감사를 드린다. 책을 쓰는 작업의 처음부터 끝까지 기도와 도움으로 함께 해준 가족에게 고마운 마음을 전하며, UPenn 대학원에서 생물학을 공부하며 표지 디자인과 캐릭터를 그려준 서영에게 특별한 마음을 보낸다.

2019년 8월

전현중

| 차 | 례 |

05 Chapter 경쟁기업

06 Chapter 독점기업

07 Chapter 과점기업과 독점적 경쟁기업

08 Chapter 노동시장과 소득불평등

09 Chapter 외부효과와 공공재

10 Chapter 국민소득과 물가

11 Chapter 통화와 통화정책

12 Chapter 실업과 인플레이션

13 Chapter 총수요와 총공급

14 Chapter 국제무역과 환율

15 Chapter 경제성장과 경제발전

CHAPTER 01

경제학의 기본원리

유튜브는 공짜인가?

유튜브(Youtube)는 세계 최대 무료 동영상 공유 사이트이며, 사용자가 영상을 시청 · 업로드 · 공유할 수 있다. 구글은 2006년 10월 16억 5천만 달러를 주고 유튜브를 인수하였다. 구글은 유튜브 인수 4년차인 2009년 약 4억 7천만 달러 적자를 기록하였으나 2010년 흑자로 돌아섰다. 이용자가 갈수록 더 불어나고 있어 유튜브의 몸값은 크게 상승하고 있다. 유튜브 콘텐츠는 개인이 제작한 비디오 영상이나 영화, TV 클립, 뮤직비디오 등이다. 사용자는 유튜브 콘텐츠를 이용할 때 금전적인 비용을 지불하지 않는다. 그렇다면 유튜브 사용은 아무런 비용을 발생하지 않는가?

1.1 경제학이란?

1. 경제학의 정의

경제학(Economics)은 인간의 경제생활을 연구대상으로 하는 사회과학의 한 분야이다. 경제학의 목적은 자원배분방법과 선택에 대해 연구하는 데 있다. 즉 개인, 기업, 정부 및 사회 내의 서로 다른 경제주체나 조직들이 어떻게 선택을 하며, 선택결과에 따라 자원의 사용방식을 어떻게 결정하는가를 연구한다.

21세기 현대경제학이 해결하고자 하는 핵심과제는 기본생활을 유지할 수 없는 절대빈곤, 날로 커져가는 빈부격차, 오염되고 있는 자연환경, 급증하는 물가, 높은 실업 등 사람들이 현실에서 겪고 있는 경제생활의 어려움들이라고 할 수 있다.

경제학을 정의하고 범위를 규정하기 위해서는 경제주체, 욕구와 희소성의 개념을 이해해야 한다. 경제주체(economic agent)는 선택을 하는 개인이나 집단을 뜻한다. 개인으로서의 경제주체는 개별소비자, 학생, 노동자, 기업가, 도둑 등을 들 수 있다. 소비자는 기차를 탈지 비행기를 탈지 선택한다. 학생은 경제학 수업에 출석할지 아니면 결석하고 영화를 볼지를 선택한다. 노동자는 열심히 일하여 높은 인사고과점수를 받을지 적당히 일하고 낮은 인사고과점수에 만족할지를 선택한다. 기업가는 생산할 상품과 생산지역을 선택해야 한다. 심지어 도둑도 승용차를 훔칠지 오토바이를 훔칠지 결정해야 한다.

경제주체는 개인뿐만 아니라 집단일 수도 있다. 즉 정부, 기업, 대학, 노동조합, 범죄조직 같은 집단도 경제주체가 될 수 있다. 경제학자는 분석을 단순화하여 집단을 의사결정권을 갖는 하나의 경제주체로 여기기도 한다.

2. 경제학의 기본전제

욕구의 무한성

사람들은 다른 동물들과는 달리 살아가는 데 많은 물질을 필요로 한다. 의식주를 비롯하여 냉장고, TV 등 가전기기, 종이, 비누 등 소모품, 그리고 로봇, 발전기 등 산업용기계와 같은 많은 종류의 물질이 사람들의 생활에 필요하다. 사람들은 생활에 필요한 물건을 얻고자 하는 욕구(desire)를 가지고 있으며, 이러한 물건을 얻음으로써 사람들은 직접 또는 간접으로 욕구를 충족하게 된다. 사람들의 욕구를 충족시켜주는 형체가 있는 물건을 경제학에서는 상품(goods) 또는 재화라고 부른다.

사람들의 욕구를 충족시켜주는 것들 중에서 상품이라고 부르기 어려운 것도 많다. 예를 들어, 음악이나 영화감상, 이발사의 이발서비스, 자동차 정비공의 차량점검, 의사의 진료행위 등은 사람들의 욕구를 충족시켜주지만 형체가 없으므로 상품이라고 부를 수는 없다. 형체는 없으나 인간의 욕구를 충족시킬 수 있는 모든 것을 서비스(services)라고 부른다.

인간의 욕구는 무한하다고 할 수 있다. 자동차도 갖고 싶고, 영화도 보고 싶다. 보통사람이라면 세상 모든 상품을 갖고, 모든 서비스를 누리고 싶을 것이다. 하지만 욕구를 충족하는 데 필요한 돈, 능력 및 시간과 같은 자원은 한정되어 있다. 경제학은 인간의 욕구는 무한하고, 욕구충족을 위한 자원은 한정되어 있다는 데 기본전제를 두고 있다.

자원의 희소성

세상에 존재하는 자원이 희소하기 때문에 선택문제는 중요하다. 사람들은 대부분 자신이 원하는 모든 상품과 서비스를 가질 수 없으므로 매 순간 가장 큰 만족을 위해 선택해야 한다. 자신이 원하는 모든 것을 가질 수 있는 엄청난 부자라 하더라도 시간도 자원이라고 생각하면 희소성(scarcity)의 한계에 도달한다. 매일 한정된 시간을 자신이 가진 어떤 물건을 사용하거나 재산을 소비하는 데 나누어 써야 하는 것이다.

수많은 부품으로 구성되어 있는 자동차나 선박과 같은 제품을 생산할 때, 수많은 의사결정과 선택을 해야 한다. 한 나라의 경제는 훨씬 더 많은 상품과 서비스로 구성되어 있으므로 의사결정과 선택의 수는 훨씬 많아진다. 경제 전체와 마찬가지로 개인도 선택에서 벗어날 수 없다. 개인, 가계, 기업, 정부는 다양한 의사결정을 통해 서로 결합되어 노동, 토지, 기계, 자연자원 등 경제의 한정된 자원을 사용하는 방식을 결정한다.

경제학자들은 일반사람들과는 달리 경제문제에 독특한 방식으로 접근한다. 경제학자들은 어떤 사고방식을 가지고 있는가? 경제학자들이 생각하는 방법을 이해하기 위해 몇 가지 개념을 살펴본다.

3. 소비자, 생산자 및 시장

합리적 소비자와 이윤극대화 기업

인간의 무한한 욕구를 충족시킬 수 있는 수단은 제한되어 있다. 인간은 부족한 수단을 가지고 가능한 한 커다란 만족을 얻기 위해서 선택을 해야 한다. 희소성(scarcity)은 개인과 기업이 반드시 선택(choice)을 해야 한다는 점을 의미하고 있다. 사람들이 여러 선택가능성에 대해 비용과 수익을 신중히 고려하여 합리적 선택을 한다는 기본가정은 경제분석의 기초가 된다.

개인에게 있어서 합리성의 가정은 개인이 자신의 이해 추구를 위해 선택하고 결정하는 것을 의미한다. 사람마다 목표도 다르고 욕망도 다르다. 상훈이 스포츠카를 갖고 큰 저택을 소유하고 싶어 한다면, 오랫동안 열심히 일해야 하며 가족과 보내는 시간을 희생해야 할 것이다. 서영은 휴가를 더 길게 보내기 위해서 일하는 시간을 희생하고 적은 소득을 받아들여야 할 것이다.

경제학자들은 서영의 선택이 상훈의 선택보다 '낫다'거나 '못하다'거나 하는 판단을 하지 않는다. 경제학자들은 또 왜 사람마다 다른 선택을 하는지, 선택에 대한 다른 견해를 가지고 있는지를 묻지 않는다. 시간이 지나면서 왜 기호가 변하는지에 대해서도 의문을 갖지 않는다. 이러한 질문들은 심리학이나 사회학에 더욱 가까운 문제들이다.

경제학자들은 서로 다른 선택의 결과에 관심을 갖는다. 자신의 이해를 합리적으로 추구하는 서영과 상훈이 어떤 결정을 내릴 것인가 하는 것이 경제학자들의 관심사이다. 기업에게 있어서 합리성의 가정은 기업이 이윤을 극대화하려고 한다는 데 근거를 두고 있다.

책 속의 경제학

『참을 수 없는 존재의 가벼움(*L'Insoutenable Légèreté de l'être*』, 밀란 쿤데라(Milan Kundera, 1984)

선택은 언제나 어렵다. 포기한 선택은 비용이기 때문이다.
"혼기에 이르자 그녀에게 구혼자가 아홉 생겼다. 모두가 그녀 주위를 둥그렇게 에워싸고 무릎을 꿇었다. 그녀는 공주처럼 한가운데 앉아 누구를 고를 것인가 고민했다. 첫 번째는 가장 미남이었고, 두 번째는 가장 똑똑했고, 세 번째는 가장 부자였으며, 네 번째는 가장 운동을 잘했고, 다섯 번째는 가장 좋은 가문 출신이었고, 여섯 번째는 시를 읊었고, 일곱 번째는 전 세계를 일주했고, 여덟 번째는 바이올린을 연주했다. 아홉 번째는 가장 남성적이었다. 그녀는 결국 아홉 번째 남자를 골랐는데, 그가 가장 남성적이었기 때문이 아니었다."

선택과 비용

선택은 언제나 포기를 동반한다. 강의와 데이트 가운데 하나를 선택해야 할 때, 경제학 강의를 선택하면 친구와의 데이트를 포기해야 할 것이다. 최선의 선택은 이익(benefit)을 얻게 하지만, 포기하는 차선의 선택은 비용(cost)을 발생시킨다. 합리적인 사람은 선택과 포기에 따른 이익과 비용을 비교하여, 최소비용으로 최대이익을 얻을 수 있는 선택을 할 것이다.

기회비용 어떤 사람이 당신에게 영화관람비용이 얼마냐고 물었을 때 당신은 1만 원이라고 했다고 하자. 그러나 경제학에서는 교환의 비용개념을 고려한다. 우선 비용은 1만 원이 아니라 영화를 관람하지 않을 때 1만 원으로 살 수 있는 다른 재화이다. 시간도 계산에 넣어야 할 희소한 자원이다. 돈뿐만 아니라 시간도 영화를 보기 위해 상실하는 기회이다. 경제학자는 영화를 선택하면서 포기한 차선의 선택을 영화의 기회비용(opportunity cost)이라고 부른다. 자원을 한 용도에 사용하면 다른 용도에는 사용할 수 없다는 의미이다.

늘 차선의 용도가 고려되어야 한다. 즉 어떤 자원을 특정한 용도에 사용할 때는 생각해야 하는 대안적 용도를 염두에 두어야 한다. 차선의 용도가 기회비용의 크기를 측정하는 수단이 된다.

우리는 가끔 무언가를 무료로 얻는다. 무료 티켓을 얻거나 점심식사를 대접받는 경우이다. 하지만 무상으로 얻을 때도 선택으로 인해 다른 선택 기회를 잃게 된다. 유료티켓으로 관람할 수 있는 다른 공연관람 기회, 다른 음식을 먹을 기회나 다른 사람과의 식사 기회를 잃게 된다. 따라서 어떤 선택의 기회비용은 가능한 여러 선택 기회 가운데 가장 가치가 높은 차선의 선택이라고 할 수 있다.

생·활·경·제·학

무료 연주회는 공짜인가?

수년 전 여름 프랑스 파리를 방문했을 때, 프랑스 파리 오르세 미술관에서 무료 클래식 연주회가 열렸다. 커트 마주어가 지휘하는 프랑스 국립오케스트라가 멘델스존의 '한여름 밤의 꿈'을 연주하였다. 기차역을 리모델링한 미술관에서 열린 연주회로 연주와 음향 모두 환상적이었다. 비록 2시간을 줄서서 기다리고, 바닥에 앉아서 들었지만 연주회는 무료였다. 그렇다면 무료 연주회는 아무런 대가를 지불하지 않는 공짜인가?

아니다. 무료 연주회도 비용이 든다. 무료 연주회를 선택함으로써 줄서서 기다린 2시간과 연주회 2시간 동안 할 수 있는 다른 선택을 포기해야 했다. 연주회 대신 센 강의 야경을 감상하거나 소르본느 대학 앞 레스토랑에서의 저녁식사를 할 수 없게 되어 비용을 지불한 셈이 되었다.

과자공장을 운영하는 상민의 과자생산에 따르는 기회비용을 생각해보자. 상민이 밀가루, 설탕, 버터 등 원재료값으로 1,000만 원을 지불하면, 1,000만 원은 기회비용의 일부가 된다. 근로자를 고용하여 200만 원의 월급을 준다면, 월급도 기회비용에 포함시켜야 한다. 회계학적 관점의 비용은 눈에 보이는 회계비용이다. 그러나 경제학적 비용은 기회비용으로 명시적 비용인 회계비용 외에 암묵적 비용도 함께 생각하여야 한다. 만일 상민이 다른 곳에서 일을 하여 월 300만 원을 받을 수 있다고 한다면, 과자공장을 직접 운영하기 위해 포기한 급료를 기회비용에 추가하여야 한다. 상민이가 과자공장을 사기 위하여 저축금액 2억 원을 투자했다면, 투자금액 2억 원을 저축했을 경우 받을 수 있는 이자도 과자생산의 기회비용에 포함시켜야 한다.

생 · 활 · 경 · 제 · 학

회의시간은 왜 짧을수록 좋은가? : 기회비용

기업은 종종 최고경영진의 회의시간을 제한하지 않고 중요한 기회비용을 발생시키고 있다. 1990년 미국 100대 기업에서 200명의 간부임원을 조사하여 시간낭비를 측정하였다. 간부임원들은 하루 평균 전화하는 데 15분, 불필요한 메모를 읽거나 쓰는 데 32분, 불필요한 회의에 72분을 소비하고 있었다. 간부들은 연간 휴가 4주를 제외하고 평균 288시간을 낭비하고 있었다. 간부들의 천문학적인 연봉을 생각하면 엄청난 비용이 될 것이다.

2019년 4월 1일 국내 상장사들이 금융감독원에 제출한 자료에 따르면, 한국의 2018년 주요기업 '샐러리맨 연봉킹'의 연봉수준은 70억 3,400만 원(삼성전자 회장), 41억 4,000만 원(삼성전자 부회장), 35억 1,000만 원(SK하이닉스 부회장), 31억 2,100만 원(LG전자 부회장) 등 순서로 나타났다. 연봉수준을 고려할 때 임원이 오랜 시간 회의를 하면, 다른 업무를 처리할 수 없으므로 막대한 기회비용을 지불하는 셈이 된다.

매몰비용 경제적 비용에는 일반사람들이 생각하는 비용이 포함되기도 하지만, 무시되기도 한다. 어떤 지출과 선택을 하더라도 되돌릴 수 없다면, 합리적인 사람은 이미 이루어진 지출은 무시할 것이다. 이러한 지출을 매몰비용(sunk cost)이라고 부른다.

예원은 2시간 상영되는 영화를 보기 위해 1만 원을 지출했다고 하자. 예원은 영화를 보기 시작한 지 30분이 지나서 영화가 매우 재미없다는 것을 알게 되었다. 영화는 정말 형편없었다. 예원은 영화를 계속 보아야 하는가 아니면 영화관을 나와야 하는가? 예원은 지불한 영화관람료 1만 원은 무시해야 하며, 의사결정과정에서 고려하지 말아야 한다. 이미 지불한 영화관람료는 매몰비용이기 때문이다. 예원의 영화관람비용은 영화관에 머물건 떠나건 이미 없어진 것이다. 남은 선택은 예원의 시간에서 남은 90분을 어떻게 쓰는가에 달려 있다. 형편없는 영화를 볼 것인가 아니면 나가서 다른 일을 할 것인가이다. 남은 90분 동안 영화를 계속 보는 것보다 다른 일을 함으로써 더 나은 만족을 얻는다면 이미 지출한 1만 원을 고려하지 않고 영화관을 나가야 한다.

생 · 활 · 경 · 제 · 학

손님이 적은 옆 계산대로 옮겨야 할까? : 매몰비용

슈퍼마켓이나 대형 할인점에서 쇼핑을 마친 후 계산대에 가서 5분 정도 차례를 기다렸는데 옆 계산대가 열리며 손님을 받기 시작했다. 옆 계산대로 옮길까? 아니면 지금까지 기다린 5분이 아까워 계속 줄 서 있던 계산대에 머물러야 할까?

지금까지 기다린 시간이 아까워 계속 같은 계산대에 머무르는 사람은 없을 것이다. 그렇다. 옆 계산대로 옮길지의 여부를 결정하는 데 있어서 지금부터 어느 계산대에 서면 계산을 빨리 할 수 있을지가 핵심적인 요인이다. 지금까지 기다린 시간 5분은 고려할 필요가 없다. 매몰비용이기 때문이다.

한계비용 경제학에서 중요하게 고려되는 비용의 개념 중 하나는 한계비용(marginal cost)이다. 한계비용은 어떤 일을 하거나 상품을 구입하는 데 따른 추가 비용이다. 한계비용은 해당 상품을 더 소비함으로써 추가되는 한계수익에 대비되는 개념이다.

한계비용은 경제학의 한계(marginal)개념에 근거를 두고 있다. 한계개념은 의사결정과정에서 총량이 아니라 현재상태의 추가부분에 초점을 둔다. '한 단위 더', '추가', '한계'는 모두 같은 의미를 가지고 있다. 대부분 경제주체들은 의사결정을 할 때 전체 대신 현재상태에서 추가되는 한계비용과 한계이익을 고려한다.

가장 중요한 결정은 어떤 상품을 소비할 것인가 말 것인가가 아니라, 어떤 상품을 조금 더 소비할 것인가 조금 덜 소비할 것인가 하는 문제이다. 일을 할 것인가 말 것인가보다는 일을 몇 시간 더 할 것인가 또는 몇 시간 줄일 것인가가 문제의 핵심이다. 기업도 생산설비를 추가할 것인가 하지 않을 것인가가 의사결정의 핵심이 된다. 한 나라가 군대를 보유할 것인가 보유하지 않을 것인가를 결정하는 것은 중요하다. 하지만 좀 더 큰 군대를 보유할 것인가 아니면 좀 더 작은 군대를 보유할 것인가를 결정하는 문제가 더욱 중요하다.

1.2 경제학의 질문, 방법과 영역

1. 경제학의 질문

현대경제학은 현실경제문제를 이해하기 위해 끊임없이 다양한 질문들을 제기하고 있다. 농사를 짓는 데 사용하였던 토지나 양식하던 바닷가의 매립지가 자동차공장을 위해 사용되는 이유는 무엇인가? 어떻게 마차생산이 수십 년 만에 자동차생산으로 바뀌었는가? 어떻게 수십 년 만에 대장장이는 모두 없어지고 기능공과 기술자가 생겨났는가? 새로운 인공지능은 기능공과 기술자의 일자리를 모두 없애버릴까? 수많은 소비자, 노동자, 투자자, 경영자, 정부 관료의 의사결정이 어떻게 한 사회가 사용할 수 있는 희소자원의 배분을 결정하는가?

경제학이 제기하는 다양한 질문들은 다음 네 가지 기본적인 문제로 정리할 수 있다.

첫째, 무엇을 얼마나 생산해야 하는가?

둘째, 어떻게 상품들을 생산하는가?

셋째, 누가 상품들을 소비하는가?

넷째, 누가 경제적 의사결정을 내리며 어떤 절차를 거치는가?

2. 과학적 방법

과학적 방법(scientific method)은 경제학자와 같은 사회과학자와 자연과학자가 현실세계를 설명하는 모형을 개발하고, 자료를 이용하여 개발한 모형을 검증, 즉 모형과 자료 간 적합성을 평가하는 과정을 의미한다.

경제학자는 현실세계를 설명하고 이해하기 위해 적합한 모형을 찾기 위해 노력한다. 경제학자는 모형과 자료를 검증하여, 자료를 통해서 잘 설명할 수 있는 유용한 모형을 발견하려고 한다. 경제학자는 좋은 모형을 찾을 때까지 수정을 반복하여 과거를 잘 설명하고 미래를 예측하는 데 도움을 줄 수 있는 유용한 모형을 찾으려고 한다.

모형과 자료

경제학은 현실세계와 인간사회를 관찰대상으로 하는 사회과학이다. 현실세계는 너무 복잡하여 전체를 설명하는 모든 변수를 고려할 수 없으므로 현실세계를 축소한 모형을 개발한다. 모형에서는 현실세계를 가장 잘 설명하는 데 몇 가지 변수만을 다룬다.

학생들이 공부하는 유명한 경제모델은 경제학자들 사이에서 치열한 논의를 거치면서 장점과 단점이 널리 알려져 있다. 따라서 잘 알려진 모형을 이용하여 현실경제를 설명하는 방법은 유용하다고 할 수 있다.

모형은 내생변수와 외생변수 간의 관계를 설명하면서 전체 경제를 이해할 수 있도록 한다. 내생변수(endogenous variable)는 모형 내의 조건들에 따라 결정되는 값이며, 외생변수(exogenous variable)는 모형 외부에서 주어지는 값이다. 내생변수는 관심이 집중되는 주요한 변수로서 모형 내 변수의 핵심이 되고, 외생변수는 주로 내생변수에 영향을 주는 외부충격요인으로 다루어진다.

모든 과학적 모형은 자료(data)를 활용하여 검증되고 예측된다. 자료는 현실세계의 사실, 측정치, 통계치라고 할 수 있다. 경제학자는 실증적 증거(empirical evidence)를 만들어내기 위해 자료를 사용한다. 경제학자가 실증분석을 위해 하는 예측을 가설(hypotheses)이라고 한다. 경제학자는 가설이 가용 자료와 모순이 될 때, 새로운 가설을 만들어 더 좋은 모형을 찾으려는 노력을 반복한다.

인과관계와 상관관계

인과관계와 상관관계는 서로 다르다. 인과관계(causation)는 어떤 일이 다른 일에 직접적으로 영향을 줄 때 발생한다. 즉 원인과 결과의 관계라고 할 수 있다. 예를 들어 아궁이에 불을 때면 굴뚝에 연기가 나는 것과 같다.

상관관계(correlation)는 두 가지 일이 서로 관련이 있어 서로 영향을 주는 것을 의미한다. 즉 어떤 것이 변하면 다른 것도 변하는 것을 말한다. 따라서 원인과 결과의 관계도 상관관계 안에 포함될 수 있다. 하지만 상관관계는 원인이 존재하지 않더라도 발생할 수 있다.

고등학교에서 음악수업을 수강한 학생들이 수강하지 않은 학생들보다 학력고사 점수가 더 높다고 하자. 어떤 학자는 음악수업을 많이 들을수록 학력고사점수가 더 높아지는 인과관계가 있다고 생각할 수 있다. 하지만 학력고사에서 고득점을 한 우수한 학생들이 음악수업을 많이 들었다고 하자. 이는 학력고사점수와 음악수업 수강 간의 관계는 인과관계가 아니라 단지 상관관계가 있을 뿐이라는 사실을 말해준다. 상관관계는 양(+)의 상관관계, 음(−)의 상관관계, 영(0)의 상관관계로 구분할 수 있다. 양(+)의 상관관계는 두 변수가 같은 방향으로 움직이는 것을 의미하며,

소득수준이 높은 사람들일수록 결혼할 가능성이 더 높은 경우이다. 음(−)의 상관관계는 두 변수가 반대 방향으로 움직이는 것을 의미하며, 학력이 높은 사람일수록 실업에 놓일 가능성이 낮은 경우이다. 영(0)의 상관관계는 두 변수의 상관관계가 없는 것을 의미하며, 토익 성적은 학번의 홀수인지 짝수인지의 여부와 아무런 관계가 없는 경우와 같다.

3. 경제학의 영역

미시경제학과 거시경제학

경제학은 미시경제학과 거시경제학으로 나눌 수 있다. 미시경제학(micro-economics)은 소비자, 기업 등 개별경제주체의 행동을 통해 시장에서 개별재화의 가격결정 체제를 분석하는 경제학 분야이다. 소비자(개인, 가계)와 생산자(기업)와 같은 개별경제주체가 어떻게 선택을 하고, 정부가 어떻게 소비자와 기업의 선택에 영향을 주는지를 다루고, 각 주체가 시장에서 어떻게 상호작용하는지를 분석한다.

거시경제학(macro-economics)은 국민경제 전체 체제를 총량지표로 사용하여 분석하는 경제학 분야이다. 국민소득, 물가, 실업, 인플레이션, 경제성장 그리고 무역수지와 같은 경제 전체의 형태와 통계에 관심을 가진다. 거시경제학에서는 임의의 기업이나 가계가 무엇을 하는지 알 수 없으며, 전체 통계를 통해 전체 또는 평균적으로 어떤 일이 일어나는지 알 수 있을 뿐이다.

자동차산업과 같은 한 산업도 미시적 측면과 거시적 측면을 동시에 가지고 있다. 개별기업, 투자자 그리고 노동조합의 미시경제학적 상호작용에 관한 측면과 실업, 유가상승이나 경기변동과 같은 총체적인 거시경제학적 관계에 대한 측면이 있다.

미시경제학의 질문의 예는 다음과 같다. 취직을 해야 할까 아니면 대학원에 진학해야 할까? 삼성전자가 올해 국제통상학과를 졸업한 김동환 군에게 지급할 연봉은 어떻게 결정될까? 대학에서 새로운 강좌를 개설하는 데 드는 비용을 결정하는 요인은 무엇인가? 저소득층 학생이 대학에 진학할 수 있도록 하려면 정부는 어떤 정책을 선택해야 할까? 저출산문제를 해결하기 위해서는 어떤 정책을 선택해야 할까? 부산은행이 인도네시아 수라바야에 새로운 지점 개설 여부를 결정할 때 고려해야 할 요인은 무엇인가?

한편, 거시경제학 질문의 예는 다음과 같다. 현재 우리나라 전체의 취업자 수는 얼마인가? 한 해 동안 경제 전체의 근로자에게 지급하는 임금총액을 결정하는 요인은 무엇인가? 경제 전체의 물가수준을 결정하는 요인은 무엇인가? 우리나라의 고용과 성장을 촉진하기 위해 정부가 채택할 수 있는 정책은 무엇인가? 한국과 다른 국가 간 상품, 서비스, 금융자산 등의 교역을 결정하는 요인은 무엇인가?

실증경제학과 규범경제학

경제학자들은 경제정책 논의과정에서 서로 다른 의견을 내놓는다. 경제가 움직이는 원리에 대한 견해, 경제현상에 대한 설명, 경제정책의 결과에 대한 예측이 서로 다르다. 그리고 경제학자들은 가치관도 서로 다르며, 결과를 평가하는 기준도 각양각색이다.

경제학자들은 실증경제학(positive economics)과 규범경제학(normative economics)에 근거하여 주장을 펴나간다. 실증경제학은 경제를 설명하고, 경제가 변화되는 방향, 정책의 효과를 예측하는 모델을 만들 때 이용된다. 규범경제학은 다양한 수익과 비용을 비교하여 정책을 평가할 때 이용된다.

실증경제학은 경제가 작동하는 방식을 규명하며, 현상을 설명하는 데 중점을 둔다. 규범경제학은 다양한 행동경로가 바람직한지를 판단하며 당위에 근거를 두고 있다. 실증경제학에서는 '~하다(is)', '~했었다' 등으로 표현하지만, 규범경제학에서는 '~해야 한다(ought to be)' 등으로 방향성을 제시한다.

4. 효율성과 형평성

효율성(efficiency)은 들인 노력과 얻은 결과의 비율을 의미하며, 최소비용으로 최대효과를 얻는다는 원칙을 기초로 하고 있다. 파레토(Pareto) 최적은 다른 사람의 손실을 발생하여야만 한 사람의 이익을 증가시킬 수 있는 상황을 말한다.

민영이가 시간당 5,000원을 받고 수연이는 시간당 10,000원을 받는 상황에서 두 사람 모두 임금이 인상되었다면 파레토 개선이라고 할 수 있다. 빌 게이츠가 세계 전체 부의 99%를 소유하고 나머지 사람들이 1%를 소유하는 상황이라면 파레토 최적일 수 있다. 빌 게이츠가 100달러를 한 노숙자에게 주었다면, 노숙자는 100달러 이익을 얻지만 빌 게이츠는 100달러의 손실을 보게 되므로, 파레토 개선이라고 할 수 없다. 파레토 기준은 분배의 형평성문제를 다루지는 못하고 있다. 효율성은 생산측면을 강조하고 실증경제학의 근거가 된다.

형평성(equity)은 사물이나 대상이 균형을 이루어 평등한 정도를 말한다. 사회적 형평성은 사회적으로 동일한 경우에는 동일하게 취급하는 수평적 형평과 서로 다른 경우에는 다르게 취급하는 수직적 형평으로 나눌 수 있다. 수직적 형평은 정당한 불평등이나 합리적 차별의 개념을 내포하고 있다. 형평성은 분배 측면을 강조하고 주관적인 가치판단이 개입되어 규범경제학의 근거가 된다.

질문의 답 찾기

유튜브(YouTube)는 공짜인가?

유튜브가 이용료를 받지는 않지만, 사람들은 유튜브를 이용하는 만큼 시간을 소비한다. 만약 유튜브를 매일 1시간씩 이용한다면, 유튜브를 하는 시간만큼 다른 일에 사용하는 시간을 줄여야 한다. 운동이나 게임을 하거나 잠자는 시간을 포기해야 한다. 한 대학생이 하루에 1시간 일하여 1만 원을 벌 수 있다면, 한 달 동안 30만 원을 모을 수 있다. 만약 일을 하지 않고 유튜브를 검색하는 데 시간을 보낸다면 30만 원을 벌 수 없게 된다. 그렇다면 유튜브 이용시간을 차선의 다른 어떤 일에 사용할 때 가장 큰 만족을 얻을 수 있을까?

경제학적 사고방법을 따르면 유튜브 이용비용은 포기하게 되는 아르바이트 수입(차선의 선택)이라고 할 수 있다. 세상을 경제학적 사고방법으로 이해할 필요가 있다. 경제학자는 사람들의 선택에 대해 공부하고 선택의 비용과 이익에 대하여 관심을 가진다.

시사경제용어

- 희소성의 법칙(Law of scarcity) : 인간의 욕망은 무한한 데 비해 욕망을 충족해줄 수 있는 경제적 자원인 상품과 서비스는 상대적으로 부족한 현상을 말한다. 희소성의 법칙이 존재하기 때문에 사람들은 선택의 문제에 부딪히고 경제문제가 발생한다. 모든 경제이론의 출발점이다.
- 행복주택 : 대학생, 신혼부부, 사회초년생 등 젊은 층의 주거안정을 위해 직장과 학교가 가까운 곳이나 대중교통 이용이 편리한 곳에 건설해 저렴한 임대료로 공급하는 공공임대주택이다.
- 회색코뿔소 : 엄청난 덩치와 공격성을 내포한 코뿔소를 눈앞에 두고도 초식동물이라며 방심해 주의를 기울이지 않고 있다가 사고를 당한다는 사례를 비유한 말이다. 지속적인 경고로 충분히 위험을 예상할 수 있음에도 쉽게 간과해버리는 상황을 비유한다.

EXERCISE

연 · 습 · 문 · 제

01 미시경제학과 거시경제학은 어떤 차이가 있는가?

02 경제학이 예산제약하의 선택에 관한 과학이라고 불리는 이유는 무엇인가?

03 영철이 다음과 같이 행동하기로 결정하였다면 기회비용은 무엇일까?

① 취업 대신 대학원 진학

② 방학 중 영어공부 대신 여행

③ 자가용 운전 대신 버스타기

04 다음 설명 중 실증적 분석과 규범적 분석을 구분하여 설명하시오.

① 중국산 자동차의 수입금지조치를 해제하면 자동차가격이 하락할 것이다.

② 제주도에 냉해가 발생하면 감귤주스의 가격이 인상될 것이다.

③ 공립학교 재정지원을 위해 소득세를 인상하는 대신 주류, 담배, 카지노에 대한 조세를 올려야 한다.

④ LG, KT, SK 등 전화회사에 전화서비스뿐만 아니라 유선 TV방송서비스를 제공할 수 있도록 허용해야 한다.

⑤ 전화회사에 유선 TV방송서비스를 제공하도록 허용하면, 두 서비스의 가격이 하락할 것이다.

⑥ 정부의 농업보조금이 과다하여 향후 10년에 걸쳐 단계적으로 축소되어야 한다.

05 다음 정책에 대하여 효율성과 형평성의 의미를 논하고, 효율성과 형평성의 관계를 조화시킬 수 있는 방안을 설명하시오.

① 정부가 원하는 공부를 할 수 있도록 모든 대학생의 수업료 전액을 지불한다.

② 정부는 실직자들이 새로운 직장을 얻을 때까지 실업수당을 지급한다.

06 학교급식을 효율성과 형평성의 관점에서 보면 어떤 차이점이 있는가?

CHAPTER 02

수요와 공급

휘발유 소비를 줄이는 방법은 무엇인가?

2019년 5월 들어 미국이 이란에 대해 경제제재를 가하면서 국제유가가 치솟고 있다. 엎친 데 덮친 격으로 미국 정부는 한국에 대해 이란산 석유수입제한 유예를 철회하였다. 그에 따라 휘발유 소비를 줄이는 방법을 찾기 위한 한국 정부의 고민은 깊어지고 있다. 정부가 어떻게 휘발유 소비를 줄일 수 있을까?

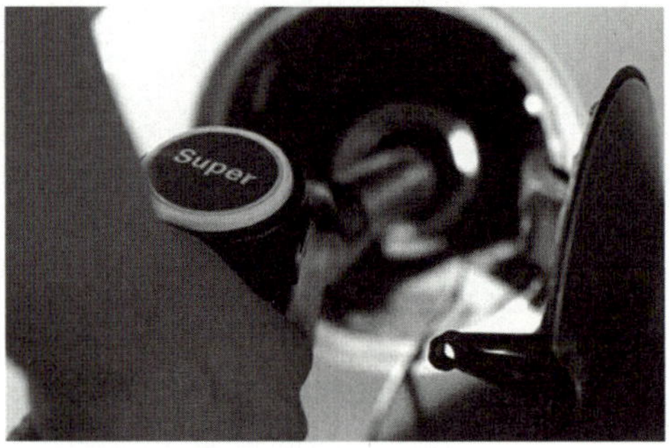

2.1 시장이란?

1. 시장의 원리

소비자와 생산자는 시장에서 수요와 공급의 상호작용을 통해 가격을 결정한다. 시장(market)은 구매자와 판매자가 상품과 서비스를 거래하여 가격을 결정하는 제도나 기구를 말한다. 구매자는 집단적으로 상품이나 서비스에 대한 수요를 결정하고, 판매자는 공급을 결정한다.

밀, 콩, 철, 자동차와 같은 농산물이나 공산품뿐만 아니라 이발, 여행, 교육 등과 같은 서비스도 모두 시장에서 거래된다. 시장은 남대문시장처럼 물리적 장소일 수도 있고, 인터넷 접속이 되는 공간이 될 수도 있다. 인터넷 거래 사이트나 데이트 웹사이트도 시장이라고 할 수 있다. 부산지역 화훼시장처럼 소비자와 판매자의 거래가 발생하는 가상공간도 시장이라고 할 수 있다.

시장에서는 가격변동이 가능하며 자발적으로 교환이 일어난다. 시장은 상품과 서비스를 배분하기 위해 가격을 활용한다. 가격은 낮은 비용에 상품을 생산할 수 있는 판매자와 같은 상품에 대해 높은 가치를 두는 구매자 간에 거래가 일어나게 하는 선택장치 역할을 한다. 대형마트는 수많은 상품을 진열해놓고 소비자들을 기다린다. 소비자가 얼마나 올지 알 수 없지만, 대부분 상품에 대해 적절한 재고를 유지하고 있다. 소비자들도 사전에 구체적인 구입상품을 결정하지 않고 가더라도 자연스럽게 상품을 구입하게 된다.

시장은 구체적인 거래계획 없이도 자연스럽게 경제 내에서 자원을 배분하는 시스템이다. 시장에는 두 가지 원리가 작동한다.

첫째, 소비자와 생산자가 더 많은 이익을 얻으려고 노력한다. 생산자는 더 많은 이윤을 얻고자 노력하며, 소비자는 더 높은 효용을 얻으려고 한다. 둘째, 가격의 신호기능이다. 시장은 가격을 통해 소비자와 생산자의 이익 추구 노력을 연결한다.

거래자들의 최적화 노력이 상호작용하여 가격을 통해 균형을 형성한다.

2. 경쟁시장

경제학자는 소비자와 생산자가 다수이고, 모두 같은 물건을 사고판다고 가정한다. 소비자와 생산자의 수에 대해 이해하기 위해서 농부들이 북적대는 농산물시장을 생각해보자. 농산물시장에서는 모든 사람들이 수박 한 상품만을 판다고 하자. 농부들은 자신의 수박가격을 올리고 싶어 할 것이다.

가격을 올리고도 계속 같은 양의 수박을 팔 수 있다면 이윤은 많아질 것이다. 하지만 판매자가 많다면 개별판매자는 비슷한 가격을 매길 수밖에 없다. 왜냐하면 어떤 농부가 맛과 크기가 같은 수박에 대해 가격을 상대적으로 높게 매기면 다른 옆 농부에게 고객을 빼앗기기 때문이다.

이윤극대화를 원하는 기업도 같은 입장이다. 만약 어떤 기업이 현재가격보다 조금이라도 높게 가격을 정한다면 상품은 하나도 팔리지 않을 것이다. 경제학자들은 이러한 상황을 완전경쟁(perfect competition)이라고 부른다. 완전경쟁경제에서 기업은 가격수용자(price taker)이다. 어떤 기업도 시장가격에 영향을 미칠 수 없으며 시장가격을 받아들여야만 한다. 기업은 시장가격을 주어진 것으로 간주하게 된다. 왜냐하면 가격을 조금이라도 올리면 전혀 팔 수 없고, 시장가격에서는 원하는 만큼 모두 팔 수 있기 때문이다.

농부의 수박시장에는 합리적인 개인들이 존재한다. 각 개인은 수박을 가능한 한 싸게 사려고 한다. 그러나 개인은 현재가격보다 싸게 살 수 없다. 왜냐하면 판매자는 수많은 구매자 중에서 현재가격을 지불할 의사가 있는 다른 구매자를 만날 수 있기 때문이다. 결국 소비자들도 시장가격을 주어진 것으로 간주하며 구매량을 결정하는데 가격 이외 다른 요인들(소득, 기호 등)에 주의를 기울이게 된다. 소비자, 기업, 시장이 구성하는 모델이 바로 기본경쟁모델이다.

기본경쟁모델은 경쟁시장에서 합리적이고 이기적인 소비자와 합리적이고 이윤을 극대화하려는 생산자가 상호작용하는 모델이다. 즉 여기에서 생산자와 소비자는 모두 가격수용자이다. 경쟁모델은 자원을 낭비하지 않는다. 다른 상품의 생산을 줄이지 않고서는 어떤 상품의 생산도 늘릴 수 없고, 다른 사람의 부를 줄이지 않고서는 어떤 사람의 부를 늘릴 수 없다는 사실을 입증하고 있다.

2.2 수요와 공급의 원리

1. 소비자는 어떻게 행동하는가?

수요와 수요량

수요(demand)는 소비자가 구입의사와 지불능력이 있을 때 각 가격수준별 수요량을 나타내는 수요계획(demand schedule)이다. 수요량(quality demanded)은 소비자가 특정 가격수준에서 구입할 수 있는 상품의 양을 나타낸다. 사과가격을 제외한 다른 모든 변수들은 변하지 않는다고 가정하자. 사과가격이 사과수요량에 미치는 영향만을 살펴본다. 〈표 2-1〉은 청도마을 사람들이 한 달 동안 사과가격이 변할 때마다 몇 개의 사과를 구입하는지 보여주고 있다.

사과가격이 500원일 때 마을 사람들은 한 달에 1,200개의 사과를 소비하고,

표 2-1 사과의 수요계획

사과가격(원)	사과수요량(개)
500	1,200
1,000	1,000
1,500	800
2,000	600
2,500	400
3,000	200
3,500	0

1,000원이면 1,000개를 사먹는다. 즉 가격이 상승함에 따라 사과 구입량은 줄어든다.

〈표 2-1〉은 사과가격과 사과수요량 간의 관계를 나타내는 수요계획이다.

[그림 2-1]은 〈표 2-1〉을 그래프로 나타낸 것이다. 사과가격을 세로축에, 사과수요량을 가로축에 표시한다. 가격과 수요량 간의 관계를 우하향하는 모양(마이너스 기울기)을 갖는 곡선으로 나타낼 수 있는데, 이를 수요곡선(demand curve)이라고 한다.

그림 2-1 사과의 수요곡선

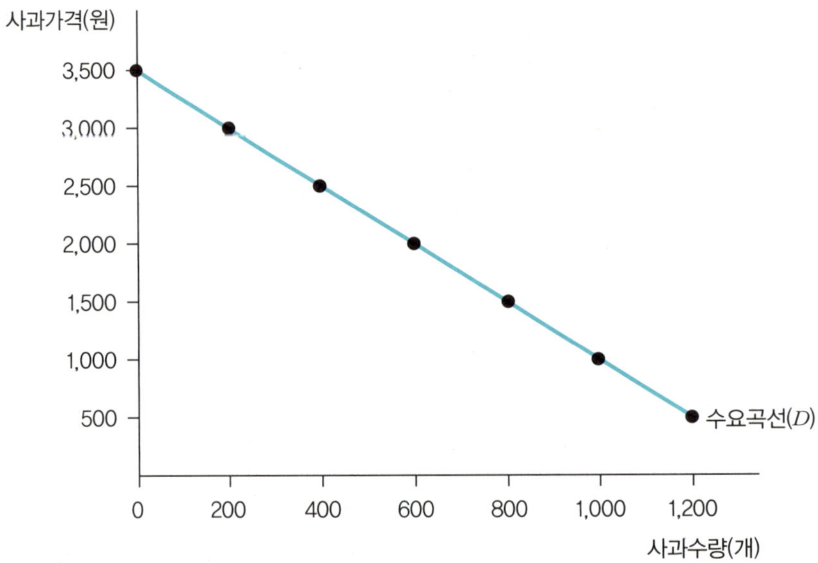

생 · 활 · 경 · 제 · 학

사람들은 왜 비싼 식당에서 식사를 하는가? : 수요법칙

프랑스 파리에 여행을 가보면, 많은 사람들은 호텔 안에 있는 레스토랑에서 저녁을 먹는다. 호텔 레스토랑의 가격은 호텔 밖에 있는 식당의 가격보다 비싸다. 그럼에도 불구하고 사람들이 호텔 식당에서 식사하는 것은 수요의 법칙에 어긋나는 행위인가? 아니다. 여기에는 두 가지 이유가

있을 수 있다.

첫째, 낯선 외국에 갔을 때는 현지 식당에 대한 정보가 부족하다. 호텔 밖에서는 어디에 식당이 있는지, 식당이 깨끗한지, 식당이 안전한 지역에 있는지 등에 대한 정보가 부족하다. 정보가 부족한 상태에서 사람들은 조금 비싸더라도 호텔 안에 있는 식당을 선호하는 경향이 있다. 둘째, 사람들은 상품과 서비스의 질이 가격과 비례한다고 판단하기 때문이다. 호텔 안에 있는 식당에서 제공하는 음식은 가격이 다소 비싸지만, 그만큼 더 맛있고 서비스도 좋다고 믿는다.

수요의 법칙은 사람들이 의사결정을 하기에 충분한 정보를 갖고 있다고 가정한다. 동일한 상품일 때 가격과 수요량이 반대 방향으로 움직인다는 것을 의미한다. 따라서 사람들이 비싼 호텔 식당을 이용하는 것은 수요의 법칙에 어긋나는 행동이라고 볼 수 없다.

수요량 결정변수

사과수요에 대해 생각해보자. 일정기간 사과를 얼마나 살지를 결정하는 데 영향을 주는 변수들은 무엇인가?

가격 사과가격이 개당 1,000원에서 2,000원으로 오른다면 사과수요량은 1,000개에서 600개로 줄어든다. 즉 소비자들은 사과를 덜 사먹게 된다. 사과 대신 귤과 같은 다른 과일을 사먹을 수도 있다. 반대로 사과가격이 500원으로 내린다면 사과수요량은 1,200개로 늘어난다. 즉 사과를 더 사먹게 된다. 사과수요량은 사과가격이 오르면 줄어들고 사과가격이 내리면 늘어나게 된다. 수요량은 가격과 마이너스(−) 상관관계에 있다고 할 수 있는데, 이를 수요법칙(law of demand)이라고 한다. 수요법칙은 다른 조건이 같을 때 어떤 상품의 가격이 상승하면 그 상품의 수요량은 감소하는 관계를 의미한다.

소득 소비자는 소득이 증가하면 사과가격이 변하지 않더라도 사과수요량을 늘릴 것이다. 소득이 증가하면 지출할 수 있는 돈이 많아지므로 거의 모든 상품의 구입량을 늘리게 된다. 소득이 증가하는 데 따라 수요가 증가하는 상품을 정상재(normal goods)라고 한다.

모든 상품이 정상재에 해당하지는 않는다. 정상재와는 달리 소득이 증가하면 수요가 감소하는 상품을 열등재(inferior goods)라고 한다. 대중교통수단이나 돼지고기가 열등재 범주에 들어간다. 소득이 증가하면 사람들은 자가용을 구입하거나 택시를 타게 되고, 지하철이나 버스는 덜 이용하게 된다. 돼지고기 대신에 비싼 소고기를 더 많이 소비하게 된다.

관련 상품가격 사과가격이 하락한다면 수요법칙에 따라 소비자들은 사과를 더 많이 사먹게 될 것이다. 반면 사과 대신에 먹는 배는 덜 소비하게 될 것이다. 한 상품의 가격이 하락할 때 다른 상품의 수요가 감소하는 경우 두 상품은 대체재(substitutes)라고 한다. 커피와 녹차, 영화와 넷플릭스 등은 대체재관계를 갖는 상품이라고 할 수 있다.

커피에 넣어 먹는 커피프림의 가격이 하락했다고 하자. 수요법칙에 따라 커피프림의 수요량은 늘어날 것이며, 커피의 소비도 증가할 것이다. 한 상품의 가격이 떨어짐에 따라 다른 상품의 수요가 늘어나는 경우 두 상품을 보완재(complements)라고 한다. 자동차와 휘발유, 컴퓨터와 소프트웨어 등은 보완재에 해당한다.

기호 한 상품의 수요를 결정하는 가장 중요한 변수 중의 하나는 소비자의 기호(tastes)라고 할 수 있다. 사과를 좋아하는 사람들은 사과를 더 많이 사게 된다. 사람들의 기호는 경제학의 범위를 벗어난 역사적 · 사회적 · 심리적 요인에 의해 결정된다. 하지만 기호가 변할 때 나타나는 현상은 경제학의 분석대상에 속한다.

기대 미래에 대한 기대(expectations)는 상품과 서비스에 대한 현재 수요에 영향을 줄 수 있다. 내년부터 소득이 증가할 것으로 기대한다면, 저축의 일부나 대출자금을 사용하여 사과를 더 구입할 수 있을 것이다. 한편 며칠 후 사과가격이 하락할 것으로 기대된다면 오늘부터 사과를 덜 사게 될 것이다.

생·활·경·제·학

맥주와 소주는 대체재인가 아니면 보완재인가? : 대체재와 보완재

맥주와 소주는 서로 어떤 관계일까? 대체재일까, 보완재일까? 맥주와 소주의 관계는 2005년 하이트맥주가 진로 인수를 놓고 공정거래위원회에 기업결합 사전심사를 신청하면서 주류업계와 애주가들 사이에서 화제를 모았다. 대체재라면 시장이 같기 때문에 독과점문제를 낳아 승인이 나지 않을 것이고, 보완재라면 서로 다른 시장이기 때문에 별문제 없이 승인이 나는 상황이었다.

일부에서는 맥주가격이 오르면 소주 소비가 늘어난다는 점을 들어 두 상품은 대체재의 성격을 띤다고 주장하고 나섰다. 그러나 소맥 칵테일을 즐기는 애주가에게 소주와 맥주는 보완재라는 다른 주장도 만만치 않았다. 1차에서 소주를 마시고 2차에서 입가심으로 맥주를 마신다면, 보완재 성격을 갖는다는 주장까지 있었다.

공정위원회의 결론은 시장이 서로 다른 보완재라는 것이다. 하이트맥주의 진로 인수를 승인하면서 공정거래위원회는 소주와 맥주시장은 소비계층이 다르고 계절적으로 소비량도 크게 달라지는 만큼 대체관계로 볼 수 없다고 결론을 내렸다. 맥주와 소주는 맛, 도수, 수요 형태 등에서 차이가 있어 서로 별개시장으로 보아야 한다는 것이다.

수요곡선의 이동

사과가 특정한 질병을 예방할 수 있다는 새로운 연구결과가 발표되면 사과시장에는 어떤 변화가 있을까? 소비자들은 각 가격수준에서 보다 많은 양의 사과를 사먹을 것이다. 즉 소비자기호가 변하고 사과에 대한 수요가 증가할 것이다. 사과를 선호하는 기호변화는 수요곡선을 오른쪽으로 이동시키는 결과를 가져온다.

어떤 상품의 수요에 영향을 주는 해당 상품가격 이외의 다른 변수가 변하면 수요곡선 전체가 이동한다. [그림 2-2]에서 나타낸 것처럼 주어진 가격에서 수요량증가를 가져오는 변화는 수요곡선을 오른쪽으로 이동시킨다. 반면 주어진 가격에서 수요량감소를 가져오는 변화는 수요곡선 전체를 왼쪽으로 이동시킨다.

■ **그림 2-2** 수요곡선의 이동

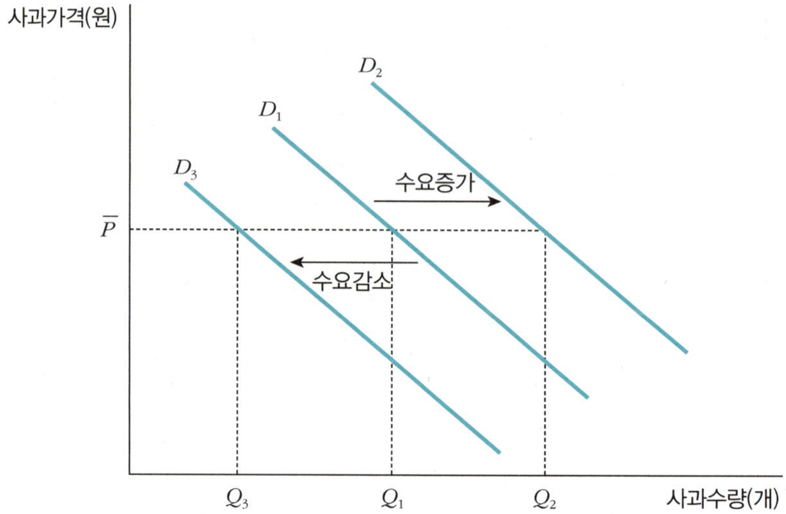

2. 생산자는 어떻게 행동하는가?

공급과 공급량

사과시장의 수요 측면과 함께 시장을 구성하고 있는 판매자(생산자 또는 기업)의 행동에 대하여 살펴보자. 공급(supply)은 판매자가 각 가격수준에서 공급하는 양의 집합을 나타낸다. 판매자가 한 상품이나 서비스를 판매할 의사와 능력이 있는 수량을 공급량(quantity supplied)이라고 한다.

생산요소의 가격, 생산기술, 미래에 대한 기대가 변하지 않는 상태에서 가격만 변하면 공급량은 어떻게 변하는가? 〈표 2-2〉는 청도농원의 사과생산자가 각 가격수준에서 공급하려고 하는 사과의 양을 나타낸다. 청도농원은 사과가격이 개당 500원일 때 사과를 한 개도 공급하지 않고, 가격이 1,000원으로 높아지면 200개의 사과를 공급한다. 사과가격과 사과공급량의 관계를 공급계획(supply schedule)이라고 한다.

| 표 2-2 | 사과의 공급계획

사과가격(원)	사과공급량(개)
500	0
1,000	200
1,500	400
2,000	600
2,500	800
3,000	1,000
3,500	1,200

[그림 2-3]은 사과가격과 사과공급량 간의 관계를 그래프로 나타낸 것이다. 어떤 상품의 가격과 공급량 간의 관계를 나타내는 곡선을 공급곡선(supply curve)이라고 한다. 다른 조건이 일정할 때 사과가격이 상승하면 공급량은 늘어나므로 공급곡선은 우상향하는 모양(플러스 기울기)을 갖는다.

그림 2-3 사과의 공급곡선

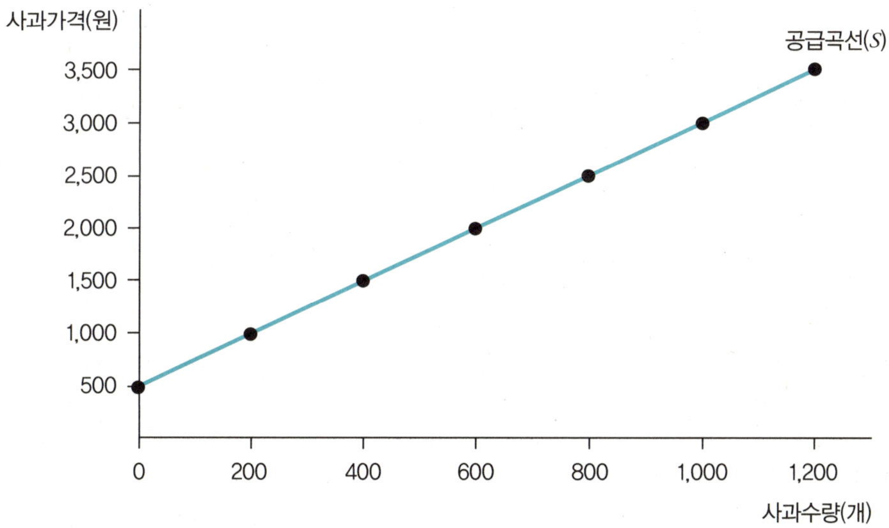

공급량 결정변수

사과의 공급량을 결정하는 변수는 무엇일까?

가격 사과가격은 사과공급량을 결정하는 변수 중의 하나이다. 사과가격이 높아지면 사과의 판매수익이 높아지므로 사과의 판매자나 생산자는 사과공급량을 증가시킬 것이다. 판매자는 근무시간을 늘리거나 신입사원을 채용할 것이며, 생산자는 장기적으로 내다보고 새로운 사과나무를 심을 수도 있다.

반면 사과가격이 낮아지면 수익이 떨어지므로 사과공급량(또는 생산량)을 줄일 것이다. 사과가격이 일정수준 이하로 폭락하면 사과 판매자는 점원을 해고하거나 사과가게의 문을 닫을 것이다. 사과 판매가 장기적으로 부진하다고 예상되면 사과 생산자는 사과나무를 모두 베어내고 포도나무를 심을 수도 있다.

사과가격이 상승하면 사과공급량은 늘어나고 가격이 하락하면 공급량이 줄어들므로 사과공급량은 사과가격과 플러스(+) 상관관계를 가지고 있다고 말할 수 있다. 이러한 관계를 공급법칙(law of supply)이라고 한다. 즉 공급법칙은 다른 조건이 일정할 때 어떤 상품의 가격이 상승하면 그 상품의 공급량이 증가하는 현상을 의미한다.

생산요소가격 사과를 생산하려면 농기구, 농부 등 여러 가지 생산요소가 필요하다. 생산요소가격이 상승하면 사과생산의 수익이 낮아져 사과생산량을 줄일 것이다. 생산요소가격이 지나치게 상승하면 사과농장의 농부는 사과농사를 중단할 수도 있다. 특정 상품공급량은 해당 상품의 생산에 투입되는 생산요소가격과 반대 방향으로 움직인다.

기술 생산기술은 사과공급량을 결정하는 한 변수이다. 새로운 기술개발로 사과재배, 분류, 포장 등이 자동화되면, 생산에 투입되는 인력을 절감할 수 있어서 생산비용을 낮추고 사과공급량을 증가시킬 것이다.

기대 현재 사과생산량은 미래에 대한 기대에 의해 영향을 받을 수 있다. 미래에 사과가격이 오를 것으로 예상되면, 사과 공급자는 생산량의 일부를 냉장창고에 보관하면서 현재 공급량을 줄일 것이다.

공급곡선의 이동

만약 사과의 수확량을 획기적으로 늘리는 신품종이 개발되었다고 하면 사과공급에 어떤 변화가 일어날까?

새로운 품종이 개발되면 동일한 가격수준에서도 사과공급량을 증가시킨다. 이는 공급곡선의 전체가 오른쪽으로 이동하는 결과를 가져온다. [그림 2-4]에 따르면, 각 가격수준에서 공급량을 증가시키는 요인이 발생하면 공급곡선은 오른쪽으로 이동한다. 반면 각 가격수준에서 공급량을 감소시키는 변화가 일어나면 공급곡선은 왼쪽으로 이동한다.

그림 2-4 공급곡선의 이동

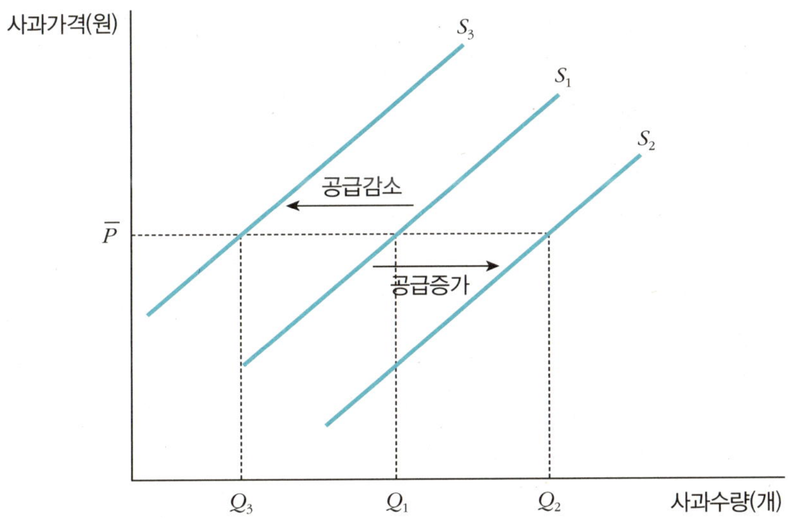

경제학자

애덤 스미스(Adam Smith, 1723~1790)

18세기 자유방임주의, 개인이익 추구는 모두에게 이득

영국 출신으로 경제학의 아버지로 불린다. 스코틀랜드 지방에서 태어나 대학을 졸업한 뒤 은행원, 철도원, 문학평론을 하며 어렵게 생활했다. 귀족의 가정교사를 하면서 방문한 프랑스에서 경제학자 세이를 만난 뒤 경제학에 눈을 떴다. 세이(Jean Baptiste Say)는 공급이 수요를 창출한다는 세이의 법칙으로 잘 알려진 프랑스 경제학자다. 애덤 스미스는 1776년『국부론』을 발간하였다. 이 책에서 빵가게의 비유를 통해 '보이지 않는 손(invisible hand)'이라는 개념을 처음 소개했다.

소비자와 빵가게 주인은 모두 자신의 이익을 위해 행동하지만, 가격이라는 매개체를 통해 사회 전체적으로 조화를 이루고 모두에게 이득을 준다. 애덤 스미스는 자기이익을 극대화하고 싶은 사람들의 동기를 잘 활용하는 경제가 성공한다고 믿었다. 그는 정부가 시장에 간섭해서는 안 된다고 생각했다. 치안유지 등 최소한의 역할만 하는 야경국가를 이상적인 국가로 보았다. 그의 이론은 자유방임주의라고 불린다.

3. 시장의 균형

시장에서는 수요와 공급이 동시에 이루어진다. 이때 상품가격과 거래량은 어떻게 결정되는가?

균형

수요곡선과 공급곡선이 만나는 점에서 균형(equilibrium)이 형성된다. [그림 2-5]에는 시장수요곡선과 시장공급곡선이 함께 그려져 있다. 두 곡선이 만나는 점(E)의 가격을 균형가격(equilibrium price)이라 하고, 거래량을 균형거래량(equilibrium quantity)이라고 한다. 사과의 균형가격은 1개당 2,000원이고, 균형거래량은 600개이다. 균형가격에서 소비자들이 구입할 의사와 능력을 가지는 수량과 생산자들이 공급할 의사와 능력을 가지는 수량이 일치하게 된다.

소비자와 생산자는 시장에서 수요와 공급의 균형을 향해 행동한다. 시장가격이 균형가격과 다를 경우 어떤 현상이 일어나는가?

그림 2-5 수요와 공급의 균형

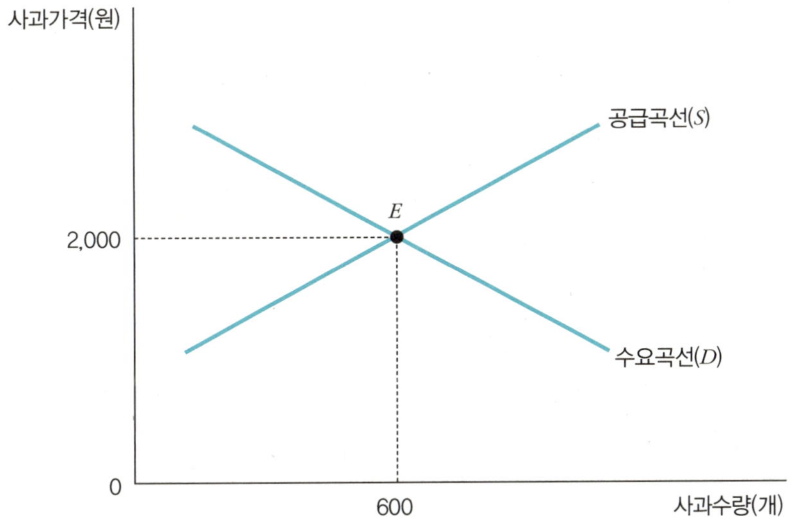

생·활·경·제·학

포로수용소에서는 어떻게 가격이 결정되는가?

제2차 세계대전 중 적군에게 잡힌 포로는 수용소에서 독특한 경제생활을 경험하였다. 포로수용소의 경제는 생산활동이 없는 아주 단순한 경제이다. 수용소를 운영하는 국가와 국제적십자사 및 외부 독지가들이 수용소에 필요한 물자들을 공급하였다.

포로들은 통조림 우유, 통조림 소고기, 잼, 버터, 빵, 과자, 담배 등의 식료품을 똑같이 배급받았다. 따라서 포로수용소 경제에서는 생산보다 누가, 무엇을,

얼마나 소비할 것인지만 문제가 되었다. 포로들이 배급받은 물품을 소비한다면 소비문제는 간단히 해결될 것으로 보인다. 그러나 실제상황은 전혀 딴판이었다.

처음에는 담배를 안 피우는 사람이 이웃동료에게 담배를 거저 주는 호의를 보인다. 그러나 시간이 지나면서 무상증여가 바람직스럽지 않고 필요하지도 않다는 것을 알게 된다. 각자가 싫어하는 품목을 내놓고 좋아하는 품목과 맞바꾸는 물물교환활동을 통해 서로 효용을 증대시킬 수 있다는 것을 깨닫게 된 것이다. 즉 수용소 전체가 모든 배급품이 거래되는 자유시장이 되는 것이다. 수용소에 포로가 수용되면 얼마 후 모든 배급품목의 상대가격이 결정되었다.

모든 품목의 가격은 담배개비 수로 표시되었다. 담배가 교환의 매개수단이자 가치척도로서의 화폐로 등장하였다. 모든 배급품의 담배개비 수로 표시한 가격은 수요 · 공급법칙의 지배를 받는다. 모든 배급품목의 공급량은 고정되어 있으므로 공급곡선은 총배급량수준에서 수직인 직선으로 나타낼 수 있다. 결국 배급품목의 가격은 시장수요의 크기에 의해 결정되었다.

초과공급

시장가격이 균형가격보다 높으면, 사과공급량이 사과수요량을 초과하여 사과가 남아돌게 된다. 이 가격수준에서는 생산자들이 팔기를 원하는 수량을 모두 판매할 수 없으므로 초과공급이 발생한다. [그림 2-6]에서처럼 사과가격이 균형가격보다 높은 개당 2,500원으로 인상되면, 공급량은 800개로 늘어나지만 수요량은 400개로 줄어들어 400개의 초과공급이 발생한다.

사과시장에 초과공급이 발생하면, 팔리지 않는 사과 재고가 점점 창고에 쌓이게 되고 사과가격은 낮아질 것이다. 가격이 균형가격수준으로 내려갈 때까지 가격조정이 계속될 것이다.

그림 2-6 초과공급

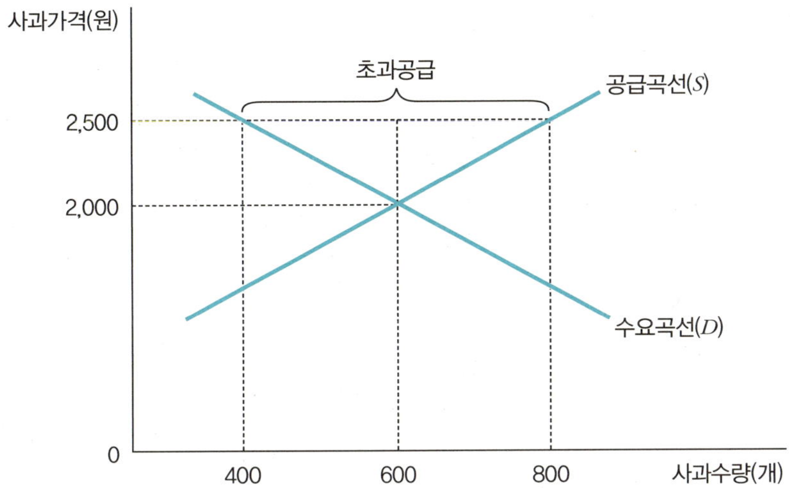

초과수요

사과의 시장가격이 균형가격보다 낮으면, 사과공급량이 수요량보다 적어지므로 사과 부족현상이 발생한다. 이 가격에서는 소비자들이 원하는 양의 사과를 구입할 수 없게 되므로 초과수요가 발생한다. [그림 2-7]에서처럼 사과가격이 균형가격보다 낮은 1,500원으로 인하되면, 사과수요량은 800개로 늘어나지만 사과공급량은 400개로 줄어들어 400개의 초과수요가 발생한다.

사과시장에 초과수요가 발생하면 사과를 사려는 소비자들은 줄을 서서 기다려야 한다. 사과공급량에 비해 소비자들이 구입하려고 하는 사과의 양이 더 많으므로 생산자는 가격을 인상할 수 있다. 가격이 상승함에 따라 다시 균형상태에 도달하게 된다.

일반적인 경쟁시장에서는 가격이 궁극적으로 시장균형을 향해 움직이므로 초과수요나 초과공급상태는 일시적인 현상이라고 할 수 있다. 특정 상품의 가격이 상품에 대한 수요와 공급이 일치할 때까지 조정되는 현상을 수요와 공급의 법칙(law of demand and supply)이라고 한다.

그림 2-7 초과수요

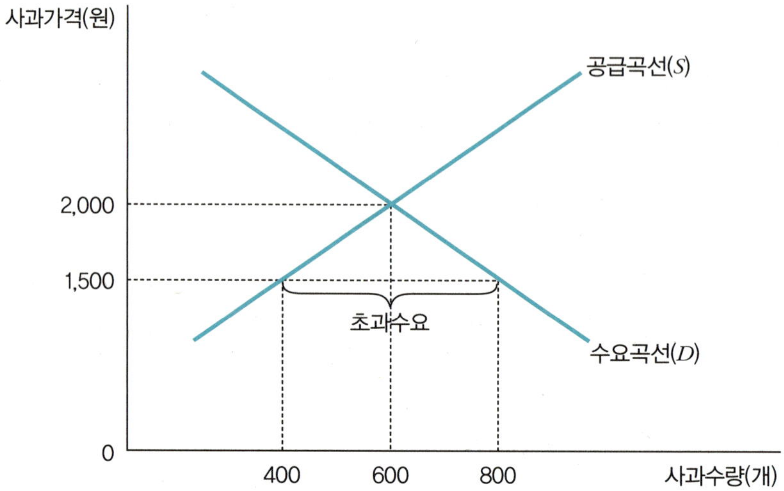

질문의 답 찾기

QA

휘발유 소비를 줄이는 방법은 무엇인가?

정부는 국민들이 휘발유 소비량을 줄이기를 원한다. 어떤 정책적 수단을 사용할 수 있는가?

정부가 휘발유 소비량을 감소시키고자 할 때, 두 가지 정책수단을 사용할 수 있다.

첫째, 휘발유에 대한 수요곡선을 왼쪽으로 이동시키는 방법이다. 석유가 나지 않는 국가의 사정을 국민들에게 홍보하거나 무공해 대체에너지를 개발하는 것도 휘발유수요를 줄이기 위한 노력이다. 정부정책이 효과를 거두면 휘발유의 수요곡선은 왼쪽으로 이동할 것이다. 둘째, 휘발유가격을 인상하는 방법이다. 휘발유에 세금을 부과하면, 주유소는 세금의 상당부분을 소비자에게 전가한다. 결국 휘발유가격이 상승하고, 휘발유 소비는 감소하게 된다. 동일 수요곡선 자체 내의 한 점에서 다른 점으로 이동하는 결과를 가져온다.

수요곡선의 이동 : 소비억제정책 결과

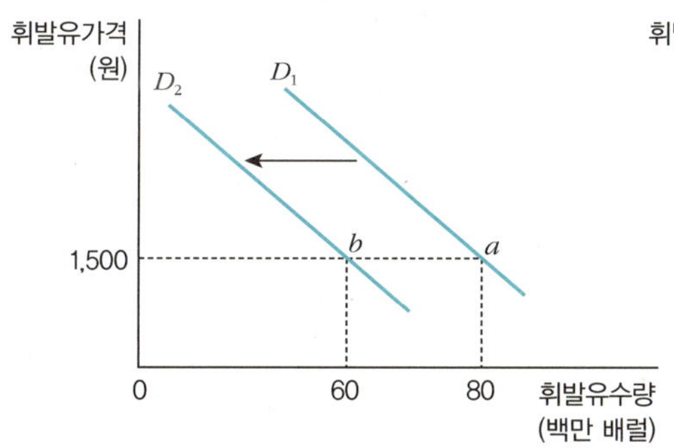

수요곡선상의 이동 : 세금부과의 결과

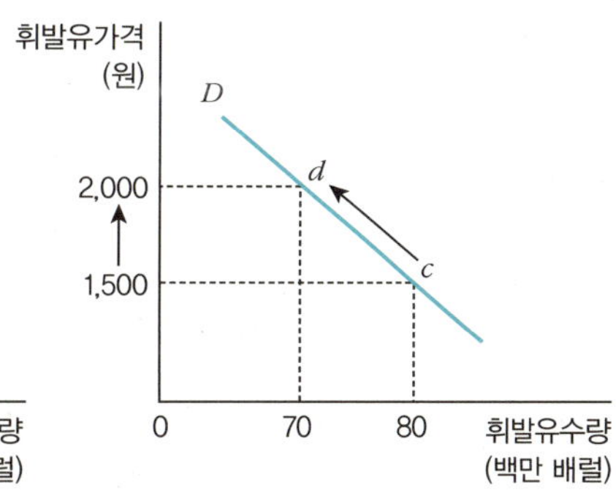

시사경제용어

- 갭(gap) 투자 : 아파트 매매가격과 전세금의 차액인 갭이 적은 아파트를 골라 전세금을 끼고 소액의 자기자본을 들여 주택을 사들이는 투자기법을 말한다. 2016~2017년 아파트 전세가율(매매가격 대비 전세가격 비율)이 70%를 넘기면서 크게 유행했다.
- 덤벨경제 : 덤벨은 무게를 조정할 수 있는 아령의 일종으로 덤벨경제는 건강이나 체력관리를 위한 지출을 표현하는 용어이다. 최근 건강에 대한 관심증가와 삶의 질을 추구하는 풍조가 확산됨에 따라 스포츠 시설, 헬스 관련 앱, 운동용품 등에 대한 소비가 증가하는 상황이다.
- 빅블러(Big blur) : 사회환경이 급격하게 변화하면서 기존에 존재하던 영역 간 경계가 모호해지는 현상이다. 최근 사물인터넷(IoT)이나 AI 등 혁신적인 기술이 발전하면서 빠르게 빅블러현상이 나타나고 있다. 대표적인 사례로는 차량 공유서비스인 우버와 정보기술(IT), 금융이 결합된 결제시스템 삼성페이 등이 있다.

연·습·문·제

EXERCISE

01 다음 내용에 적합한 수요곡선과 공급곡선의 그림을 그리시오. 전형적인 수요곡선과 공급곡선과의 차이점을 설명하시오.

① 정부가 모든 비용을 지불할 때 항암치료에 대한 수요

② 환자가 비용을 부담하는 급하지 않은 성형수술에 대한 수요

③ 박수근 그림에 대한 공급

④ 피카소 그림의 사진에 대한 공급

02 서영은 센 강이 내려다보이는 아름다운 저택을 갖고 싶어 한다. 단기에 있어서 센 강가 저택의 공급곡선은 어떤 모양을 가지는가?

03 다음 사건이 수요곡선, 공급곡선, 균형가격, 균형거래량에 주는 영향을 그래프로 나타내시오.

① 신문시장 : 기자월급 인상, 관심 큰 뉴스 보도

② 다저스모자시장 : 다저스 월드시리즈 우승, 원자재가격 인상

③ 햄버거시장 : 햄버거의 비만영향 연구, 요리시간 절약

04 올 여름은 경기불황으로 에어컨 판매가 매우 저조하였다. 경기불황이 소비자들의 소득을 감소시켜 에어컨 구매를 위축시킨 것으로 보인다. 경기불황이 에어컨시장에 미치는 영향은 무엇인가? 가격과 거래량은 각각 어떻게 변하는가? 수입자유화조치로 에어컨의 수입이 크게 늘어났다면, 국내 에어컨시장에 어떤 영향을 주는가?

05 다음 사건이 수요곡선과 공급곡선의 전체 이동을 가져오는지 수요곡선과 공급곡선 상의 이동을 가져오는지 구분하시오.

① 사람들은 비가 오는 날 우산을 사는 데 더 많은 돈을 지불할 용의가 있다.

② 유가가 상승하자 통근자들은 휘발유 소비를 줄이기 위해 자동차를 함께 타고 출퇴근하기 시작했다.

③ 부동산 투기열풍으로 주택수요가 급증하여 주택가격이 상승하면, 주택을 팔려는 사람들이 늘어날 것이다.

④ 학기가 시작하면 패스트푸드 음식점들이 아르바이트 학생들을 구하기 위해 임금을 인상한다.

CHAPTER 03

가격규제와 탄력성

3.1 가격규제

3.2 가격과 탄력성

중고차가격이 반값으로 떨어지면, 중고차 판매량은 얼마나 늘어날까?

2019년 7월 초 국제유가는 중동지역 긴장 지속, 러시아 원유생산감소, 미국 원유재고감소 예상 등으로 상승했다. 중동산 두바이유가 배럴당 62.63달러로 하락하여 상승폭을 제한했지만, 서부 텍사스 원유는 57.83달러로 오르고 북해산 브렌트유는 64.16달러로 상승하였다. 유가가 상승하면 보통 대형 중고차에 대한 수요가 줄어들고 소형 중고차에 대한 수요는 늘어난다. 결과적으로 대형 중고차가격은 떨어지고 소형 중고차가격은 올라갈 것이다. 대형 중고차가격이 떨어지면 중고차 구매자는 가격변화에 어떻게 반응하고 판매량은 어떻게 달라지는지 알아보자.

3.1 가격규제

1. 소비자잉여와 생산자잉여

소비자잉여와 수요곡선

소비자잉여(consumer's surplus)는 소비자가 어떤 상품을 소비하기 위하여 지불할 용의(willingness to pay)가 있는 가격과 실제로 지불한 가격과의 차액을 의미한다. 소비자잉여의 개념은 소비자가 어떤 상품을 소비할 때와 소비하지 않을 때를 비교하여 얼마만큼 이익을 얻는가를 보여주는 것이다.

[그림 3-1]은 소비자잉여를 나타내고 있다. 수요곡선은 소비자가 상품을 구입할 때 상품 각 단위에 대해 기꺼이 지불해도 좋다고 생각하는 최고가격, 즉 수요가격을 나타낸다. 하지만 소비자는 실제로 구입하는 각 상품에 동일한 시장가격만을 지불한다.

그림 3-1 중고차시장의 소비자잉여

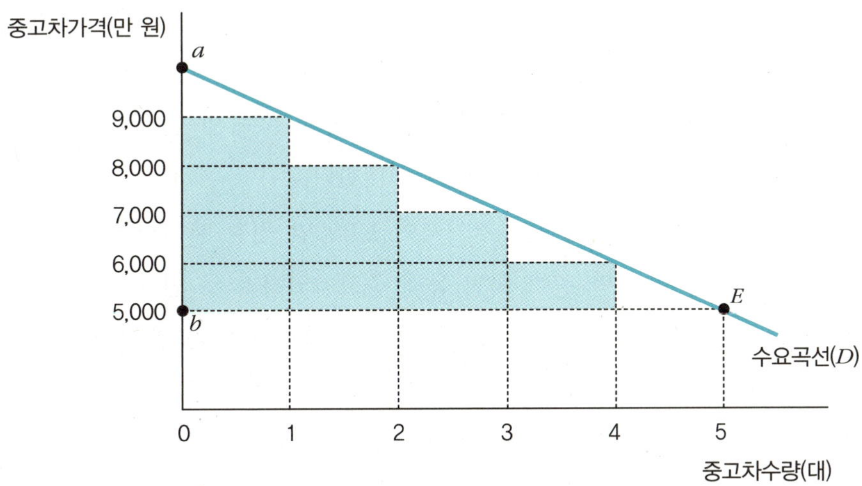

지윤은 최초 중고차 1대를 구입하기 위해 중고차가격으로 9,000만 원을 기꺼이 지불한다고 하자. 은희가 두 번째의 중고차를 구입할 때 중고차가격은 8,000만 원이 되므로 첫 번째 중고차를 9,000만 원에 구입하는 지윤도 8,000만 원만 지불하면 된다. 결국 지윤은 은희와 함께 각각 8,000만 원을 지불하고 중고차 2대를 구입할 때 1,000만 원의 소비자잉여를 얻게 된다. 중고차의 시장가격이 5,000만 원이 되고 거래량이 5대라면 소비자는 첫 번째 구입하는 중고차부터 마지막 구입하는 중고차 각각에 5,000만 원씩 총 25,000만 원만 지불하면 된다. 소비자 전체가 5대의 중고차를 소비할 경우 전체 소비자의 지불할 용의는 35,000만 원(=9,000만 원+8,000만 원+7,000만 원+6,000만 원+5,000만 원)이다. 하지만 실제로는 25,000만 원(=5,000만 원×5대)만 지불하게 된다. 따라서 전체 소비자가 얻는 총소비자잉여는 10,000만 원이며, 삼각형 abE로 나타낼 수 있다.

총소비자잉여는 지윤과 은희를 포함하여 시장에 참여하는 모든 소비자가 얻는 소비자잉여의 합과 같다. 즉 총소비자잉여의 크기는 수요곡선 아랫부분과 가격선 윗부분이 겹치는 면적과 같다.

생산자잉여와 공급곡선

기업은 상품가격이 적어도 상품생산에 드는 한계비용보다 높을 때에만 상품을 생산하여 판매할 것이다. 생산자잉여(producer surplus)는 상품가격과 한계비용 간의 차이이다. 즉 기업이 해당 상품을 한 단위 더 판매할 때 받는 가격과 한 단위를 더 생산하는 데 드는 한계비용 간의 차이를 의미한다.

부산지역 사상 중고차업자는 중고차가격이 1,000만 원일 때 중고차 1대를 공급하고, 중고차가격이 2,000만 원이 되면 동래 중고차업자가 두 번째 중고차를 공급한다고 하자. 처음 중고차를 공급한 업자는 중고차가격이 1,000만 원이어도 첫 번째 중고차를 공급할 것이므로, 중고차가격이 2,000만 원이 되면 1,000만 원의 생산자잉여를 얻게 된다. [그림 3-2]와 같이 중고차가격이 5,000만 원일 때 시장 전체가 5대의 중고차를 공급한다면, 전체 중고차공급을 통해 얻는 수입은 25,000

만 원(5,000만 원 × 5대)이며, 전체 중고차공급비용은 15,000만 원(= 1,000만 원 + 2,000만 원 + 3,000만 원 + 4,000만 원 + 5,000만 원)이 된다. 따라서 총생산자잉여는 10,000만 원(= 4,000만 원 + 3,000만 + 2,000만 원 + 1,000만 원)이며, 삼각형 *bcE*(진하게 표시된 부분)에 해당한다.

시장 전체의 생산자잉여는 모든 개별기업의 생산자잉여의 합이다. 즉 시장공급곡선의 윗부분과 시장가격선의 아랫부분의 면적이 겹치는 부분을 의미한다.

그림 3-2 중고차시장의 생산자잉여

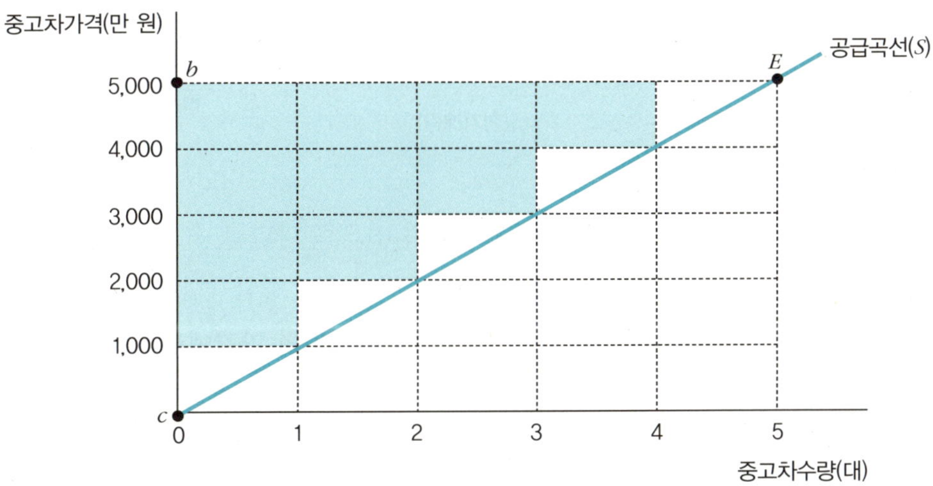

총잉여와 교환이익

부산지역의 중고차시장을 생각해보자. 중고차의 잠재적 구매자들이 지불하고자 하는 중고차가격을 수준에 따라 나열할 수 있다. 구매자에서 가장 높은 지불의도를 가진 구매자의 가격에서부터 가장 낮은 지불의도를 가진 구매자의 가격까지 순서대로 나열하면 하나의 선으로 나타낼 수 있다. 결과적으로 [그림 3-3]과 같이 구매자들의 지불의도가격을 나타내는 수요곡선(*D*)을 도출할 수 있다.

같은 방법으로 부산지역 중고차의 잠재적 판매자들이 받기 원하는 가격 순서대로 나열할 수 있다. 가장 낮은 가격을 원하는 판매자의 가격부터 가장 높은 가격

■ **그림 3-3** 총잉여

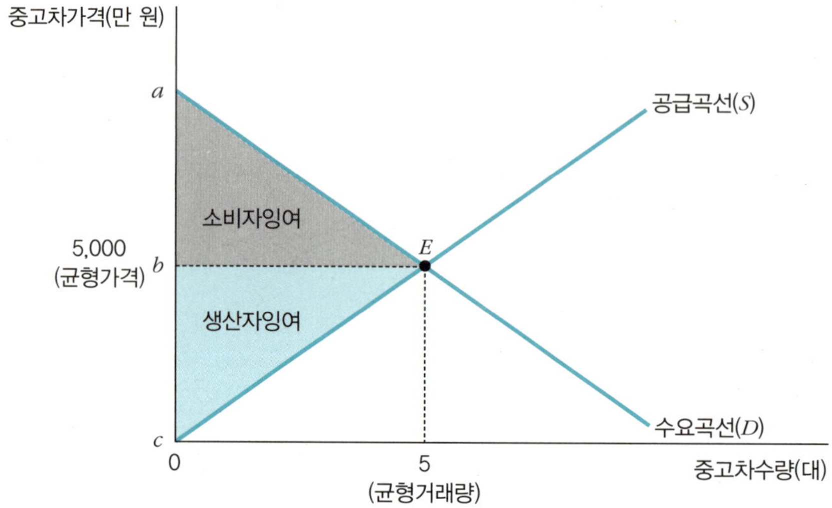

을 원하는 판매자의 가격까지 나열하면 하나의 선으로 나타낼 수 있다. 결과적으로 [그림 3-3]과 같이 판매자들의 희망가격을 나타내는 공급곡선(*S*)을 도출할 수 있다. 중고자동차 시장균형은 중고차 1대당 5,000만 원의 가격에서 5대의 중고차를 거래하게 된다. 중고차시장의 소비자잉여는 삼각형 *abE*와 생산자잉여는 삼각형 *bcE*로 나타낼 수 있다. 소비자잉여와 생산자잉여를 합하면 시장잉여 또는 총잉여(total surplus)가 되고, 삼각형 *acE*로 나타낼 수 있다.

2. 가격규제 : 가격상한제와 가격하한제

시장가격은 수요량과 공급량이 일치하는 균형을 향해 움직인다. 하지만 균형가격은 수요자와 공급자를 항상 만족시키지는 않는다. 수요자는 가능한 한 더 적게 지불하려고 하고, 공급자는 더 많은 값을 받으려고 한다. 따라서 수요자와 공급자는 더 유리한 가격을 받기 위해 도덕적 · 정치적 이유와 압력을 만들어낼 수 있다.

정부는 종종 시장개입을 요구하는 이해관계자들의 도덕적 · 정치적 압력을 받는다. 정부가 가격통제를 위해 시장에 개입하는 것을 가격규제(price control)라고 한다. 가격규제는 가격상한제(price ceiling)와 가격하한제(price floor)로 나누어진다. 정부가 시장에 개입하여 가격을 조정하려고 하면 경제적 부작용이 발생할 수 있다.

가격상한제

가격상한제(price ceiling)는 미국 등에서 전쟁, 불황, 흉작, 자연재해 같은 경제위기가 발생하였을 때 주로 시행되었다. 한국에서는 2015년 4월 민간택지에 대한 분양가 상한제기준을 강화하면서 가격상한제가 도입되었지만 적용사례가 없어 사실상 폐지되었다. 정부는 2017년 8월 2일 부동산 대책의 후속조치로 민간택지의 분양가 상한제 적용기준을 완화하면서 2년 반 만에 부활하였다. 가격상한제는 가격급등을 초래하여 소수에게는 큰 이익을 주었지만, 다수에게는 손해를 주었다고 평가된다. 한국의 대학 반값등록금제도도 시장가격 이하로 등록금수준을 규제하는 일종의 가격상한제라고 할 수 있다.

가격상한제의 경제적 효과

정부가 경쟁시장에서 가격상한제를 시행하면 어떤 결과가 나타날까? [그림 3-4]는 서울의 월세 아파트시장을 나타내고 있다. 모형을 단순화하여 모든 아파트가 동일한 재화이고, 규제가 없는 시장에서는 같은 가격의 월세가 결정된다고 가정하자. [그림 3-4] 안의 표는 월세 아파트의 수요와 공급계획을 나타내고 있다. 수요곡선과 공급곡선의 가로축은 아파트의 거래량을 나타내고, 세로축은 월세수준을 보여주고 있다. 가격규제가 시행되지 않으면 E점에서 시장균형을 이룬다. 즉 한 달에 200만 원의 월세로 20만 채의 아파트가 거래된다.

[그림 3-5]와 같이 정부가 균형가격보다 낮은 수준인 월 180만 원으로 월세를 제한하여 가격상한을 정하였다고 하자. 아파트 주인은 월세 아파트의 공급을 줄이고 아파트 세입자는 수요를 늘릴 것이다. 결국 공급자들은 공급곡선 b점에서처럼 가격상한제가 없을 때에 비해 2만 채가 줄어든 18만 채만을 공급하려고 할 것이다.

그림 3-4 가격규제가 없을 때의 아파트 월세

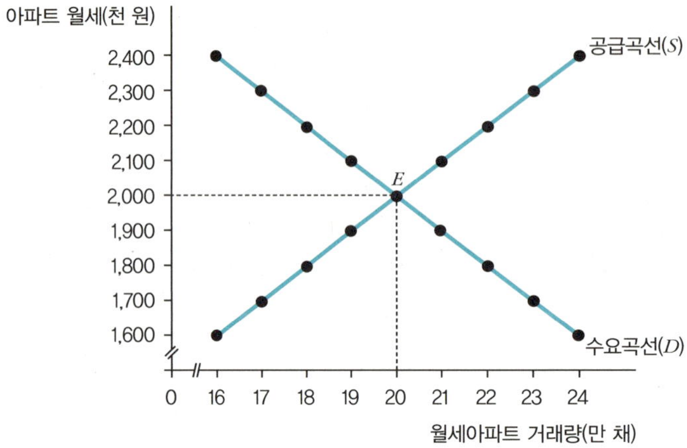

아파트당 월세 (천 원)	아파트수량(만 채)	
	수요량	공급량
2,400	16	24
2,300	17	23
2,200	18	22
2,100	19	21
2,000	20	20
1,900	21	19
1,800	22	18
1,700	23	17
1,600	24	16

그림 3-5 가격상한제의 경제적 효과

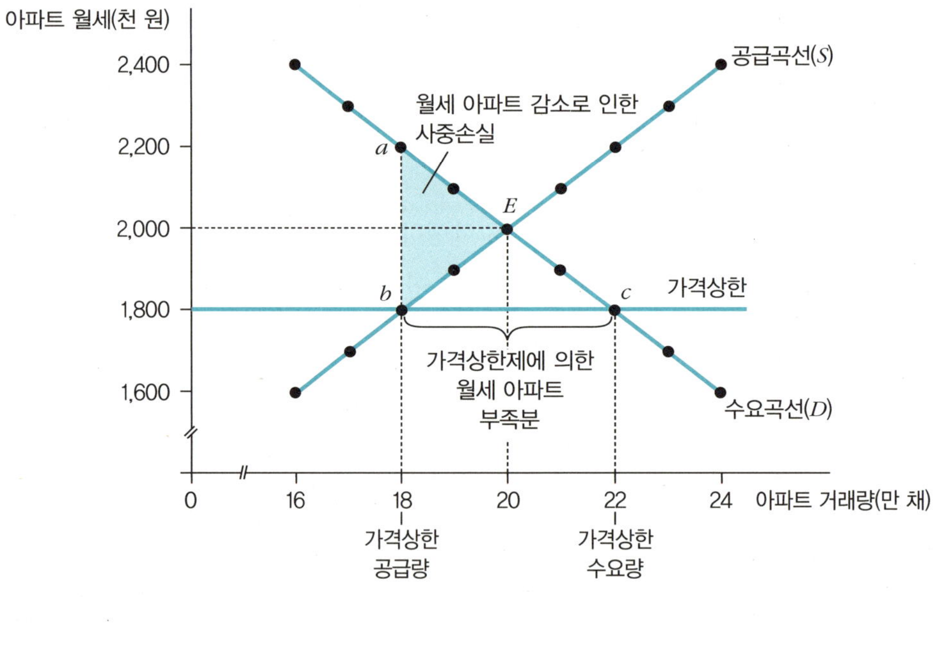

수요자는 수요곡선 c점에서처럼 2만 채가 늘어난 22만 채를 수요하려고 할 것이다. 따라서 4만 채의 초과수요가 발생하고, 월세 아파트의 부족현상이 발생하게 된다.

가격상한제의 비효율성

가격상한제는 여러 가지 비효율적인 문제점을 초래할 수 있다. 즉 효율적인 수준 아래로 거래량 하락, 소비자에 대한 비효율적인 배분, 수요자의 시간과 노력 낭비, 아파트상태의 질적 저하, 암시장 출현과 같은 문제점이 발생할 수 있다.

거래량 감소 가격상한제 도입은 월세 아파트 거래량을 시장균형상태의 효율적인 수준 이하로 떨어뜨릴 수 있다. [그림 3-5]는 월세 아파트 가격규제가 아파트 거래량을 효율적인 수준 이하로 감소시키고, 총잉여가 삼각형 abE만큼 줄어드는 것을 나타내고 있다. 즉 가격상한제는 공급량을 시장균형 거래량 이하로 줄이며, 사중손실을 발생시킨다. 삼각형 abE 영역은 비효율적으로 낮은 거래량에 의한 총잉여감소분을 나타낸다.

삼각형 abE로 나타낸 총잉여감소부분을 사중손실(deadweight loss)이라고 한다. 이는 정부의 시장개입으로 월세 아파트 거래가 줄어듦에 따라 사라지는 총잉여손실이며, 임대인과 임차인 모두에게 나누어 발생한다. 사중손실은 어떤 행동이나 정책이 거래량을 효율적인 시장 거래량 아래로 감소시킬 때 나타난다. 사중손실은 총잉여감소로 나타나는 사회적 손실이며, 수요자, 공급자, 정부 등 누구에게도 이득을 주지 않는다. 이는 한 사람의 손실이 다른 사람에게 이득을 주는 잉여 이전(transfer)과는 다른 개념이다.

비효율적 수요배분 월세규제는 임대가능한 아파트가 비효율적으로 배분되도록 한다. 즉 꼭 필요한 수요자가 아파트를 찾지 못할 수도 있고 절실히 원하지 않는 사람이 차지할 수도 있다. [그림 3-5]에 따르면 22만 명의 월세 아파트 수요자가 월세 180만 원에 아파트를 임대하기를 원하지만, 단지 임대가능한 아파트는 18만 채에 불과하다. 아파트를 구하는 22만 명 수요자 가운데는 아파트가 꼭 필요하여 더 높은 가격을 지불할 용의가 있는 사람도 있을 것이다. 또 다른 대체주택을 가지고 있어서 아파트가 당장 필요하지 않아 낮은 가격만을 선호할 수도 있다. 아파트의 비효율적인 분배는 덜 급한 사람이 아파트를 얻고 더 필요한 수요자가 얻지 못할 때 발생한다. 가격상한제 아래에서 사람들은 개인적인 인연과 우연에 의존하여 아파트를 구하기 때문에, 월세규제는 전반적으로 소비자에 대한 비효율적 배분(inefficient allocation to consumers)을 초래할 수 있다.

자원낭비 가격상한제가 비효율성을 갖는 다른 이유는 자원낭비(wasted resources)를 초래하는 데 있다. 가격상한제는 아파트 초과수요, 즉 공급부족을 가져와 많은 사람들이 아파트를 찾기 위해 수개월 동안 다른 수입활동을 하거나 가족여행을 포기하는 기회비용이 발생한다.

품질저하 가격상한은 비효율적인 품질저하를 초래할 수 있다. 품질저하(inefficiently low quality)는 수요자가 높은 가격을 기꺼이 지불하면서 양질 재화를 선호하지만, 공급자는 낮은 가격에 저질 재화를 제공하는 것을 의미한다. 월세규제는 아파트 주인이 수리비용을 보전할 만큼 집세를 올릴 수 없다. 대신 세입자를 쉽게 찾을 수 있기 때문에 아파트를 좋은 상태로 유지할 유인을 갖지 못한다. 대부분 세입자는 더 좋은 주거시설이나 환경이 갖추어지면 주인이 요구하는 더 많은 월세를 지불할 용의가 있다. 하지만 아파트를 좋은 상태로 유지하기 위한 추가비용으로 인한 월세 상승은 합리적인 비용으로 인정할 수 있어 보이지만 가격상한제로 인해 제한된다.

암시장 가격상한은 불법적인 활동을 유인할 수 있다. 즉 암시장(black market)을 출현시킬 수 있다. 아파트 주인은 집이 급하게 필요한 세입자에게 웃돈을 요구하고 싶은 유혹을 받는다. 만약 아파트 수요자들이 합법적인 최고 월세보다 더 많은 돈을 기꺼이 지불하고자 한다면 웃돈 제안에 동의할 것이다. 암시장의 단점은 사람들로 하여금 법을 무시하는 행위를 부추겨 법을 위반하도록 한다는 점이다.

가격하한제

정부는 시장가격을 올리기 위해 시장에 개입하기로 한다. 가격하한제(price floor)는 세계 각국에서 농부들의 소득지원방안으로 밀, 우유와 같은 농산물부문에서 폭넓게 시행되어왔다. 미국에서는 농산물 이외에도 트럭화물 운송이나 항공여객과 같은 서비스업에서도 가격하한제를 적용하였는데, 1970년대부터 단계적으로 사라졌다. 한국에서는 다른 여러 나라에서처럼 근로자 임금에 대해 가격하한제를 시행하고 있다. 이를 최저임금제(minimum wage)라고 하는데 임금 또는 노동가격에 대해 적용하는 가격하한제라고 할 수 있다.

가격하한제의 경제적 효과

가격하한제는 가격상한제와 마찬가지로 경제적 지원이 필요한 사람들을 도와주기 위해 시행되었지만 비효율적인 부작용이 발생할 수도 있다. [그림 3-6]은 쌀시장의 수요곡선과 공급곡선을 나타낸다. 정부의 가격규제가 없을 때 우리나라의 쌀시장은 *E*점에서 균형을 이루고 10kg당 5만 원의 가격에서 30억 톤이 거래된다.

그림 3-6 가격규제가 없을 때의 쌀시장

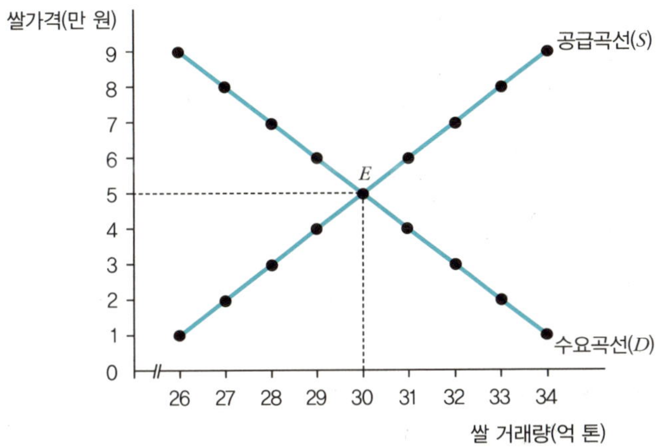

쌀가격(만 원)	쌀 거래량(억 톤)	
	수요량	공급량
9	26	34
8	27	33
7	28	32
6	29	31
5	30	30
4	31	29
3	32	28
2	33	27
1	34	26

정부가 쌀생산 농부들을 지원하기 위해 가격하한제를 도입하여 시장균형가격 10kg당 5만 원보다 높은 7만 원으로 가격을 인상하였다고 하자.

[그림 3-7]은 가격하한제의 경제적 효과를 설명하고 있다. 가격하한선이 7만 원으로 정해지면, 전체 쌀생산자는 공급곡선 *b*점에서 32억 톤의 쌀을 공급하려고 할 것이다. 쌀 소비자는 쌀가격이 상승하였기 때문에 수요곡선 *a*점에서 28억 톤만 구입하려고 할 것이다.

결국 4억 톤의 쌀이 초과공급상태에 놓이게 된다. 가격하한제 아래에서도 하한 가격이 균형가격 5만 원보다 낮은 4만 원이나 3만 원으로 결정된다면 시장에 아무런 영향을 미치지 않는다.

그렇다면 가격하한제의 경제적 효과는 무엇인가? 쌀에 대한 가격하한제를 시행하면 초과공급이 발생하고, 정부는 초과공급된 쌀을 사들여 쌓아놓게 될 것이다. 유럽연합에서는 초과공급된 농산물을 해외에 싼 값에 팔도록 장려해왔다. 미국은 과잉생산된 식료품을 일부 시민과 학교 급식에 무상으로 제공하기로 하였다. 각국 정부는 과잉생산된 농산물을 폐기하기로 하고, 과잉생산문제를 예방하기 위해 농부들에게 생산을 하지 않는 조건으로 보상금을 지급하기도 하였다.

최저임금제도 가격하한제의 한 종류이다. 최저임금이 균형임금보다 높게 책정되면 초과공급된 구직자는 일자리를 제공하는 고용주를 찾지 못하고 실업상태에 놓이게 된다. 실업상태에 놓이게 되는 구직자는 비숙련자, 여성, 노인, 장애인, 청소년 등 상대적으로 경제적 약자가 될 가능성이 높다.

그림 3-7 가격하한제의 경제적 효과

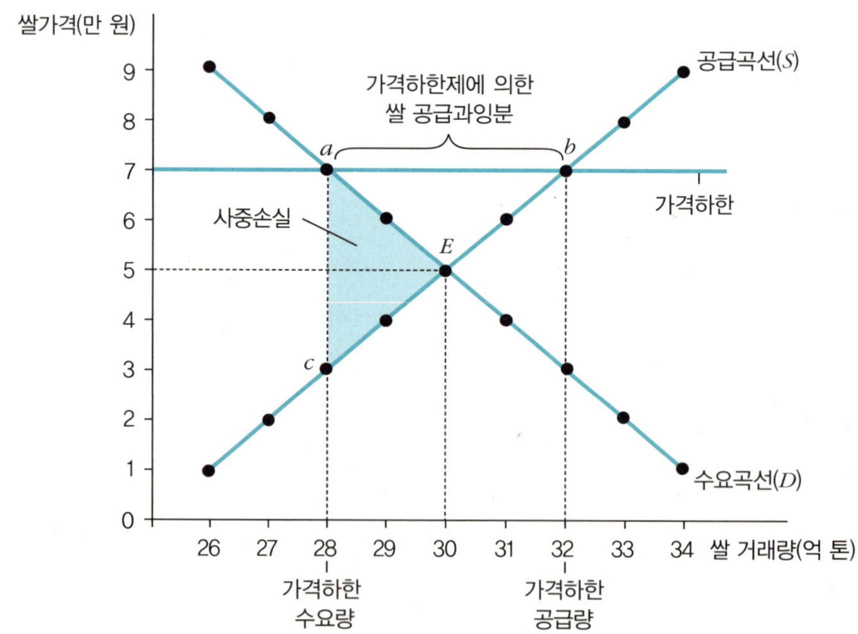

가격하한제의 비효율성

가격하한제는 지속적으로 비효율적인 공급과잉문제를 발생시킨다. 가격하한제의 비효율성은 효율적 수준 이하 거래에 따른 사중손실 초래, 공급자들 간 공급의 비효율 발생, 자원의 낭비, 공급자의 과잉품질제품 생산유인 등으로 나타난다. 가격하한제는 비효율성을 초래할 뿐 아니라 법정가격 이하로 판매하는 법 위반행위를 조장할 수 있다.

거래량감소 가격하한제는 균형가격 이상으로 가격을 상승시키므로 상품수요량을 감소시킨다. 가격하한제하에서 판매자는 소비자가 원하는 수량보다 많이 팔 수 없기 때문에 거래량이 시장균형 거래량 이하로 줄어들고 사중손실을 발생시킨다. 즉 가격하한제는 가격상한제와 마찬가지로 거래량을 줄이는 효과를 가져온다. 시장균형은 소비자잉여와 생산자잉여의 합을 극대화시키지만, 가격하한제는 거래량을 균형 거래량 이하로 줄여서 총잉여를 감소시키는 결과를 초래한다.

[그림 3-7]은 쌀가격의 하한이 총잉여에 주는 영향을 보여주고 있다. 총잉여는 공급곡선과 수요곡선 사이의 영역이므로, 가격하한제는 삼각형 acE만큼의 사중손실을 초래하고 총잉여를 감소시킨다.

비효율적 공급배분 가격하한제는 공급자들 간 비효율적 공급량 배분을 발생시킬 수 있다. 낮은 가격으로 공급하고자 하는 공급자들은 공급을 할 수 없고, 높은 가격으로 공급하려는 공급자만 공급할 수도 있다. 유럽국가에서는 노동시장에서 가격하한제의 공급 기회의 비효율적 배분에 따른 부작용이 나타났다. 유럽국가들에서는 시장균형임금보다 높은 최저임금을 받게 되는 근로자와 낮은 임금에도 일하기를 원하지만 실업상태에 놓이게 되는 근로자로 이중노동시장이 형성되었다.

자원낭비 가격하한제는 가격상한제와 마찬가지로 자원의 낭비를 초래할 수 있다. 정부가 초과공급된 쌀을 가격하한제의 가격에 맞추어 모두 사들여 창고에 쌓아둔다면 비효율적인 낭비가 될 수 있다. 가격하한제는 시간과 노력의 낭비도 가져올 수 있다. 최저임금제와 같은 가격하한제 아래에서 구직활동에 많은 시간을 사용하고 새벽인력시장에서 오랫동안 줄을 서서 기다리는 수고를 할 수도 있다. 가격상한제 아래에서 세입자가 월세 아파트를 구하기 위해 애쓰는 것과 같은 시간과 노력의 낭비를 가져온다.

비효율적 과잉품질 가격하한제는 가격상한제와 마찬가지로 상품품질 면에서 비효율을 발생시킨다. 가격상한제 아래에서는 공급자가 상품 질을 개선하려는 노력을 하지 않지만, 반대로 가격하한제 아래에서는 높은 가격 때문에 공급자들이 비효율적으로 지나치게 높은 품질(inefficiently high quality)의 상품을 제공하려고 할 수 있다. 소비자들이 다소 낮은 질의 상품을 낮은 가격으로 살 수 있다면 생산자와 소비자 모두에게 서로 이익이 되는 거래를 할 수 있다.

불법행위 가격하한제는 가격상한제와 마찬가지로 불법행위에 대한 유인효과를 갖는다. 최저임금이 시장균형임금보다 크게 높은 국가에서는 일자리가 급한 구직자들이 고용주의 요구로 최저임금법을 어기거나 고용 사실 자체를 숨기는 불법노동(black labor)계약을 받아들이는 현상이 발생한다.

3.2 가격과 탄력성

극장 입장료를 100% 인상하면 극장의 수입은 반드시 늘어나는가? 이 질문에 대한 대답을 얻기 위해 탄력성의 개념을 이해해야 한다. 즉 수요량이 가격변화에 어떻게 반응하는지를 정확하게 알기 위해서는 탄력성개념을 이용하여 경제학적 분석을 할 수 있다. 탄력성(elasticity)은 한 경제변수가 변화했을 때, 다른 변수가 얼마나 많이 변하는지를 나타내는 개념이다.

1. 수요의 탄력성

지금까지 수요에 대한 논의는 수요량변화의 방향만을 설명했을 뿐이며, 변화의 크기에 대해서는 언급하지 않았다. 수요를 결정하는 변수들의 변화에 따라 수요량이 얼마나 변하는가를 파악하는 데 사용되는 개념이 수요의 탄력성(elasticity of demand)이다.

변화율을 구할 때는 현재 양과 변화량을 모두 고려하기 때문에 직선함수라고 하더라도 현재 균형량에 따라 탄력성이 달라진다. 즉 직선상의 두 점의 탄력성 기울기로 나타나는 변화 비율이 같더라도 각 시점의 초기 양이 다르기 때문에 서로 달라진다.

[그림 3-8]은 배추에 대한 선형 수요곡선을 나타내고 있다. 가격탄력성은 선형 수요곡선을 따라 변화하는데, 수요곡선이 낮은 점일수록 비탄력적이다. 즉 a점에서는 수요가 탄력적인 데 비해 b점에서는 비탄력적이다.

그림 3-8 수요의 탄력성

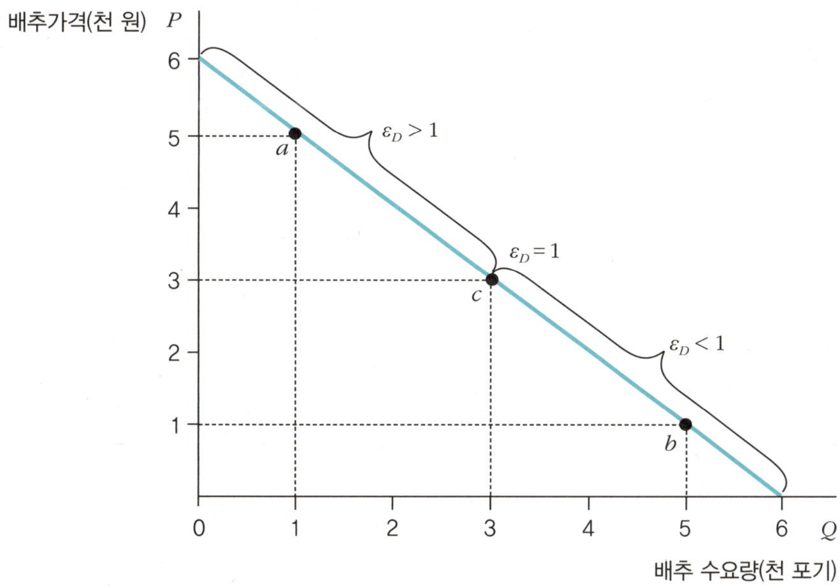

수요의 가격탄력성

수요의 법칙은 특정 상품가격이 하락하면 해당 상품수요량이 증가하는 관계를 나타낸다. 수요의 가격탄력성(price elasticity of demand)은 가격이 변화할 때 수요량이 얼마나 변하는지를 나타내는 지표이다. 한 상품의 가격변화율에 비해 수요량변화율이 크면 그 상품의 수요는 탄력적(elastic)이라고 한다. 가격변화율에 비해 수요량변화율이 작으면 수요는 비탄력적(inelastic)이라고 한다.

수요의 가격탄력성은 수요량의 변화율을 가격변화율로 나눈 수치이다.

$$\text{수요의 가격탄력성} = \frac{\text{수요량의 변화율}(\%)}{\text{가격의 변화율}(\%)}$$

수요의 가격탄력성(ε_D)은 다음 식을 통해서 계산할 수 있다.

$$\varepsilon_D = -\frac{\text{수요량의 변화율}}{\text{가격의 변화율}} = -\frac{(\Delta Q_D / Q_D)\times 100}{(\Delta P / P)\times 100} = -\frac{\Delta Q_D}{\Delta P}\cdot\frac{P}{Q_D}$$

사과가격이 10% 상승하였는데, 수요량이 15% 감소하였다면, 수요의 가격탄력성은 15%/10%=1.5이다.

[그림 3-8]은 배추의 수요곡선의 탄력성변화를 나타내고 있다. a점(P_1=5,000원, Q_1=1,000포기)에서 시작하는 수요의 탄력성을 계산해보자. 가격이 1,000원으로 하락하여 b점(P_2=1,000원, Q_2=5,000포기)에 이른다고 하면 가격은 80%[(5,000−1,000)/5,000]만큼 떨어지고 수요량은 400%[(1,000−5,000)/1,000]만큼 증가한다. 따라서 수요의 가격탄력성은 5(=400/80)가 된다. a점에서는 배추가격변화에 수요량이 민감하게 반응하는 것을 알 수 있다. b점(P_2=1,000원, Q_2=5,000포기)에서 a점(P=5,000원, Q=1,000포기)으로 변화하는 탄력성은 0.2(수요량변화 80%, 가격변화 400%)이다.

위의 설명을 통해 탄력성에 대한 몇 가지 사실을 알 수 있다. 첫째, 탄력성은 직선의 기울기와는 다르다. 전체 수요곡선의 기울기가 동일하더라도 곡선상의 각 점의 탄력성은 달라진다. 이는 수요곡선의 위치에 따라 가격과 수요량의 비율이 달라지기 때문이다. a점의 가격과 수요량 비율(P/Q)은 5,000/1,000인 반면, b점에서는 1,000/5,000이 된다. 가격/수요량(P/Q) 비율이 증가함에 따라 수요곡선은 더욱 탄력적이 된다. 둘째, 탄력성은 수요곡선상의 위치에 따라 변한다. 셋째, 선형 수요곡선의 중간점(c)에서는 탄력성이 1이 된다.

수요의 탄력성 결정변수

한 상품 수요의 탄력성 정도를 결정하는 변수는 무엇인가? 수요의 가격탄력성은 일반적으로 개인 욕구를 결정하는 여러 가지 경제적 · 사회적 · 심리적 요인들에 의해 결정된다. 수요의 가격탄력성은 일반적으로 필수품 또는 사치품 여부, 밀접한 대체재 존재 여부, 시장 범위, 시간 길이에 따라 다르게 나타난다. 즉 필수품에 대한 수요는 비탄력적이지만 사치품에 대한 수요는 탄력적이다. 또 밀접한 대체재가 존재하면 그 상품의 수요는 탄력적이다.

해당 상품 범위를 좁게 설정하면 대체재는 찾기가 쉽기 때문에 좁게 정의된 상품에 대한 수요는 넓게 정의된 상품의 수요에 비해 더 탄력적이다. 자동차라는 포괄적인 상품에 대해서는 대체재를 찾기 어려워 수요가 비탄력적이지만, 승용차라는 보다 좁게 정의된 상품에 대해서는 대체재가 많으므로 탄력성이 더 크다고 할 수 있다. 시간을 길게 고려할수록 대응기간이 길어지므로 수요는 더 탄력적이 된다.

그림 3-9 수요의 가격탄력성

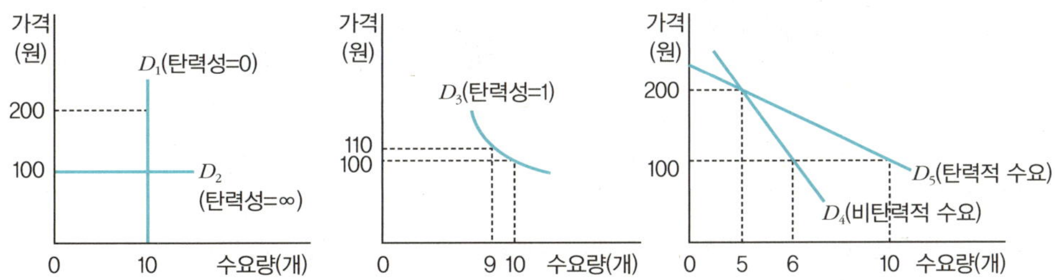

D_1은 완전 비탄력적 수요(탄력성=0)이며, 가격이 상승해도 수요량은 불변이다.
D_2는 완전 탄력적 수요(탄력성=∞)이며 가격이 100원 미만이면 수요량은 무한대(가격이 100원이면 수요량은 0)이다.
D_3은 완전 단위탄력적 수요(탄력성=1)이며 가격이 10% 상승하면 수요량은 10% 감소한다.
D_4는 비탄력적 수요이며 가격이 200원에서 100원으로 하락하면 비탄력적 수요는 5개에서 6개로 증가한다.
D_5는 탄력적 수요이며 가격이 200원에서 100원으로 하락하면 탄력적 수요는 5개에서 10개로 증가한다.

가격탄력성과 수입

기업은 생산하는 상품에 대한 시장수요의 가격탄력성에 주의를 기울여야 하는데, 수입과 밀접한 관계가 있기 때문이다. 수입은 상품가격에 판매량을 곱한 수치이다. 즉 사과가격이 1,000원일 때 판매량이 100개라면 수입은 100,000원이 된다.

수요곡선의 모양에 따라 수입은 어떻게 달라질까? 수입은 수요의 가격탄력성의 크기가 결정한다. 수요의 가격탄력성이 비탄력적인 경우에는 가격이 오르면 총수입도 증가한다.

가격이 1,000원에서 2,000원으로 증가할 때 수요량은 100개에서 60개로 감소한다면, 가격탄력성은 0.4가 되며 수입은 10만 원에서 12만 원으로 늘어난다. 즉 가격이 상승할 때 수입이 증가하는 것은 가격상승률에 비해 수요량감소율이 적기 때문이다.

[그림 3-9]는 가격탄력성에 따라 서로 다른 수요곡선 모양을 나타내고 있다.

수요의 가격탄력성이 탄력적일 때는 가격이 상승하면 총수입은 감소한다. 사과가격이 1,000원에서 1,500원으로 상승할 때 수요량이 100에서 20으로 감소한다면, 가격탄력성은 1.6이 되고 수입은 10만 원에서 3만 원으로 줄어든다. 즉 수요가 탄력적인 경우에는 가격상승률에 비해 수요량감소율이 더 크기 때문에 수입(= 가격 × 수요량)은 감소한다.

생 · 활 · 경 · 제 · 학

왜 교수식당 가격이 학생식당 가격보다 비쌀까? : 가격탄력성과 가격차별

기업이 같은 상품과 서비스를 공급하더라도 소비자들을 구분하여 다른 가격을 부과하는 것을 가격차별이라 부른다. 대학교 캠퍼스에 있는 식당에서는 교수식당의 음식값이 학생식당의 음식값보다 비싸다. 극장이나 식당은 학생보다 일반인에게 더 비싼 요금을 부과한다. 전기회사는 비성수기보다 성수기에 비싼 요금을 적용한다. 어떤 의사나 상인은 가난한 사람보다 부자에게 더 높은 가격을 부과한다. 모두 가격차별의 예이다.

기업이 가격차별을 하는 이유는 이윤이 늘어나기 때문이다. 어떻게 가격차별이 기업의 이윤에 도움이 될까? 답은 수요의 가격탄력성에 있다. 기업은 가격탄력성이 큰 소비자집단에게는 낮은 가격을 제시하고, 가격탄력성이 작은 소비자집단에게는 높은 가격을 부과함으로써 이윤을 늘릴 수 있다. 가격탄력성이 큰 집단은 가격을 인하하면 수요량이 크게 증가하고, 가격탄력성이 작은 집단은 가격을 인상하더라도 수요량이 별로 감소하지 않기 때문이다.

교수가 학생보다 가격에 덜 민감하여 수요의 가격탄력성이 낮다고 생각하는 구내식당 주인은 교수에게 높은 가격을 부과하고, 학생에게는 낮은 가격을 부과한다. 극장주 역시 가격탄력성이 낮은 일반인들에게는 높은 요금을 부과하고, 가격탄력성이 높은 학생들에게는 조조할인 등 할인요금을 부과하여 가격차별을 함으로써 이윤을 증대시킬 수 있다.

수요의 소득탄력성

소비자의 소득이 변할 때 수요량이 변하는 정도를 측정하기 위해 수요의 소득탄력성(income elasticity of demand)을 사용한다. 소득탄력성은 수요량변화율과 소득변화율의 비율로 나타낸다.

$$\text{수요의 소득탄력성} = \frac{\text{수요량변화율}(\%)}{\text{소득변화율}(\%)}$$

| 표 3-1 | 소득탄력성과 재화의 종류

재화 \ 수요의 소득탄력성	$\varepsilon_D < 0$	$0 < \varepsilon_D < 1$	$\varepsilon_D > 1$
특징	소득증가 때 수요감소	소득증가 때 수요증가, 수요증가율 < 소득증가율	소득증가 때 수요증가, 수요증가율 > 소득증가율
종류	열등재	정상재, 필수재	정상재, 사치재
예	돼지고기, 쌀, 대중교통, 경차	빵, 전기, 휘발유, 택시, 중소형승용차	소고기, 고급승용차, 해외여행, 성형수술

정상재는 소득이 상승하면 수요량도 증가하여 소득탄력성이 0보다 크다. 하지만 열등재의 경우에는 소득이 상승하면 수요량이 줄어들어 소득탄력성이 0보다 작다.

2. 공급의 탄력성

공급의 가격탄력성과 결정변수

공급의 가격탄력성(price elasticity of supply)은 어떤 상품의 가격이 변할 때 공급량이 얼마나 변하는지를 나타내는 지표이다. 즉 공급의 가격탄력성은 공급량변화율을 가격변화율로 나눈 수치이다.

$$\text{공급의 가격탄력성} = \frac{\text{공급량변화율}(\%)}{\text{가격변화율}(\%)}$$

어떤 상품의 공급량변화율이 가격변화율보다 크면 공급은 탄력적이라고 한다. 반면 공급량변화율이 가격변화율보다 작으면 비탄력적이라고 한다.

공급의 가격탄력성은 공급자들이 가격변화에 따라 생산량을 얼마나 신축적으로 조절할 수 있는가에 따라 결정된다. 골동품은 추가생산이 불가능하기 때문에 공급이 신축적으로 조절될 수 없으므로 비탄력적이라고 할 수 있다. 냉장고, 신발 등은 가격이 높아지면 비교적 단기에 생산량을 늘릴 수 있으므로 공급이 탄력적이라고 할 수 있다.

시장에서 공급의 가격탄력성을 결정하는 가장 중요한 변수는 기간이라고 할 수 있다. 단기보다는 장기에 공급을 더욱 신축적으로 조정할 수 있으므로 공급이 더 탄력적이다.

생 · 활 · 경 · 제 · 학

밸런타인데이, 장미꽃과 초콜릿의 가격변화는 왜 다른가? : 공급의 가격탄력성

밸런타인데이가 다가오면 연인들 못지않게 즐거움에 들뜨는 사람들이 있다. 수입이 크게 늘어나는 꽃가게 주인과 초콜릿가게 주인이다. 흥미로운 사실은 밸런타인데이에는 장미꽃값은 크게 뛰는 데 반해 초콜릿가격 상승은 미미하다는 것이다. 원인은 장미꽃과 초콜릿이라는 상품이 공급의 가격탄력성에서 큰 차이를 보인다는 데 있다.

초콜릿과 같은 공산품은 가격이 상승하면 큰 폭으로 공급량을 증가할 수 있다. 초콜릿공급은 가격변화에 대해 탄력적이기 때문이다. 한편 장미꽃공급은 아무리 가격이 많이 올라도 단기에는 크게 공급량을 늘릴 수 없다. 장미꽃공급은 가격변화에 대해 비탄력적이기 때문이다. 따라서 두 상품의 수요가 비슷하게 증가하여도 초콜릿가격보다 꽃값이 훨씬 크게 오르는 것이다.

공급의 가격탄력성 계산

사과가격이 1,000원에서 2,000원으로 증가하면 사과공급량이 100개에서 300개로 늘어난다고 하자. 이때 가격변화율은 $\{(2{,}000-1{,}000)/1{,}000\}\times 100 = 100\%$이고, 공급변화율은 $\{(300-100)/100\}\times 100 = 200\%$이므로 공급의 가격탄력성은 $200\%/100\% = 2$이다.

결국 공급량의 변화율이 가격변화율의 2배라는 것을 의미한다. 가격이 1% 상승할 때 공급량은 2% 상승하므로 공급은 탄력적이라고 할 수 있다.

질문의 답 찾기 QA

중고차가격이 반값으로 떨어지면, 중고차 판매량은 얼마나 늘어날까?

유가상승으로 대형 중고차가격이 떨어지면 대형 중고차 판매량은 늘어날 것이다. 그런데 얼마나 늘어날까? 대형 중고차 판매량이 얼마나 늘어날지는 수요자의 가격탄력성에 달려있다. 가격변화에 민감한 수요자(수요의 가격탄력성>1)는 가격하락 비율보다 수요량 증가 비율이 클 것이다. 반면 가격변화에 둔감한 수요자(수요의 가격탄력성<1)는 가격하락 비율보다 낮은 수요량 증가 비율을 보일 것이다. 대형 중고차 수요자가 가격변화에 민감할 때는 대형 중고차 매출액은 늘어나고, 가격변화에 둔감할 때는 대형 중고차 매출액이 줄어든다.

시사경제용어

- 콜옵션(call option) : 특정자산을 만기일 또는 만기일 전에 미리 정한 가격으로 살 수 있는 권리이다. 삼성바이오로직스는 2012년 미국 바이오젠과 85대 15로 공동 투자해 삼성바이오에피스를 만들면서 향후 바이오에피스 주식을 49.9%까지 살 수 있는 콜옵션을 제공하였고, 바이오젠은 2019년 6월 이 콜옵션을 행사하였다.
- 스튜어드십 코드 : 기관투자자의 의결권 행사지침으로 주인 재산을 관리하는 집사(steward)처럼 고객 자산을 수락 · 운용하는 기관투자자가 투자기업의 중장기적 성장과 고객 자산 이익 향상을 위해 기업의 의사결정에 적극적으로 참여하는 행동지침이다.
- 규제 샌드박스 : 신규 산업에 대해 일정기간 규제를 풀어주는 제도이다. 기업의 성장단계에 따라 필요한 지원을 신설해 신산업 성장을 촉진하는 데 목적이 있다. 최근 정부는 4차 산업혁명 등 신산업을 육성하기 위해 규제 샌드박스를 도입하기로 하였다.
- 스키밍가격전략 : 신제품을 출시할 때 진출가격을 고가로 책정한 후 점차적으로 가격을 낮추는 전략으로 초기 고가전략이라고도 한다. 저가의 대체품이 출시되기 전 투자금을 회수하고, 추후 가격을 낮춰 소비층을 확대하는 방식으로 이윤을 극대화한다.

연 · 습 · 문 · 제

EXERCISE

01 다음 상황에서 발생하는 소비자잉여를 구하시오.

① 유정은 신상품 티셔츠를 5만 원에 구입할 용의를 가지고, 마음에 드는 상품을 골랐다. 계산대에서 선택한 티셔츠가 3만 원으로 할인된 가격에 판매되고 있다는 사실을 알았다.

② 원희는 최대 2만 원에 베토벤 중고음반을 구하려고 음반매장에 갔다. 실제로 매장에서는 2만 원에 팔고 있었다.

02 다음 상황에서 발생하는 생산자잉여를 구하시오.

① 수경은 동네신문 중고차 코너에 타던 차를 500만 원에 내놓았다. 수경은 최소한 400만 원을 받고 싶었으나 제안받은 최고가격은 300만 원이었다.

② 상철은 하는 일이 너무 마음에 들어 보수를 받지 않고 일할 의사가 있다. 상철의 연봉은 5,000만 원이다.

03 그림을 이용하여 다음 질문에 답하시오.

① 기술발전으로 고화질 TV의 생산비가 낮아졌다. 고화질 TV시장에서 소비자잉여는 어떻게 변하는가?

② 웰빙식품에 대한 수요가 증가하였다면, 웰빙식품시장에서 생산자잉여에는 어떤 변화가 있는가?

04 커피에 대한 수요함수와 공급함수가 다음과 같다.

공급 : $Q^s = 2P - 40$

수요 : $Q^d = 50 - P$

Q의 단위는 하루 소비량이고, P의 단위는 천 원이다.

① 수요곡선과 공급곡선을 그래프로 그리고 균형가격과 균형거래량을 구하시오.
② 균형상태에서 소비자잉여, 생산자잉여, 총잉여를 계산하시오.
③ 만약 법으로 커피 소비를 금지하였다면, 소비자와 공급자 중 누가 더 큰 부담을 지게 될까?

05 18세기 파리의 빵가격이 제한되어 제한가격이 시장가격보다 높게 형성되었다.
① 정책은 가격상한제인가 가격하한제인가? 정책효과를 그래프로 나타내시오.
② 시장가격 이상으로 빵가격이 제한되면 어떠한 비효율이 나타나는가?

06 어느 해 밀 수확이 나빠서 빵 공급곡선이 왼쪽으로 이동하여 시장가격이 상승하였다. 파리의 제빵업자들은 제한가격이 시장가격보다 낮다는 사실을 알았다.
① 정책은 가격상한제인가 가격하한제인가? 정책효과를 그래프로 나타내시오.
② 시장가격 이하로 빵가격이 제한되면 어떠한 비효율이 나타나는가?

07 최저임금제의 경제적 효과를 설명하시오.

08 한국 정부는 대학교수시장을 규제하여 시장가격보다 낮은 임금을 책정하도록 하였다고 하자. 이 정책은 대학교육에 어떠한 영향을 주는가? 어느 집단이 이익을 보며, 어느 집단이 손해를 입을 것으로 보이는가?

09 정부는 날로 증가하는 고속도로 관리비용을 보전하기 위해 통행료를 조정하기로 결정하였다. 정부가 고속도로 통행료를 인상하면 수입은 반드시 늘어나는가?

10 새로운 사과재배기술의 개발은 사과시장에 어떤 영향을 주는가? 사과재배농부의 수입은 증가하는가?

CHAPTER 04

소비자행동

어떤 운동화를 구입해야 할까?

준형은 새 학기를 맞아 아르바이트를 해서 번 돈으로 운동화를 새로 구입하려고 한다. 나이키나 데상트 같은 유명한 브랜드 운동화를 살까 아니면 재래시장에서 노브랜드 운동화를 사고 남는 돈은 스마트폰 사는 데 보태야 할까? 소비자가 운동화를 구매할 때 고려해야 할 요소를 알아보자.

4.1 소비자선호와 예산제약

소비자는 어떻게 자신이 소비할 상품을 선택하는가? 소비자의 선택은 상품을 소비하면서 얻을 수 있는 효용에 의해 결정된다. 효용의 성격과 효용을 극대화할 수 있는 상품 선택에 대해 살펴보자.

1. 효용과 소비자선택

효용

세상에는 소비자가 선택할 수 있는 수많은 상품이 존재한다. 사람들은 대개 보다 좋은 물건을 더 많이 소비하기를 원하지만 원하는 모든 상품을 소비할 수는 없다. 소득이 일정한 수준에 머무르기 때문이다. 소비자가 두 상품, 즉 커피와 콜라만을 소비한다고 가정하자. 상품이나 서비스를 소비함으로써 얻는 만족감을 효용(utility)이라고 한다. 어떤 소비자가 자신의 소득으로 10잔의 커피와 5잔의 콜라를 소비하여 200의 효용을 얻고 커피 5잔과 콜라 10잔에서는 300의 효용을 얻을 수 있다면, 자신의 소득으로 구입가능할 때 커피 5잔과 콜라 10잔을 선택하게 된다. 소비자는 자신의 소득으로 구입가능한 상품 묶음 중에서 가장 큰 만족을 주는 상품 묶음을 소비할 것이다.

한계효용

커피 소비량을 1잔씩 늘리면 총효용은 얼마나 증가하는가? 커피 소비량이 0에서 1잔으로 늘어날 때 효용이 10만큼 늘어나고, 1잔에서 2잔으로 늘어날 때 8, 2잔에서 3잔으로 늘어날 때는 6만큼 효용이 증가한다고 하자. 한계효용은 커피 소비량이 한 단위 증가할 때마다 효용이 얼마만큼씩 증가하는지를 나타낸다. 즉 한계효용(marginal utility)은 다른 상품들의 소비량이 일정한 경우, 어떤 상품을 한 단위 더 소비할 때 추가되는 효용의 증가분으로 나타난다.

| 표 4-1 | 커피의 총효용과 한계효용

커피 소비량(잔)	총효용	한계효용
0	0	–
1	10	10
2	18	8
3	24	6
4	28	4
5	30	2
6	30	0
7	28	−2

그림 4-1 총효용곡선과 한계효용곡선

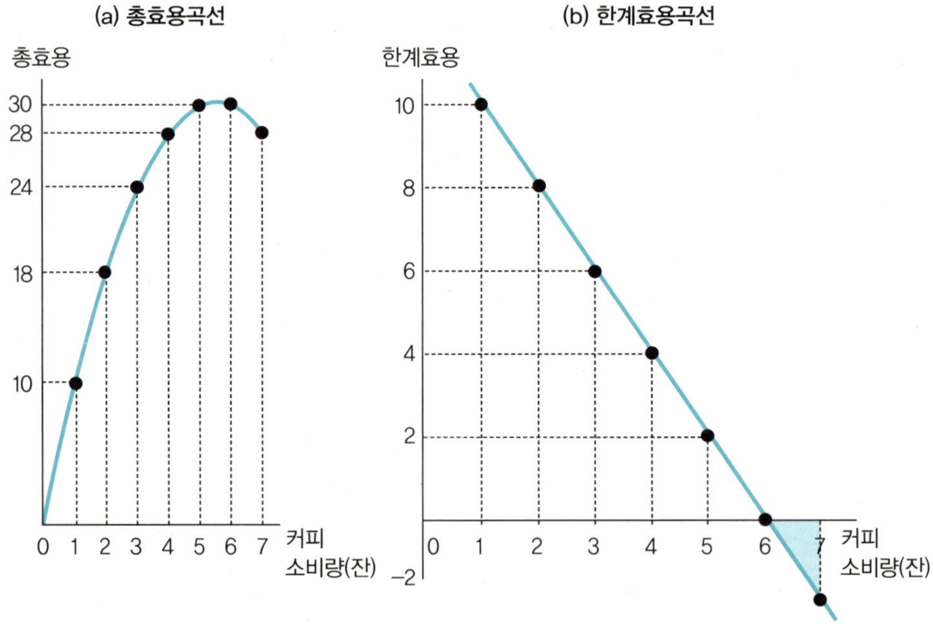

상품의 소비량이 늘어날 때 한계효용은 점차 떨어지게 된다. 첫 번째 커피를 먹을 때 얻는 효용은 두 번째 커피를 먹을 때 얻는 효용과는 다르다. 위의 예와 같이 커피 1, 2, 3잔을 소비할 때, 추가되는 한계효용은 10, 9, 8로 떨어지게 되는 것을 볼 수 있다. 어떤 상품의 소비량이 늘어날 때 추가되는 한계효용이 줄어드는 현상을 한계효용체감의 법칙(law of diminishing marginal utility)이라고 한다.

소비자의 선택

지금까지는 콜라 소비량을 일정수준에 묶어놓은 채 커피 소비량을 변화시키면서 한계효용을 추가하였다. 반대로 커피 소비량을 일정수준에 고정해놓고 콜라 소비량을 변화시키면서 콜라의 한계효용을 측정할 수도 있다.

커피와 콜라의 한계효용을 각각 $MU_{커피}$와 $MU_{콜라}$라고 하자. 소비자가 주어진 가격하에서 일정한 소득을 가지고 효용을 극대화하기 위해서는 다음과 같은 조건을 충족하는 커피와 콜라의 소비조합을 선택해야 한다.

$$MU_{커피}/P_{커피} = MU_{콜라}/P_{콜라}$$

즉 커피의 소비에 지출된 1원에서 나오는 한계효용이 콜라의 소비에 쓰인 1원에서 나오는 한계효용과 같은 선택을 할 때 소비자의 만족은 극대화된다.

위와 같은 조건이 충족되지 못할 경우 다음과 같은 관계가 성립할 수 있다.

$$MU_{커피}/P_{커피} > MU_{콜라}/P_{콜라}$$

좌변의 값(커피에 대한 지출 1원당 한계효용)이 10의 효용을 가져다주고, 우변의 값(콜라에 대한 지출 1원당 한계효용)이 5의 효용을 가져다준다고 하자. 그렇다면 주어진 소득 내에서 지출의 내용을 바꾸기만 해도 소비자는 더 큰 효용을 누릴 수 있다. 커피에 대한 지출 1원을 늘리고, 콜라에 대한 지출 1원을 줄이면 총효용은 5

만큼 증가한다. 결국 현재의 선택은 효용을 극대화시키지 못하고 있다는 것을 알 수 있다.

한 상품의 소비에 1원을 추가 지출하여 얻는 한계효용이 같아지도록 모든 상품에 소득을 배분하면 효용을 극대화할 수 있다. 이와 같은 효용극대화 조건을 한계효용균등의 원칙(principle of equi-marginal utility)이라고 부른다.

생·활·경·제·학

사람들은 주로 어디에서 장을 보는가? : 소비트랜드의 변화

S카드사는 자사 고객 1,000만 명의 최근 몇 년간 신용카드 사용 데이터를 분석하였다. 비교분석결과 '동네 소비'와 '배달 소비'가 크게 늘었다. 또 평일에 여가를 즐기는 '워라벨(Work and Life Balance의 준말로 일과 삶의 균형을 의미) 소비'도 증가하였다.

가장 큰 변화는 집 근처 500m 이내 상권을 이용하는 사람이 늘고 있다는 점이다. 특히 편의점, 슈퍼마켓, 마트 등 유통업과 카페, 영화관 등 여가업종에서 '동네가게' 이용이 크게 증가하였다. 1인 가구가 늘어나고 가구가 소형화되면서 가까운 '동네가게'에서 소량으로 구입하는 사람이 늘어난 것이다. 또 여가생활이 점차 일상화되고 있기 때문으로 보인다.

집 근처 500m 안에서 장을 보는 비율은 2014년 37%에서 2017년 45%로 증가하였다. 500m 이내 커피전문점을 찾는 비율도 같은 기간 8%에서 15%로 늘어났다. 영화관 고객은 평일에 늘어났다. 2015년과 2017년을 비교하면, 월(+7%), 화(+18%), 수(+33%), 일(+5%)에는 늘어났고, 목(–5%), 금(–2%), 토(–4%)는 줄어들었다. 정기배송 이용자도 크게 늘어났다. 2016년과 2017년의 40대 기준 배달 이용 변화를 보면, 여성은 106% 증가하였고, 남성은 97% 늘어났다.

자료 : 조선일보(2018. 1.)

2. 무차별곡선

무차별곡선이란?

서수적 효용의 개념을 이용하여 소비자의 선택행위를 분석할 수 있다. 즉 소비자들이 각 상품 묶음에서 얻는 효용의 크기를 구체적으로 표현하지 않고 선택행위를 분석할 수 있다. 소비자들에게 똑같은 크기의 효용을 주는 상품 묶음들의 조합을 모두 이으면 하나의 곡선이 된다. 〈표 4-2〉에서 볼 수 있듯이 여러 상품의 묶음, 즉 커피와 콜라의 조합들이 소비자에게 동일한 효용을 준다고 하자. 이 상품 묶음들은 각각 하나의 점으로 나타낸 다음 모두 이으면 [그림 4-2]와 같은 무차별곡선을 얻는다. 무차별곡선(indifference curve)은 소비자에게 동일한 수준의 효용을 주는 상품과 서비스 묶음을 선으로 나타낸 것이다.

표 4-2 | 동일한 효용을 주는 커피와 콜라의 조합

상품 묶음	커피(잔)	콜라(잔)
a	10	20
b	20	12
c	30	8
d	40	6

무차별곡선의 성격

우하향하는 모양 커피와 콜라의 구성이 서로 다른 두 상품 묶음이 있다고 하자. 즉 첫 번째 묶음은 커피 10잔, 콜라 20잔, 두 번째 묶음은 커피 20잔, 콜라 30잔으로 구성된다고 하자. 만약 소비자가 두 상품 묶음에서 같은 효용을 얻는다면 무차별곡선은 우상향하는 모양을 갖게 된다. 그러나 커피, 콜라 모두를 더 많이 소비할 수 있는데도 효용에 아무런 차이가 생기지 않는다는 것은 모순이다. 커피가 더 많으면 콜라는 더 적어야 두 상품 묶음에서 소비자는 차이를 느끼지 못하게 된다. 그러므로 정상적인 경우의 무차별곡선은 우하향하는 모양을 가져야 한다.

그림 4-2 커피와 콜라의 무차별곡선

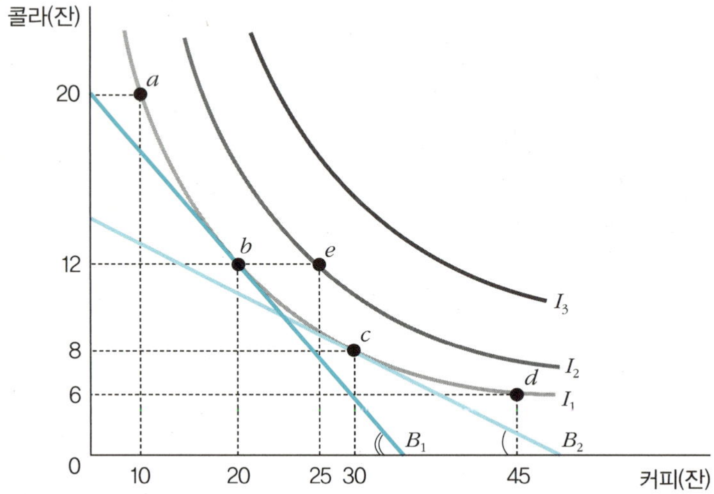

원점에서 멀리 떨어질수록 더 높은 효용 [그림 4-2]와 같이 무차별곡선이 원점에서 멀어질수록 더 높은 효용수준을 보인다. 즉 I_1보다 I_2, I_3가 더 높은 효용을 갖는다. 커피 12잔을 일정하게 소비할 때, 콜라의 소비를 20잔에서 25잔으로 늘리면 총효용수준은 상승하고, 소비상품 구성은 더 높은 효용수준의 무차별곡선 I_2상 e점으로 이동하게 된다.

무차별곡선은 서로 교차하지 않음 두 무차별곡선이 교차한다면 한 상품 묶음이 두 가지의 다른 효용을 준다는 것을 의미한다. 한 상품이 더 많거나 두 상품 모두 더 많은 경우에도 효용이 같은 현상이 발생할 수 있으므로 모순이 된다.

커피와 콜라를 각각 2잔, 3잔 소비하는 경우와 커피 2잔, 콜라 5잔 소비하는 경우나 커피 3잔, 콜라 5잔 소비하는 경우와 효용이 같을 수 있다는 사실은 모순이다. 결국 어떤 한 점을 지나는 무차별곡선은 단 한 개밖에 없다.

원점에 대해 볼록 일반적으로 무차별곡선은 원점에 대해 볼록한 모양을 갖는데, 이 의미를 이해하기 위해서는 한계대체율이란 개념을 알아야 한다.

한계대체율(marginal rate of substitution)은 두 상품이 소비자의 효용에 아무런 변화를 주지 않으면서 서로 대체되는 비율을 의미하며, 무차별곡선 위 한 점의 접점의 기울기와 크기가 동일하다. 같은 무차별곡선상에 머물러 있기 위해서는 한 상품의 소비를 늘릴 때 반드시 다른 상품의 소비를 줄여야 한다. 이때 늘어나는 상품은 한계효용이 점차 감소하고, 줄어드는 상품은 한계효용이 점차 증가한다.

커피와 콜라의 한계대체율은 다음과 같이 나타낼 수 있다.

$$\text{한계대체율} = \text{커피의 한계효용}(MU_{\text{커피}})/\text{콜라의 한계효용}(MU_{\text{콜라}})$$

[그림 4-2]에서 b점의 한계대체율은 b점의 접선 B_1의 기울기를 나타낸다. 커피와 콜라 소비 묶음이 c점을 향해 이동할수록 늘어나는 커피의 한계효용은 감소하고, 줄어드는 콜라의 한계효용은 증가한다. 콜라가 점점 줄어들면 한계효용이 증가하고, 커피는 점점 많아져서 한계효용이 감소하게 된다. c점의 한계대체율은 c점의 접선 B_2의 기울기와 같다. 접선 B_2의 기울기는 접선 B_1의 기울기보다 작다. 이는 점 c는 점 b에 비해 더 적은 콜라와 더 많은 커피를 교환해야 동일한 효용수준에 머무를 수 있다는 것을 의미한다. 결국 c점에서는 b점에서보다 콜라 1잔과 교환되는 커피잔 수가 늘어나고 한계대체율은 작아진다.

그림 4-3 완전대체재와 완전보완재의 무차별곡선

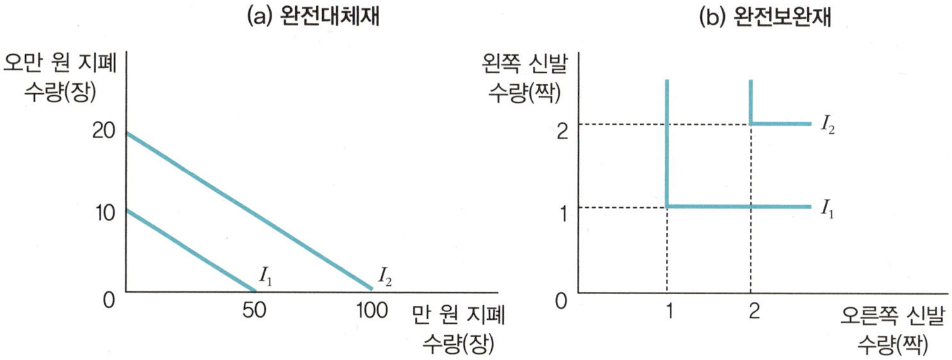

[그림 4-3]은 완전대체재와 완전보완재의 무차별곡선을 나타내고 있다. 왼쪽 그림의 완전대체제는 두 상품이 효용의 변화 없이 완전대체가 가능하므로 한계대체율이 재화의 소비량에 영향을 받지 않고 일정하다. I_1상의 모든 점은 오만 원짜리와 만 원짜리를 1 : 5로 교환하는 점이며 전체 효용도 동일하다. 모든 지폐를 두 배로 늘리면 무차별곡선은 I_1에서 I_2로 이동한다. 오른쪽 그림은 완전보완재의 무차별곡선을 나타낸다. 완전보완재는 소비자가 재화들의 상대가격에 관계없이 동일한 비율로 소비를 늘릴 때 효용을 증가시킬 수 있으므로 무차별곡선은 직각을 이룬다. 즉 I_1은 왼쪽 신발이 한 짝일 때 오른쪽 신발만 늘리면 효용은 변화가 없다는 것을 나타낸다. 양쪽 신발을 동시에 두 배로 늘릴 때 무차별곡선은 I_1에서 더 큰 만족을 주는 I_2로 이동한다.

3. 예산선

예산선이란?

무차별곡선이 소비자가 원하는 욕망, 즉 상품선호의 구성을 나타낸다면 예산선은 욕망을 달성하는 수단을 의미한다. 소비자는 상품 소비를 통해 가능한 한 큰 욕망을 달성하거나 큰 효용을 얻으려고 할 것이다. 하지만 소비자는 자신의 재정적 능력 범위 안에서만 욕망을 충족할 수 있다. 즉 소비자는 주어진 소득(M) 내에서 상품들을 구입해야 하는 예산제약(budget constraint)을 안고 있다. 예산선(budget line)은 소비자가 일정한 소득 또는 예산으로 구입할 수 있는 상품 묶음들을 이은 선이다.

커피와 콜라의 가격이 각각 $P_{커피}$와 $P_{콜라}$로 주어져 있고, 소비자의 한 달간 소득이 M이라고 하자. 예산제약은 커피와 콜라에 대한 지출의 합이 주어진 소득과 같아야 한다는 것을 의미한다. 이 예산제약을 수식으로 표현하면 다음과 같다.

$$M = P_{커피} \cdot Q_{커피} + P_{콜라} \cdot Q_{콜라}$$

이 식을 $Q_{콜라}$에 대해 풀어쓰면 다음과 같다.

$$Q_{콜라} = -\frac{P_{커피}}{P_{콜라}} \cdot Q_{커피} + \frac{M}{P_{콜라}} \quad \cdots\cdots\cdots\cdots\cdots\cdots\cdots \text{(식 4.1)}$$

이 식을 그림으로 그리면 [그림 4-4]의 예산선 B와 같다.

그림 4-4 커피와 콜라의 예산선

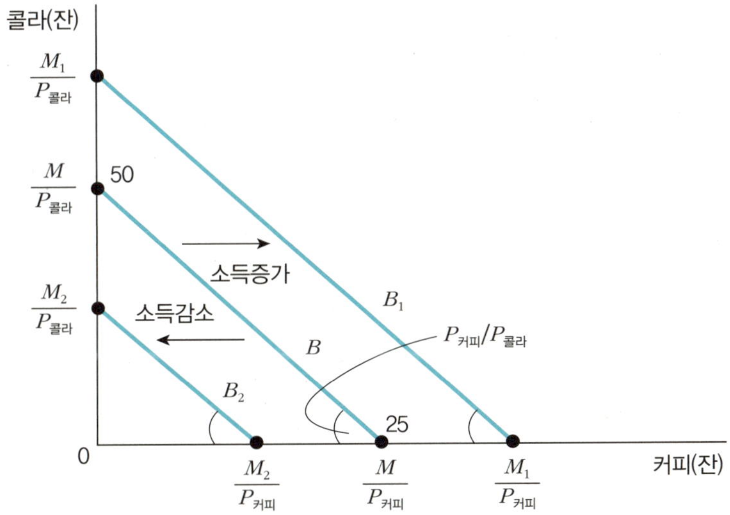

예산선 B의 기울기는 두 상품 간의 상대가격에 마이너스(−)부호를 붙인 것과 같다. 그리고 세로의 절편은 소득을 콜라의 가격으로 나눈 값이 되는데, 절편의 높이는 소득 M 전체를 가지고 소비자가 최대한으로 살 수 있는 콜라의 양을 의미한다. 가로축의 절편은 소득을 커피의 가격으로 나눈 값이며, 소득 M으로 커피만 구입할 때 살 수 있는 커피의 양을 나타낸다. 예산선의 아랫부분은 소득 M으로 살 수 있는 콜라와 커피의 수량 구성들이라고 할 수 있다.

예산선의 이동

커피 1잔 가격($P_{커피}$)이 4,000원이고, 콜라 1잔 가격($P_{콜라}$)이 2,000원이라고 하자. 그리고 소비자 남원의 소득이 10만 원이라고 가정하자. 그러면 (식 4.1)은 다음과 같이 나타낼 수 있다.

$$Q_{콜라} = -\frac{4,000}{2,000} \cdot Q_{커피} + \frac{100,000}{2,000} = 50 - 2Q_{커피}$$

위 식은 커피 1잔 가격이 4,000원이고, 콜라 1잔 가격은 2,000원일 때 남원이 10만 원의 예산으로 구입할 수 있는 커피의 수량($Q_{커피}$)과 콜라의 수량($Q_{콜라}$) 간의 관계를 나타낸다.

예산선의 평행이동 만약 예산이 M(10만 원)에서 M_1(20만 원)으로 늘어나면 예산선은 B에서 B_1으로 이동한다. 예산선 B_1에서는 B에서보다 더 많은 커피와 콜라를 소비할 수 있다.

만약 예산이 M(10만 원)에서 M_2(5만 원)로 줄어들면 예산선은 B에서 B_2로 이동하고 커피 소비량과 콜라 소비량은 절반으로 줄어든다. 커피가격과 콜라가격은 변하지 않으므로, 즉 예산선의 기울기는 변화가 없으므로 예산증가와 감소에 따른 두 상품 소비량은 예산에 비례해서 증가하거나 감소하게 된다.

예산선의 가격효과 예산선은 두 상품의 가격 비율(상대가격)을 나타낸다. 콜라 가격 등 다른 조건이 변하지 않을 때, 커피가격이 변하면 예산선의 기울기가 바뀌게 된다. [그림 4-5]에서 보면 커피가격이 $P_{커피}$에서 $P^1_{커피}$로 2,000원 하락하면 예산선은 B에서 B_1으로 이동하고, 전체 예산 M으로 살 수 있는 커피량은 25잔에서 50잔으로 늘어난다. 커피가격이 $P_{커피}$에서 $P^2_{커피}$로 8,000원 상승하면 예산선은 B_2로 이동하고, 예산 M으로 살 수 있는 거래량은 13.5잔으로 줄어든다.

■ **그림 4-5** 예산선과 가격변화

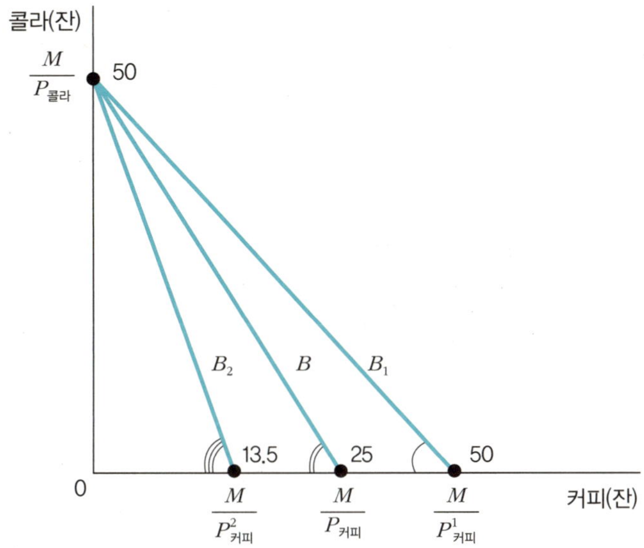

4.2 소비자의 최적선택과 수요곡선

1. 소비자의 최적선택

소비자는 예산제약이 허용하는 범위 안에서 효용을 가능한 한 크게 하려는 의도를 가지고 특정한 상품 묶음을 선택하게 된다. 예산제약 내에서만 선택가능하다는 것은 예산선상 또는 예산선 아래 삼각형 안의 어떤 점을 선택해야 함을 의미한다. [그림 4-6]은 소비자효용의 극대화를 나타낸다. 소비자의 예산을 나타내는 B선과 소비자의 소비욕구를 나타내는 무차별곡선 중 I와 접하는 E점에서 소비자효용은 극대화된다. 즉 최적선택점은 예산선과 무차별곡선의 접점과 일치한다. 이는 예산선의 기울기($P_{커피}/P_{콜라}$)와 무차별곡선의 기울기($MU_{커피}/MU_{콜라}$)가 같을 때 성립한다.

그림 4-6 소비자효용의 극대화

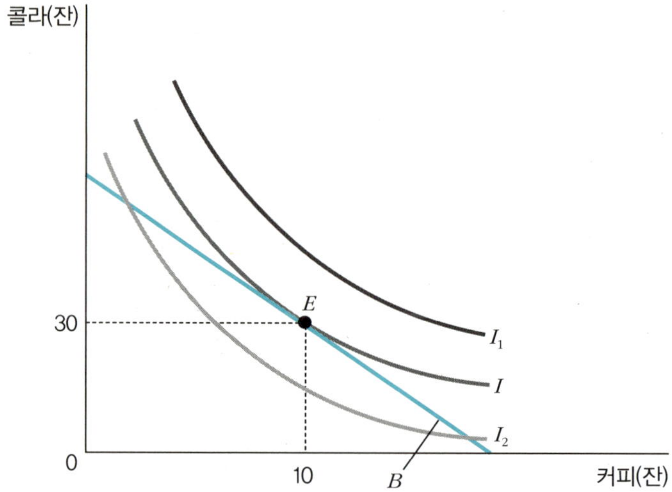

따라서 소비자가 효용을 극대화하기 위해서는 다음 조건을 충족해야 한다.

$$\frac{MU_{커피}}{MU_{콜라}} = \frac{P_{커피}}{P_{콜라}}$$

위 식을 변형하면 다음과 같이 표현할 수 있다.

$$\frac{MU_{커피}}{P_{커피}} = \frac{MU_{콜라}}{P_{콜라}}$$

이 조건은 각 상품, 즉 커피와 콜라에 지출한 예산 1원당 한계효용이 같아지도록 선택함으로써 효용을 극대화할 수 있다는 것을 의미한다. I_1은 주어진 예산으로 도달할 수 없는 효용수준이며, I_2는 도달할 수 있는 효용수준 I보다 낮은 수준이므로 합리적인 소비자는 선택하지 않을 것이다.

2. 소득효과와 가격효과

소득효과

상품의 가격이 변하지 않고 소비자의 소득만이 변하는 경우 어떤 현상이 발생하는가? 두 상품의 가격 비율이 일정할 경우, 예산선의 기울기는 변하지 않는다. 가격 비율이 변하지 않는 상태에서 소득(M)이 변하면 [그림 4-7]에서처럼 예산선은 B에서 B_1으로 이동하는 결과를 가져온다. 소비자효용을 극대화하는 점도 E에서 E_1으로 이동한다. E는 콜라 30잔과 커피 10잔을 구입할 수 있는 점이다. 소득이 10만 원에서 12만 원으로 증가하면 E_1에서 소득증가만큼 콜라 6잔과 커피 2잔이 늘어난 콜라 36잔과 커피 12잔을 구입할 수 있다. 소득효과(income effect)는 두 상품의 상대가격이 변하지 않은 상태에서 소득변화로 인해 해당 상품들의 소비량이 변하는 효과를 의미한다.

소득이 높아지면 콜라와 커피의 소비가 모두 전보다 늘어나게 되는데, 이를 소득효과라고 한다. 소득이 늘어날 때 콜라와 커피의 소비가 모두 늘어나기 때문에 두

그림 4-7 소득효과

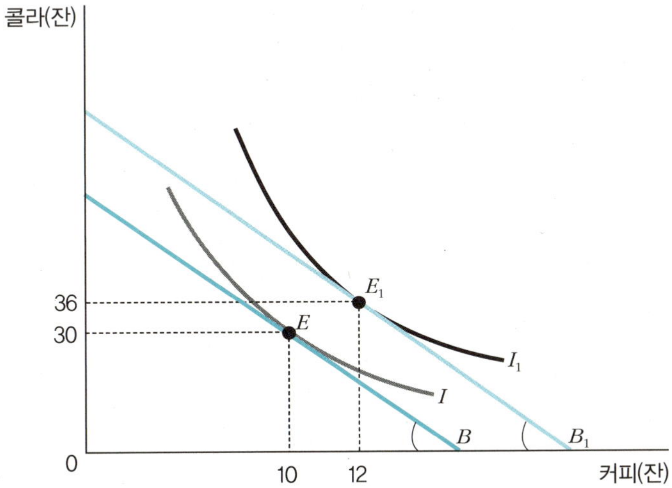

상품 모두 정상재(normal goods)이다. 소득이 늘어날 때 소비가 줄어드는 상품을 열등재(inferior goods)라고 한다.

가격효과

상품의 가격변화가 수요량변화에 미치는 효과를 가격효과(price effect)라고 한다.

[그림 4-8]은 가격효과를 나타내고 있다. 커피가격이 $P_{커피}$에서 $P^1_{커피}$로 하락하면, 예산선은 밖으로 회전하며 B에서 B_1으로 이동한다. 이때 예산선의 기울기는 작아진다. 예산선의 확대는 소비자가 더 높은 수준의 효용을 주는 무차별곡선 I_1에서 소비할 수 있도록 하고, 커피 소비량은 $Q_{커피}$에서 $Q^1_{커피}$로 증가시킨다. 결국 상품가격 하락은 해당 상품을 더 많이 소비할 수 있도록 해준다. 가격효과는 대체효과와 소득효과로 나눌 수 있다.

그림 4-8 가격효과

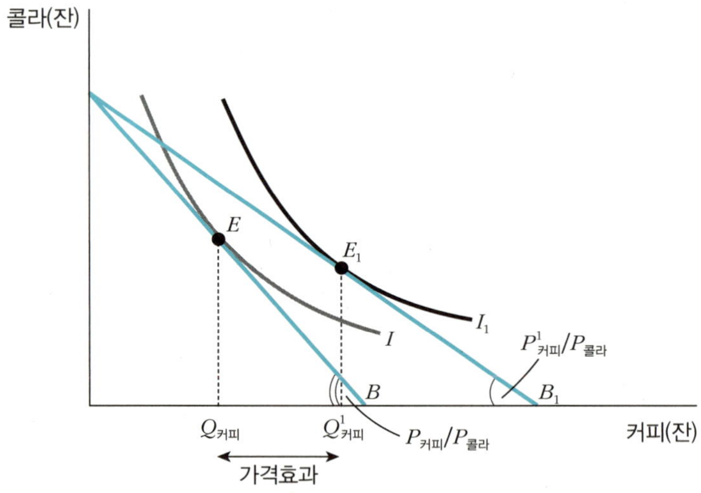

3. 수요곡선의 도출

[그림 4-9] (a)에 따르면 커피의 가격이 $P_{커피}$에서 $P^1_{커피}$로 하락하면 예산선은 B에서 B_1으로 이동하고, 균형점은 E에서 E_1으로 변경된다. 이때 커피의 소비량은 $Q_{커피}$에서 $Q^1_{커피}$로 늘어난다. 커피가격변화와 커피수량변화의 관계는 [그림 4-9] (b)와 같이 수요곡선으로 나타낼 수 있다.

즉 커피가격이 P일 때는 커피수요량이 $Q_{커피}$에서 결정(A)된다. 커피가격이 $P^1_{커피}$로 떨어지면, 커피수요량은 늘어나 $Q^1_{커피}$로 결정(B)된다. A점과 B점을 이으면 커피의 수요곡선($D_{커피}$)을 도출할 수 있다.

그림 4-9 수요곡선의 도출

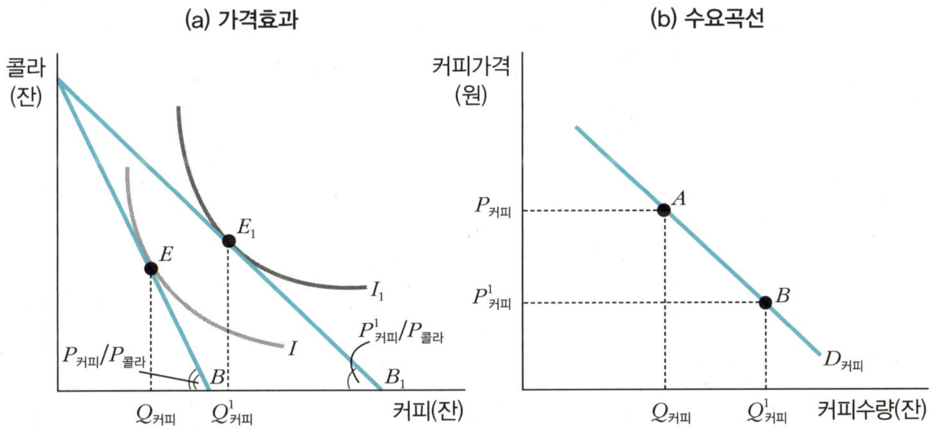

질문의 답 찾기 QA

어떤 운동화를 구입해야 할까?

소비자가 무엇을 구매할 때 고려해야 하는 요소는 무엇일까? 준형은 새 운동화를 구매할 때, 몇 가지 요소를 고려해야 한다. 첫째, 선호하는 브랜드이다. 즉 준형은 좋아하는 브랜드 운동화를 선택할 것이다. 둘째, 운동화가격이다. 운동화가격은 중요하다. 준형이 나이키나 데상트 운동화 구입에 높은 가격을 지불하면, 스마트폰을 구입하는 데 사용할 수 있는 돈은 줄어든다. 셋째, 쓸 수 있는 돈이다. 준형이 쓸 수 있는 돈은 제한되어 있다. 예산제약은 준형이 운동화와 스마트폰 사이의 상충관계(trade-off)를 고려하도록 한다.

시사경제용어

- 프로슈머(Prosumer) : 생산자(producer)와 소비자(consumer)의 합성어로 앨빈 토플러 등 미래학자들이 예견한 상품개발 주체에 의한 개념이다. 과거 기업들이 소비자들의 욕구를 파악해서 신제품을 개발하던 단계에서 더욱 발전하여 소비자가 직접 상품의 개발을 요구하며 아이디어를 제안하고 기업이 이것을 수용해 신제품을 개발한다.
- 크라우드 펀딩(Crowd funding) : 군중(crowd)으로부터 자금조달(funding)을 받는다는 의미이다. 자금이 필요한 개인 · 단체 · 기업이 웹이나 모바일 네트워크 등을 이용해 불특정 다수로부터 자금을 모으는 행위이다. 소셜네트워크서비스(SNS)를 통해 이뤄지는 경우가 많아 소셜 펀딩이라고도 한다.
- 변액보험 : 보험계약자가 납입하는 보험료에서 사업비와 해당연도 위험보장에 필요한 위험보험료를 뺀 적립보험료를 펀드로 만들어 채권, 주식 등에 투자하고 운용 실적에 따라 투자수익을 계약자에게 나눠주는 실적 배당형 보험상품이다. 변액종신보험, 변액유니버설보험, 변액연금보험 등으로 분류된다.

- LTV(Loan To Value ratio) : 주택담보 비율로 은행이 주택을 담보로 대출해줄 때 적용하는 담보가치 대비 최대 대출가능한 한도를 말한다. 개인이 주택을 담보로 돈을 빌릴 때 인정되는 자산가치 비율로 주택담보대출 비율이 70%이고 3억 원짜리 주택을 담보로 돈을 빌리고자 한다면 빌릴 수 있는 최대 금액은 2억 100만 원(3억 원×0.7)이다.
- 알고리즘트레이딩 : 일정한 논리구조에 따라 이루어지는 컴퓨터시스템 거래를 말한다. 거래대상은 주식, 주가지수선물, 옵션 등으로 다양하다. 가격, 거래량, 경제지표 등을 조합해 논리구조를 만들고 이를 기반으로 시장을 분석해 자동매매를 결정한다.

연·습·문·제

01 무차별곡선의 특징을 설명하시오.

02 현실경제에서 무차별곡선이 우상향하는 모양을 가질 때는 어느 경우인가?

03 어떤 상품의 소득과 가격이 변하면 예산선은 어떻게 이동하는가?

04 서진은 수영 레슨을 한 번 받을 때마다 200단위의 한계효용을 얻는다고 한다. 새 수영복 1벌을 구입할 때 서진이 얻는 한계효용은 600단위라고 하자. 수영 레슨가격은 1회에 5만 원이라고 한다. 서진은 현재 자신의 소득 전부를 지출하고 있으며, 최적소비재 묶음(수영 레슨과 수영복)을 구매하고 있다. 수영복 1벌의 가격은 얼마인가?

05 대학생 호재는 한 달 동안 1망에 2만 원인 양파와 4만 원인 소고기를 구입하여 원룸에서 생활한다. 호재의 한 달 소득은 60만 원이고 식비에 모두 사용한다고 하자.

① 정부가 양파가격이 폭등하자 양파 1망을 구입하면 1만 원씩 보조금을 지급해준다면 예산선에는 어떤 변화가 있는지 설명하시오. 정부가 양파 구입량과 무관하게 월 40만 원의 보조금을 지급하면 호재의 예산선은 어떻게 변하는가?

② 양파와 소고기를 특정 수량만큼 선택한 점에서 양파의 한계효용과 소고기의 한계효용의 비율(한계대체율)이 1/2이라고 하자. 호재는 합리적인 선택을 하고 있는가? (양파와 소고기의 무차별곡선은 원점에 대해 볼록한 모양을 갖는다고 한다.)

CHAPTER 05

경쟁기업

5.1 경쟁기업과 생산비용

5.2 경쟁기업의 이윤극대화와 공급곡선

현대자동차는 자동차를 얼마나 생산해야 할까?

현대차의 생산성은 최근 몇 년간 하락해왔다. 현대차의 2016년 직원 1인당 자동차 생산대수는 25대로 2012년 32대에 비해 21.8% 줄어들었다. 다른 국내기업의 1인당 생산대수는 기아차 45대, 르노삼성 61대, 쌍용차 32대로 나타나 현대차보다 높은 수준을 보여주고 있다. 현대자동차는 낮은 생산성을 고려하여 생산량을 어떻게 결정하는지 알아보자.

5.1 경쟁기업과 생산비용

1. 시장구조와 기업유형

시장은 참여하는 소비자, 생산자, 상품 종류에 따라 구분된다. 즉 완전경쟁시장, 독점시장, 과점시장, 독점적 경쟁시장과 같이 4가지 형태로 나누어볼 수 있다. 경제학에서 말하는 시장은 소비자의 수요와 생산자의 공급이 결정하는 가격에 의해 자원배분이 이루어지는 체계라고 할 수 있다. 가장 효율적인 시장형태가 완전경쟁시장이라고 할 수 있다.

완전경쟁시장에 참여하는 공급자(판매자 또는 기업)나 수요자(구매자)는 시장지배력(market power)을 행사할 수 없다. 완전경쟁시장에 참여하는 경쟁기업들은 시장에서 결정된 가격을 받아들이는 가격수용자(price taker)가 된다. 완전경쟁시장은 경쟁기업들이 동일한 상품과 서비스를 판매하고 가격수용자로서 시장지배력을 갖지 못한다고 가정한다. 완전경쟁시장은 현실에서 찾아보기 어렵지만 가장 효율적인 시장형태의 기준이 된다.

독점시장은 완전경쟁시장과는 반대로 가장 강력한 시장지배력을 갖는다. 독점시장에서는 유일한 독점기업이 가격결정자(price maker)로서 독점기업이 부르는 값이 시장가격으로 결정된다.

독점적 경쟁시장과 과점시장은 완전경쟁시장과 독점시장의 중간에 있는 시장이다. 과점시장은 소수기업이 경쟁하고 있어서 비교적 높은 시장지배력을 가지는 시장이다. 과점기업은 과점시장에 속한 상대기업의 반응을 고려해야 하지만 스스로 가격을 결정할 수 있는 시장지배력을 어느 정도 갖는다. 하지만 독점기업처럼 가격결정을 할 만큼 시장지배력을 갖지는 못한다. 시장에 참여하는 기업 수가 완전경쟁시장과 독점시장 사이에 위치하므로 기업의 시장지배력과 가격결정력도 두 시장 사이에 존재한다.

표 5-1 시장의 종류와 특성

구분 \ 시장	완전경쟁	독점적 경쟁	과점	독점
공급자	다수	다수	소수	유일
상품동질성	동질	이질	동질 · 이질	동질
진입퇴출장벽	없음	낮음	높음	매우 높음
시장지배력	매우 낮음	낮음	높음	매우 높음
특징	• 시장가격수용 • 가격수용자 • 완전한 시장정보 • 정보비용 무료	• 상품차별화 • 비가격경쟁	기업행동이 다른 기업에 큰 영향	• 시장가격결정 • 가격결정자
예	식당, 옷가게, 미장원	영화, 소설, 명품가방	자동차, 테니스공, 비행기	전력, 담배 · 인삼, MS Office

독점적 경쟁시장은 완전경쟁시장기업과 비슷한 기업 수를 갖는다. 다른 점은 시장 내 기업들이 서로 차별화된 상품을 판매한다는 점이다. 대부분 소비재들이 독점적 경쟁시장에서 판매된다. 소설, 영화, 대중음악이나 음식점 등은 같은 상품군에 속하며 시장에서 서로 경쟁하지만 상품 성격은 조금씩 차이가 난다. 어떤 종류의 상품은 마니아층을 형성하여 비슷한 상품임에도 불구하고 작은 차이로 인해 시장에서 독점적인 영향력을 행사하기도 한다.

2. 경쟁시장과 경쟁기업

기업(firm)은 상품과 서비스를 생산하는 조직이다. 오늘날 기업은 여러 가지 형태를 보이고 있다. 어떤 기업은 가족들이 운영하는 작은 시골농장이나 가내공업형 중소기업의 형태를 띤다. 우리 주변에서 흔히 볼 수 있는 옷가게, 식당, 서점 등도 한 가지 상품만 주로 생산하는 작은 기업에 해당한다. 한편 삼성, 현대자동차, LG와 같은 기업은 다양한 상품들을 대량으로 생산하는 대기업 또는 기업집단이다.

어떤 사람이 한 기업의 소유주이자 경영자라고 하자. 이 기업이 포도농장에서 포도를 생산한다고 한다면, 전문적으로 포도를 재배해서 판매하는 수많은 기업들 중의 하나라고 할 수 있다. 즉 이 기업은 경쟁해야 할 많은 다른 기업들을 갖게 된다. 포도재배업자는 소유주이자 경영자로서 포도밭을 소유하고 있는 땅주인에게 매년 임대료를 지불해야 한다. 포도재배기간 동안 포도재배업자는 포도밭을 돌볼 노동자를 고용한다. 포도를 돌보는 노동자들이 많을수록 더 많은 포도를 생산할 수 있다.

포도농장은 하나의 생산물(포도)을 생산하기 위해 두 개의 생산요소, 즉 자본(포도밭)과 노동(노동자)을 투입한다. 생산요소의 하나인 토지는 임대료가 미리 지불되었기 때문에 재배기간 동안에 변경될 수 없다. 따라서 토지는 **고정생산요소(fixed factor)**라고 할 수 있으며, 다른 생산요소인 노동은 재배기간 동안에도 노동자의 수를 변경할 수 있으므로 **가변생산요소(variable factor)**라고 할 수 있다.

기업의 공급곡선은 어떻게 결정되는가? 한 기업의 공급곡선은 그 기업이 각각 다른 가격수준에서 생산하려고 하는 상품의 양을 나타낸다. 기업은 자신이 판매하는 상품의 가격에 따라 생산할 상품의 양을 결정한다고 할 수 있다. 포도생산업자는 포도의 생산량을 결정할 때 포도의 현재 시장가격을 고려한다. 어떤 기업이 생산량을 결정할 때 시장가격을 주어진 것으로 받아들인다면 가격수용기업이라고 할 수 있다. 포도생산농장과 같은 가격수용기업은 시장의 포도가격에 따라 얼마나 포도를 생산해서 팔 것인가를 결정한다는 것을 의미한다.

만일 기업이 가격을 결정하지 않는다면 누가 가격을 결정하는가? 보통 각 기업이 가격을 결정한다고 생각하기 쉽다. 식당에 가면 식당주인이 정해놓은 음식의 가격을 발견할 수 있다. 식당주인이 음식의 가격을 정한다는 사실은 부정할 수 없다. 하지만 경제학자가 시장을 설명하는 방법은 다르다. 주변에 식당이 많다면, 한 식당주인이 음식가격에 커다란 영향을 줄 수 없다. 한 식당에서 불고기 1인분에 1만 원을 받을 때, 다른 식당에서 2만 원을 받으면 1인분도 팔지 못할 것이다. 소비자들은 음식의 맛이나 양의 차이가 없으면 값이 비싼 식당을 이용하지 않을 것이다. 개별기업은 원하는 가격을 설정할 수는 있지만, 실제로는 시장에서 형성된 가격보다 높게 가격을 매기면 소비자들을 모두 잃게 될 것이다.

개별기업이 시장가격에 영향을 줄 수 없는 시장을 **경쟁시장(competitive market)**

이라고 한다. 어떤 지역에 많은 식당이 존재한다면 음식시장은 경쟁시장이다. 많은 포도재배업자들이 포도를 생산하므로 포도시장도 경쟁시장이라고 할 수 있다. 경쟁시장은 서로 경쟁하는 여러 개의 기업들로 구성된다. 시장이 경쟁적으로 되기 위해서는 정확히 얼마나 많은 기업들이 있어야 하는가? 이 질문에 대한 대답을 얻기 위해서는 해당 시장에 대해 좀 더 자세히 관찰해야 한다. 포도농장은 포도 한 상자의 가격이 1만 원이라면 몇 상자의 포도를 생산할 것인가? 한 상자에 2만 원이면 얼마나 생산할 것인가? 등과 같은 질문을 함으로써 포도농장의 공급곡선을 도출할 수 있다.

모든 시장이 포도시장처럼 경쟁시장인 것은 아니다. 경쟁시장과 반대되는 시장은 한 개의 기업만 존재하는 시장이며, 독점기업(monopoly)이라고 부른다. 독점기업은 경쟁시장의 개별기업과는 달리 가격을 주어진 것으로 생각하지 않으므로 공급곡선을 갖지 않는다. 독점기업은 오히려 가격을 결정하므로 가격결정기업이라고 할 수 있다. 독점기업은 가격이 주어진 것이 아니라 스스로 결정하는 것이므로, 독점기업이 주어진 가격에서 얼마나 생산할 것인가?라는 질문은 의미가 없다.

3. 경쟁기업의 이윤

불고기를 판매하는 음식점이나 포도를 생산하는 농장과 같은 기업은 생산물을 판매하고 일정한 이윤(profit)을 남긴다. 이윤은 생산물을 판매하고 받은 총수입(total revenue)에서 생산물을 생산하는 데 드는 총비용(total costs)을 뺀 것으로 정의된다.

$$\text{이윤} = \text{총수입} - \text{총비용}$$

총수입이 총비용보다 적을 때, 즉 이윤이 음(−)일 때 기업은 손실(loss)을 발생시킨다. 총수입과 총비용이 같을 때, 즉 이윤이 0일 때 기업은 손익분기상태이다. 대부분 기업은 이윤을 극대화하려고 하므로 가능한 한 이윤을 크게 하는 수준에서 생산량을 결정하게 된다.

총수입

총수입(total revenue)은 생산물을 구입하는 구매자들에게서 기업이 받는 총액이다. 총수입은 생산물의 가격에 판매량을 곱해서 계산한다.

$$총수입 = 가격 \times 수량$$
$$= P \times Q$$

여기서 P는 가격이고, Q는 수량이다. P는 개별기업에서 생산하여 판매하는 한 생산물의 가격이고, Q는 판매하는 생산물의 양이다.

총수입은 생산물의 가격과 판매된 생산물의 양에 의하여 결정된다. 〈표 5-2〉는 경산포도농원에서 총수입이 생산량에 따라 어떻게 증가하는지를 보여준다. 각 행은 포도의 판매량에 따른 총수입을 나타내며, 각 열은 5kg 상자당 가격이 1만 원, 2만 원, 3만 원 할 때의 총수입을 나타낸다. 5kg당 2만 원을 받고 4상자를 판매한다면 총수입은 8만 원이며, 5상자를 판매하면 총수입은 10만 원이 된다. 주어진 가격에서 더 많은 상품을 생산하여 판매하면 총수입은 늘어난다.

| 표 5-2 | 포도의 가격, 생산량 및 총수입

포도생산량(상자)	총수입		
	가격 1만 원	가격 2만 원	가격 3만 원
1	1	2	3
2	2	4	6
3	3	6	9
4	4	8	12
5	5	10	15
6	6	12	18
7	7	14	21
8	8	16	24

4. 생산과 비용

총비용은 생산량에 따라 어떻게 변하는가? 총비용(total costs)은 기업이 생산물을 생산하기 위하여 지불해야 하는 금액이다. 포도농원은 총비용에 노동자들의 임금과 토지임대료를 포함한다. 총비용과 생산량 간의 관계를 살펴보기 위해서는 생산량이 증가하거나 감소할 때, 기업이 투입하는 노동과 토지의 양에 어떤 변화가 발생하는가를 보아야 한다.

단기와 장기

일정기간 동안에는 생산을 위해 노동투입량만을 변화시킬 수 있다고 가정하자. 기간이 짧아서 노동투입량은 변화시킬 수 있지만, 토지와 같은 다른 생산요소들을 변화시킬 수 없는 기간을 단기(short run)라고 부른다. 한편 노동은 물론 포도밭의 면적과 같은 다른 생산요소들도 변화시킬 수 있는 기간을 장기(long run)라고 한다. 한 생산요소만 변화한다고 가정할 때, 즉 단기가 기업의 의사결정 등을 분석하는데 보다 용이하다고 할 수 있다.

생산함수

생산함수(production function)는 생산요소의 투입량과 생산량과의 관계를 나타낸다. 노동의 한계생산물(Marginal Product of Labor : MP_L)은 노동 한 단위 추가 투입에 따른 생산량의 증가분으로 정의할 수 있다. [그림 5-1]은 노동투입량이 증가할 때, 노동의 한계생산량이 감소하는 것을 보여준다. 생산함수의 곡선모양은 근로시간이 같은 크기로 증가할 때, 노동투입량이 증가할수록 생산량 증가분은 점점 줄어든다.

노동의 한계생산물이 감소하는 현상을 노동에 대한 수확체감(diminishing return to labor)이라고도 부른다. 포도농원이 노동자들을 추가로 고용할 때 노동에 대한 수확체감이 발생한다. 토지가 일정하게 주어진 경우 보다 많은 노동자가 고용될수록,

추가된 한 노동자가 생산하는 추가생산량은 점점 작아진다. [그림 5-2]와 같이 경산포도농원은 노동자를 0명에서 1명으로 한 명 추가 고용하면 포도 20kg 상자를 더 생산할 수 있다. 하지만 노동자를 6명에서 7명으로 한 명 추가 고용하면 8상자를 더 생산하는 데 그친다.

그림 5-1 포도의 생산함수와 총생산량

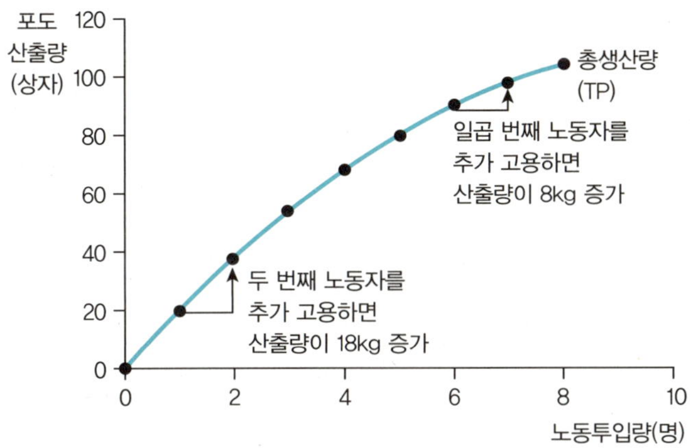

노동 투입량(L) (명)	포도 산출량(Q) (상자)	노동의 한계생산물 ($MP_L = \Delta Q/\Delta L$)
0	0	
1	20	> 20
2	38	> 18
3	54	> 16
4	68	> 14
5	80	> 12
6	90	> 10
7	98	> 8
8	104	> 6

그림 5-2 포도생산노동의 한계생산물곡선

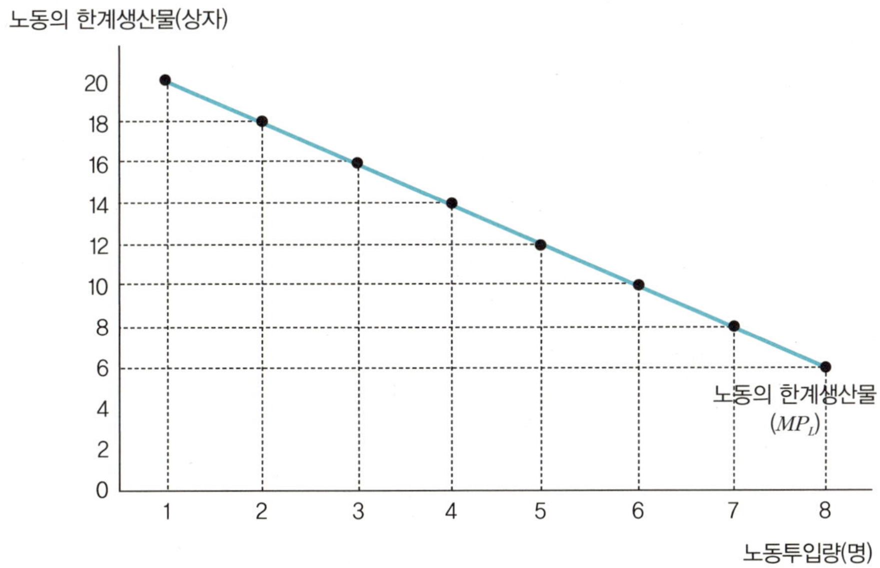

비용

〈표 5-3〉은 포도농장에서 포도의 생산량에 따라 총비용이 어떻게 변화하는가를 보여준다. 첫째 행은 포도의 생산량이 0일 때 발생하는 비용을 나타낸다. 포도 생산업자는 포도를 생산하지 않더라도 포도밭의 임대료 10만 원을 지불해야 한다. 임대료는 포도생산량과 관계없이 지불되므로 고정비용이라고 할 수 있다. 고정비용(fixed costs)은 생산량에 따라 변하지 않는 비용으로 총비용의 일부를 구성한다. 가변비용(variable costs)은 생산량에 따라 변하는 생산비용이다. 가변비용은 생산량을 늘리고자 할 때, 근로자의 고용도 증가시켜야 하기 때문에 발생하는 비용이다. 가변비용과 고정비용의 합이 총비용이고, 이윤은 총비용에서 총수입을 뺀 값이다. [그림 5-3]은 포도산출량과 총비용의 관계를 나타내고 있다.

표 5-3 | 포도의 생산량과 비용 (단위 : 만 원)

그래프의 점	노동투입량(L) (명)	포도산출량(Q) (상자)	가변비용 (VC)	고정비용 (FC)	총비용 ($TC = FC + VC$)
A	0	0	0	10	10
B	1	20	2	10	12
C	2	38	4	10	14
D	3	54	6	10	16
E	4	68	8	10	18
F	5	80	10	10	20
G	6	90	12	10	22
H	7	98	14	10	24
I	8	104	16	10	26

■ **그림 5-3** 포도생산의 총비용곡선

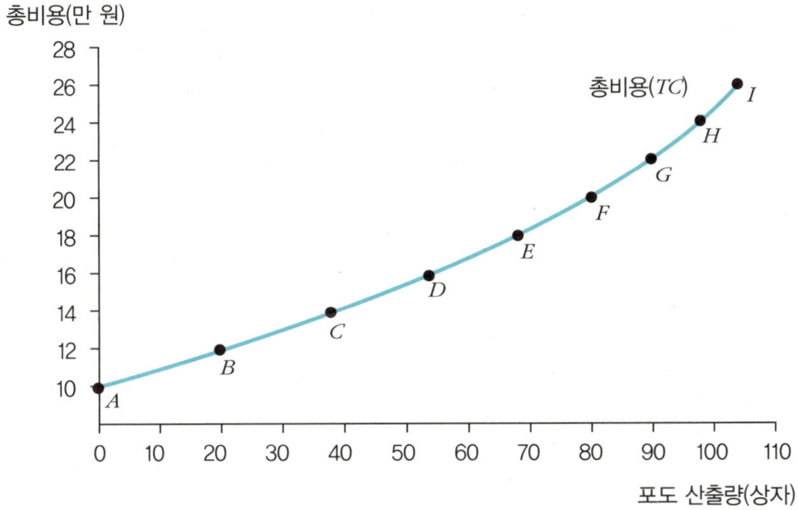

생 · 활 · 경 · 제 · 학

배춧값이 폭락하면 수확을 포기해야 하는가? : 가변비용

농부가 배추를 재배했는데, 배춧값이 폭락해 이윤을 남기기 힘들게 되었다고 하자. 이때 농부가 배추를 수확해야 할까 아니면 수확을 포기해야 할까? 배추를 수확해 팔았을 때의 수입이 배추를 수확하는 데 들어가는 변동비용(인건비 및 운반비)보다 크다면 수확해야 하지만, 변동비용에도 미치지 못한다면 수확하지 말아야 한다.

대학 구내식당은 평소에 이윤을 남기고 있지만, 방학 동안에는 고객이 크게 줄어 수입이 1,000만 원이고, 총비용이 1,500만 원으로 손실을 본다고 하자. 그렇더라도 만약 가변비용(예를 들어 임금 및 재료비)이 800만 원이라면, 수입이 가변비용보다 크므로 방학 동안에도 식당의 문을 여는 것이 합리적인 선택이다. 구내식당이 방학기간 동안 문을 닫으면, 고정비용(임대료, 은행 대출이자, 세금) 등에 해당하는 700만 원의 손실을 보지만, 문을 열면 500만 원만 손실을 보기 때문이다.

한계비용(MC)과 평균비용(AC)

기업의 생산함수에서 총비용을 구하는 방법을 학습하였다. 공급곡선을 도출하는데 필요한 한계비용과 평균비용의 관계에 대하여 알아보자.

경산포도농원은 포도주스도 생산하고 있다. 〈표 5-4〉는 경산포도농원의 포도주스 생산비용을 나타내고 있다. 포도를 생산하지 않더라도 고정비용인 포도밭 임대료 5만 원이 들어간다. 포도주스를 처음 1상자 생산하기 위해서는 1시간의 노동을 투입해야 하는데 이를 위해 1만 원이 추가된다. 2상자의 포도주스를 생산하기 위해서는 시간당 1만 원의 임금으로 3시간의 노동이 필요하므로 가변비용은 3만 원으로 증가한다. 포도주스의 생산량을 증가시키려면 근로자의 고용을 늘려야 하고 가변비용과 총비용은 증가한다. 한계비용의 증가는 많은 상품들의 생산과정에서 발생하는 일반적인 현상이며, 개별기업의 공급곡선이 우상향하는 이유가 된다.

표 5-4 | 포도주스의 생산비용

(단위 : 만 원)

생산량(*Q*) (상자)	노동(*L*) (시간)	가변비용 (*VC*)	고정비용 (*FC*)	총비용 (*TC*)	평균 가변비용 (*AVC*)	평균 고정비용 (*AFC*)	평균 총비용 (*ATC*)	한계비용 (*MC*)
0	0	0	5	5	–	–	–	
1	1	1	5	6	1	5	6	> 1
2	3	3	5	8	1.5	2.5	4	> 2
3	7	7	5	12	2.3	1.7	4	> 4
4	13	13	5	18	3.3	1.3	4.5	> 6
5	21	21	5	26	4.2	1	5.2	> 8
6	31	31	5	36	5.2	0.8	6	>10
7	43	43	5	48	6.1	0.7	6.9	>12

포도주스를 생산하는 경산포도농원은 우선 생산량을 결정해야 한다. 이때 생산량이 변화할 때 비용이 얼마나 변화하는지를 고려하는 것이 중요하다. 이와 관련하여 다음 두 가지 질문을 할 수 있다.

• 포도주스 한 상자를 만드는 데 드는 비용은 평균 얼마인가?
• 포도주스 한 상자를 만드는 데 드는 추가비용은 얼마인가?

상품 한 단위를 생산하는 데 드는 비용을 계산하기 위해서는 총비용을 생산량으로 나누면 된다. 즉 경산포도농원은 3시간에 포도주스 2상자를 생산하고 생산비용이 8만 원이라고 하자. 포도주스 1상자 생산비용은 8/2=4만 원이다. 이와 같이 총비용을 생산량으로 나눈 값을 평균총비용(Average Total Cost : *ATC*)이라고 한다. 총비용은 고정비용과 가변비용의 합과 같으므로 평균총비용(*ATC*)은 평균고정비용(Average Fixed Cost : *AFC*)과 평균가변비용(Average Variable Cost : *AVC*)의 합으로 구성된다. 평균고정비용(*AFC*)은 고정비용을 생산량으로 나눈 값이고, 평균가변비용(*AVC*)은 가변비용을 생산량으로 나눈 값이다.

평균총비용은 상품 한 단위를 생산하는 데 들어가는 비용을 나타내지만, 기업이 생산량을 변동시킬 때 총비용이 얼마나 변하는지는 알려주지 않는다. 〈표 5-4〉의 제일 마지막 열은 기업이 생산량을 한 단위 증가시킬 때 총비용이 얼마나 증가하는지를 보여주는데, 이를 한계비용(Marginal Cost : *MC*)이라고 한다.

한계비용(*MC*)은 생산물 한 단위를 더 생산하기 위해 추가되는 총비용의 증가분이다. 포도주스생산을 1상자에서 2상자로 생산량을 늘리면, 총비용은 6만 원에서 8만 원으로 증가한다. 이때 한계비용은 총비용의 증가분인 2만 원이 된다. 생산량 증가에 의한 한계비용의 증가는 노동의 한계생산물이 감소하기 때문이다. 포도주스를 1상자에서 2상자로 생산량을 증가시키기 위하여 필요한 근로시간(2시간)보다 2상자에서 3상자로 생산량을 증가시키는 데 필요한 추가 근로시간(4시간)이 더 많기 때문에 한계비용은 증가한다.

이해를 돕기 위해 비용개념을 수식으로 나타낼 수 있다.

$$\text{평균총비용}(ATC) = \text{총비용}(TC)/\text{생산량}(Q)$$

$$\text{한계비용}(MC) = \text{총비용변화량}(\Delta TC)/\text{생산량변화량}(\Delta Q)$$

그리스문자 Δ(델타)는 어떤 변수의 변화량을 나타낸다. 이 방정식들은 총비용에서 평균비용과 한계비용이 어떻게 구해지는지를 보여준다. 평균총비용은 총비용이 생산되는 상품 모든 단위에 똑같이 배분될 때 한 단위를 생산하는 데 드는 비용을 의미한다. 한계비용은 산출량 한 단위를 증가시킬 때 총비용 증가량을 나타낸다. 기업이 생산량을 결정하는 데 평균비용과 한계비용의 관계는 매우 중요한 역할을 한다.

평균총비용(*ATC*)은 포도주스를 생산하지 않더라도 고정비용 5만 원이 들어간다. 평균비용은 1상자를 생산하면 6만 원으로 증가하고, 3상자를 생산하면 4만 원으로 감소한다. 5상자를 생산하면 평균비용은 4.5만 원으로 다시 증가하기 시작한다.

한계비용이 증가하면 총비용곡선은 더욱 급한 경사를 갖게 된다. 즉 총비용곡선의 기울기는 커진다. 한계비용은 총비용곡선의 기울기이므로 총비용곡선의 기울기가 커지는 것은 한계비용의 증가를 표현하는 것이라고 할 수 있다. 평균비용이 가장 낮을 때, 한계비용은 평균비용과 같아진다. 한계비용(추가비용)이 평균비용보다 작으면 평균비용은 감소하고, 한계비용이 평균비용보다 크면 평균비용은 증가한다.

생·활·경·제·학

규모의 경제와 비경제는 왜 발생하는가? : 규모의 경제

평균비용이 감소하는 규모의 경제가 발생하는 가장 중요한 원인은 노동의 분업과 전문화이다. 기업이 규모를 확장함에 따라 기업은 노동을 좀 더 전문적으로 활용하여 생산성을 높일 수 있다. 또 다른 원인은 자본의 효율적 사용에서 찾을 수 있다. 규모가 커지면 기업은 대규모 생산이 가능한 고가의 기계를 활용할 수 있으며, 자동화와 같은 생산방법도 활용할 수 있다. 마지막으로 생산요소 구입비용도 규모의 경제를 가능하게 한다. 대량생산을 위해 생산요소를 대량으로 구입할 때, 요소구입비용이 저렴해지기 때문이다.

기업의 규모가 어느 수준을 넘어서면 규모의 비경제가 발생한다. 가장 중요한 원인으로 경영상의 문제 때문이다. 기업의 규모가 커짐에 따라 경영자가 각 부서를 서로 조율하고 통솔하기가 힘들어지고 기업이 관료화된다. 각 부서를 담당하는 중간관리자가 필요해지고, 중간관리자를 관리하는 고위관리자가 다시 필요해진다. 최고경영자의 지시사항이 아래까지 전달되는 과정이 복잡해지고, 서로 의사소통이 원활하게 이루어지지 않는다. 경영상의 비효율성이 규모의 경제로부터 발생하는 이득을 초과하게 되면서 평균비용이 상승하는 규모의 비경제가 발생한다.

5.2 경쟁기업의 이윤극대화와 공급곡선

1. 경쟁기업의 이윤극대화 조건

기업의 공급곡선을 도출하기 위하여 기업은 이윤을 극대화하는 생산량을 선택한다는 것이 이윤극대화(profit maximization) 가정이다. 기업은 이윤을 극대화하는 생산량을 어떻게 선택하는가?

이윤극대화 조건

완전경쟁시장에서는 일정한 가격수준이 결정되면 개별기업의 입장에서는 이 가격을 받아들여야 한다. 완전경쟁시장에서는 모든 기업이 가격수용기업이기 때문이다. 가격수용기업의 수요곡선은 그 가격수준에서 그어진 수평선이다. 시장의 수요곡선은 우하향하는 모양을 갖지만 개별기업의 수요곡선은 수평선이 된다. 개별기업의 수요곡선(D)은 가격(P)을 의미하는 동시에 평균수입(AR)과 한계수입(MR)을 의미한다. 평균수입은 상품 단위당 수입을 나타내고 한계수입은 상품 한 단위의 판매가 증가할 때 추가되는 총수입의 변화분을 의미한다.

기업의 이윤극대화를 위해서는 한계수입(MR)과 한계비용(MC)이 같다는 조건이 충족되어야 한다. 이 조건은 완전경쟁시장뿐만 아니라 독점시장에서도 성립해야 한다. 즉 시장의 형태와 관계없이 반드시 충족되어야 하는 조건이다. [그림 5-4]에서 보면 기업은 한계수입곡선과 한계비용곡선이 교차하는 점 b에서 생산량 Q^*의 생산수준을 선택하게 된다. 이 생산수준에서 기업이 얻는 이윤은 직사각형 $abcd$의 면적과 같다. 선분 bQ^*는 상품 한 단위당 받을 수 있는 가격을 의미하고 선분 cQ^*는 한 단위당 생산비용, 즉 평균비용(AC)을 의미하므로 상품 한 단위를 팔면 bc만큼의 이윤을 얻는다.

그림 5-4 경쟁기업의 이윤극대화

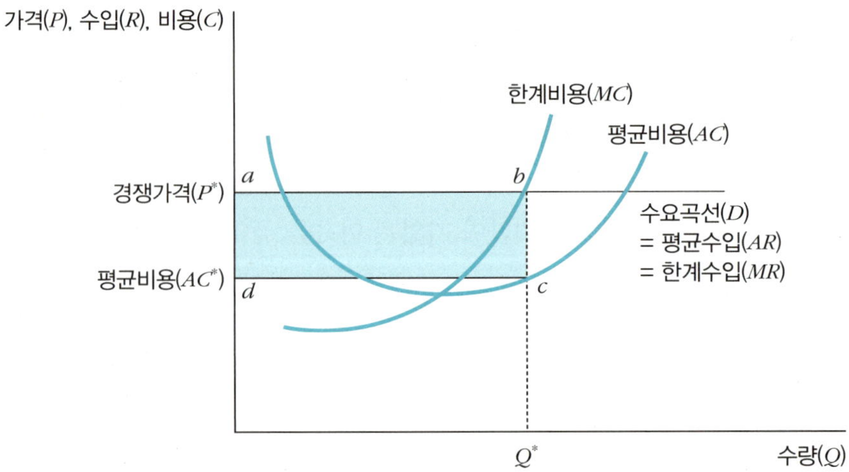

2. 경쟁기업의 공급곡선

단기공급곡선

기업은 일시적으로 생산을 중단하거나 시장을 완전히 떠나면서 퇴출되기도 한다. 조업중단이란 시장상황의 악화로 인해 일시적으로 생산을 중단하는 단기적인 의사결정을 의미한다. 퇴출이란 시장을 완전히 떠나는 장기적인 의사결정을 말한다. 단기적으로 기업은 고정비용을 피할 수 없지만, 장기적으로는 가변비용만 존재하고 고정비용은 존재하지 않으므로 단기적 의사결정과 장기적 의사결정은 구분되어야 한다. 즉 단기적으로 조업을 중단하는 기업은 여전히 고정비용을 부담해야 하지만, 퇴출하는 기업은 고정비용과 가변비용 어느 것도 부담하지 않는다.

예를 들어 포도재배기업의 토지비용(토지의 기회비용 또는 토지임대료)은 고정비용 중의 하나이다. 단기에는 생산을 중단하고 토지를 이용하지 않는다고 하더라도 토지비용은 계속 지출하여야 한다. 단기적으로 포도재배를 중단해야 할지 여부를 결정할 때, 토지에 대한 고정비용은 매몰비용(sunk cost)이라고 할 수 있다. 하지만 이 기업이 포도재배를 그만두고자 할 때는 포도밭을 팔아버릴 수 있으며, 더 이상 고정비용이 발생하지 않는다. 따라서 시장에서 퇴출할지 여부를 결정하는 장기적인 의사결정에서는 토지비용을 매몰비용이라고 할 수 없다.

기업이 조업을 중단하는 조건은 무엇인가? 조업을 중단하면 기업은 모든 수입을 잃게 된다. 고정비용은 계속 지출해야 하지만 가변비용은 발생하지 않는다. 기업은 총수입이 가변비용보다 작을 때는 단기적으로 조업을 중단한다.

총수입을 TR이라고 하고 가변비용을 VC라고 한다면, 기업의 조업중단 조건은 다음과 같다.

$$TR < VC$$

즉 총수입이 가변비용보다 작을 때 기업은 단기적으로 조업을 중단하게 된다. 양변을 생산량 Q로 각각 나누면 조건은 다음과 같다.

$$TR/Q < VC/Q$$

TR/Q는 총수입을 생산량으로 나눈 것으로 평균수입(AR)이다. 평균수입은 상품

의 가격이다. VC/Q는 평균가변비용(AVC)이다.

기업의 조업중단 조건은 다음과 같이 나타낼 수 있다.

$$P < AVC$$

기업은 생산하는 상품의 가격이 평균가변비용보다 작으면 조업을 중단하는 것이 유리하다. 기업이 생산 여부를 결정할 때 생산하는 물건에 대해 평균적으로 받을 가격과 평균적으로 한 단위 생산을 위해 들어가는 가변비용을 비교할 것이다. 만약 가격이 평균가변비용조차 충당하지 못한다면, 생산을 중단하는 것이 유리하다.

경쟁시장의 이윤극대생산량은 가격과 한계비용이 일치하는 수준에서 결정된다. 그러나 가격이 평균가변비용보다 작아지면 단기적으로 생산을 중단해야 한다. [그림 5-5]에서 보면 한계비용곡선 중에서 평균가변비용곡선보다 위에 있는 부분이 경쟁시장에 있는 기업의 단기공급곡선이다. 즉 한계비용곡선 중 a점 윗부분이 단기공급곡선이다.

그림 5-5 경쟁시장의 단기공급곡선

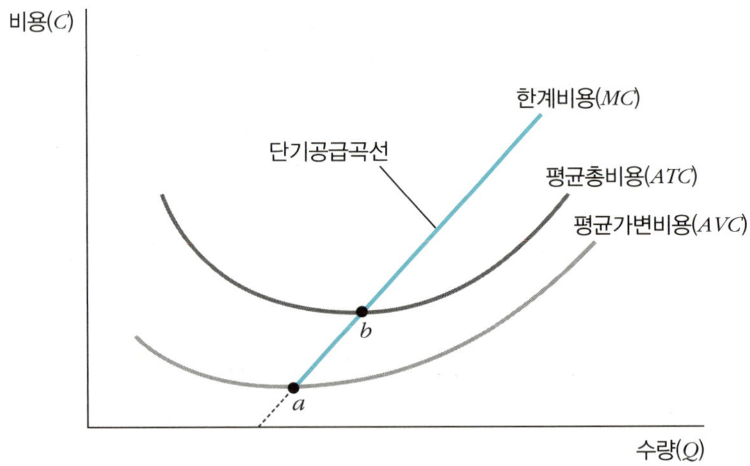

장기공급곡선

기업이 시장에서 퇴출되면 수입이 없어지고 고정비용과 가변비용을 지출하지 않아도 된다. 기업은 총수입이 총비용보다 작아지면 시장에서 퇴출된다.

TR은 총수입이고 TC는 총비용이라고 한다면, 기업의 퇴출조건은 다음과 같다.

$$TR < TC$$

양변을 수량(Q)으로 나누면 다음과 같다.

$$TR/Q < TC/Q$$

TR/Q는 평균수입(AR)이므로 가격(P)이다. TC/Q는 평균총비용이다. 기업의 퇴출조건은 다음과 같이 나타낼 수 있다.

$$P < ATC$$

결국 기업은 생산하는 상품의 가격이 평균총비용보다 작아지면 시장에서 완전히 퇴출된다. 시장에 진입하는 기업도 시장진입 후에 이윤을 낼 수 있을 때 진입할 것이다. 기업은 가격이 평균비용보다 클 때 이윤을 남기게 된다. 기업의 시장진입 조건은 다음과 같이 표현할 수 있다.

$$P > ATC$$

기업의 시장진입 조건은 기업의 시장퇴출 조건과 반대임을 알 수 있다. 기업의 장기이윤극대화전략을 요약하면 시장에서 경쟁하고 있는 기업들은 한계수입(MR)과 한계비용(MC)이 일치하는 수량에서 생산하며, 생산수량에서 가격(P)이 평균비용(*AC*)보다 작으면 기존기업은 퇴출되고 새로운 기업은 진입을 포기하게 된다. [그림 5-6]은 기업의 장기공급곡선을 나타내고 있다. 경쟁시장에 있는 기업의 장기공급곡선은 한계비용곡선(*MC*) 중 평균총비용(*ATC*)보다 큰 부분이다. 즉 한계비용곡선 중 *b*점 윗부분이 장기공급곡선이 된다.

그림 5-6 경쟁기업의 장기공급곡선

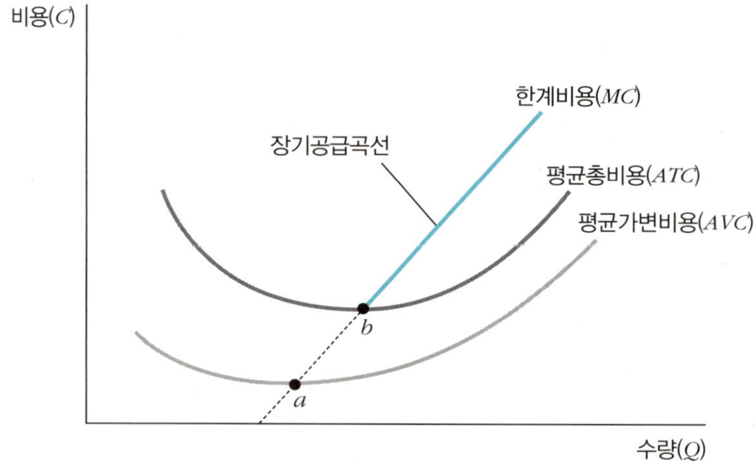

시장공급곡선

시장공급곡선(market supply curve)은 시장에 있는 모든 개별기업의 공급곡선을 더하여 구한다. 즉 시장공급곡선은 주어진 가격에서 시장에 있는 모든 기업들이 공급하고자 하는 상품의 양을 보여준다. 시장공급곡선은 보통 우상향한다. 가격이 높으면 개별기업은 보다 많은 상품을 공급할 것이며, 가격상승은 보다 많은 기업들이 생산하도록 유인한다.

100개의 똑같은 기업이 존재하는 시장을 생각해보자. [그림 5-7] (a)와 같이 각 기업은 가격과 한계비용이 일치하는 수량을 생산할 것이다. 가격이 평균가변비용을 초과하는 한 각 기업의 한계비용곡선이 기업의 공급곡선이다. 시장에 공급되는 전체 수량은 각 기업이 생산하는 생산량의 합이 된다. 즉 시장공급곡선은 개별기업의 공급곡선을 합한 것이다. [그림 5-7] (b)에서 보듯이 각 기업은 똑같다고 가정하였기 때문에 시장공급량은 개별기업 공급량의 100배이다.

그림 5-7 시장의 공급곡선

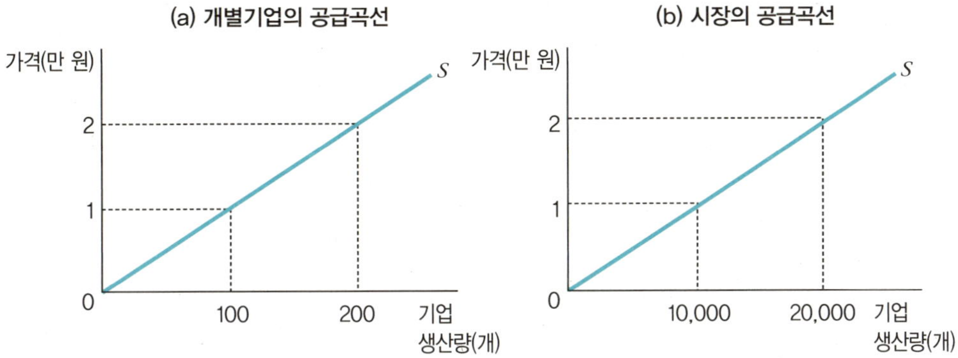

질문의 답 찾기 QA

현대자동차는 자동차를 얼마나 생산해야 할까?

하버 리포트(Harbour Report)와 한국자동차산업협회에 따르면 2015년 기준 현대차 국내공장의 자동차 1대당 평균생산시간(Hour Per Vehicle: HPV)은 26.8시간으로 나타났다. 경쟁사인 일본의 도요타는 24.1시간, 미국의 포드는 21.3시간, 미국의 GM은 23.4시간으로 조사되었다. 이는 현대차가 자동차 대당 생산에 도요타와 포드에 비해 각각 11.25%, 25.8% 더 많은 시간을 투입하고 있다는 것을 의미한다. 현대차의 미국 앨라배마공장의 HPV는 14.7시간으로 국내공장의 절반수준에 불과하다. 그렇다면 현대차의 노동자들은 국내외 경쟁사나 해외공장 노동자들에 비해 유능하지 않은가? 그렇지 않다. 생산성이 낮다고 해서 현대차 노동자들이 경쟁사 노동자들보다 유능하지 않다고 할 수 없다. 생산성은 노사관계, 임금, 생산시스템, 원가구조, 글로벌 시장환경 등 다양한 요인에 영향받는다. 현대차의 생산성이 떨어지는 이유는 노동자 1인당 자동차생산량을 늘리기 위한 투입물을 충분히 증가시키지 못하기 때문이다.

추가생산량의 결정은 자동차가격과 비용에 의해 결정된다. 생산성이 낮아지면 생산물 단위당 필요한 생산요소가 늘어나므로 생산비용이 상승한다. 하지만 기업은 더 높은 가격을 받을 수 있다면 더 높은 비용을 지불할 수 있을 것이다. 현대차는 자동차 1대 생산으로 추가적으로 얻게 되는 한계수입이 추가적으로 들어가는 한계비용보다 크다면 노동자 1인당 생산량을 증가시키기 위해 더 많은 자원과 노력을 투입할 것이다. 현대차는 한계수입과 한계비용이 같은 수준에서 생산량을 결정할 것이다.

시사경제용어

- 컨슈머리즘(Consumerism) : 소비자가 힘을 모아 과대광고, 부당한 가격인상, 유해식품 등 왜곡된 현상을 바로잡고 자신의 권리를 지키려는 운동을 말한다.
- 테크래시(Tech-lash) : 기술(tech)과 역풍(backlash)의 합성어로 대형 IT기업들에 대해 정서적 · 물리적 반발이 일어나는 현상을 말한다.
- 랩 어카운트(Wrap Account) : '묶다(wrap)'와 '계좌(account)'의 합성어로 여러 가지 자산운용서비스를 하나로 묶어 고객의 기호에 따라 제공하는 개인별 자산종합관리계좌로 투자경향은 안정적인 편이다.

연·습·문·제

EXERCISE

01 시장의 종류와 특성을 설명하시오.

02 평균비용과 한계비용의 관계를 설명하시오.

03 경쟁기업의 이윤극대화 조건을 설명하시오.

04 다음 산업은 완전경쟁산업인가 아닌가? 시장점유율, 표준화제품, 진입퇴출자유 정도를 고려하여 답하시오.

① 아스피린

② BTS 콘서트

③ SUV 차량

05 완전경쟁기업의 단기총비용과 시장수요는 다음과 같다고 하자.

산출량(개)	총비용(만 원)
0	5
1	10
2	13
3	18
4	25
5	34
6	45

가격(만 원)	수요량(개)
12	300
10	500
8	800
6	1,200
4	1,800

① 기업의 한계비용을 구하고 모든 산출량수준(0 제외)에서 평균가변비용과 평균총비용을 구하시오.

② 해당 산업 내 100개의 기업이 있고 비용조건이 동일할 때, 산업공급곡선과 시장수요곡선을 그리시오.

③ 시장가격과 개별기업의 이윤은 얼마인가?

CHAPTER 06

독점기업

한전은 어떻게 전력의 가격을 결정할 수 있는가?

한국전력공사(KEPCO)는 전력공급을 위해 설립된 산업통상자원부 산하 시장형 공기업이다. 2000년대 초반부터 한국전력은 본질적으로 송전, 변전, 배전 및 판매를 담당하고, 전력생산은 발전부문 자회사가 맡고 있다. 즉 한전은 전기를 생산하는 것이 아니라 전기를 소매로 판매하는 회사이다. 전기를 생산하는 발전사업자는 6개 자회사들이며, 한국전력은 자회사가 생산한 전기를 배달만 해주고 있다. 태양광 전력기술의 등장으로 전력을 누구나 생산할 수 있게 되면서 전기를 한전에 역으로 판매하는 현상까지 벌어지고 있다.

한전은 소비자에게 전력을 최종적으로 독점판매하는 권한을 가지고 있다. 따라서 누구든지 전력을 구입하려면 한전이 결정한 전력가격을 지불해야만 한다. 즉 한전은 전력시장을 독점(monopoly)하고 있다고 할 수 있다. 독점기업이 가격을 결정하는 원리를 알아보자.

시장지배력은 무엇을 의미하는가? 시장지배력이 존재하면 제품가격과 제품생산비와의 관계가 달라진다. 경쟁시장에 있는 기업은 시장가격을 주어진 것으로 받아들여 가격과 한계비용이 일치되는 조건에서 생산량을 결정한다. 그러나 독점기업의 가격은 한계비용보다 높다. '훈글'프로그램의 경우가 명백하게 여기에 해당한다. 한글과컴퓨터사의 한계비용, 즉 '훈글'프로그램을 추가적으로 디스크에 담는 비용은 고작해야 몇천 원에 불과하다. 그러나 '훈글'프로그램의 시장가격은 한계비용의 몇 배나 된다.

독점기업이 높은 가격을 받는 것은 당연해 보인다. 독점기업의 제품을 구입하는 소비자는 독점기업이 제시하는 가격을 지불하는 것 외에 별다른 선택이 없기 때문이다. 그렇다면 왜 한글과컴퓨터사는 '훈글'프로그램가격으로 100만 원이나 1,000만 원을 받지 않는 것일까? 이유는 가격을 올리면 판매량이 줄어들기 때문이다. 사람들이 아예 컴퓨터 구매를 포기하거나 다른 프로그램을 구입하지 않으려면 불법복제를 시도할 것이기 때문이다. 높은 가격을 받으면 판매량이 감소하기 때문에 독점기업이라고 해서 얼마든지 많은 이윤을 남길 수 있는 것은 아니다. 가격은 마음대로 받을 수 있지만 이윤의 크기에는 한도가 있다.

독점기업도 경쟁시장의 기업들처럼 이윤을 극대화하고자 한다. 그러나 이 목표는 경쟁기업과 독점기업 사이에 매우 다른 결과로 나타난다. 사익을 추구하는 경쟁시장의 수요자와 공급자들은 자신도 모르게 보이지 않는 손에 이끌려 사회 전체의 경제적 후생을 증가시킨다. 그러나 독점기업은 경쟁에 의해 견제를 받지 않기 때문에 독점기업의 의사결정이 반드시 사회적으로 최적인 것은 아니다.

6.1 독점의 발생원인

어떤 기업이 공급하는 상품에 밀접한 대체재가 존재하지 않고, 그 상품이 오직 하나의 공급자에 의해 공급되고 있다면 그 기업은 독점기업(monopoly)이다.

독점이 발생하는 근본적인 원인은 진입장벽(barriers to entry)이 존재하기 때문이다. 독점기업이 독점적 지위를 유지할 수 있는 것은 다른 기업이 이 시장에 진입하여 경쟁할 수 없기 때문이다.

진입장벽이 발생하는 이유는 다음 세 가지이다.

첫째, 중요한 생산요소를 하나의 기업이 소유하고 있는 경우

둘째, 정부가 한 기업에게 독점생산권을 부여한 경우

셋째, 자연독점, 즉 하나의 기업이 생산할 때의 생산비용이 여러 기업이 생산하는 경우보다 더 저렴한 경우

1. 생산요소

독점이 발생되는 가장 간단한 배경은 생산에 필수적인 어떤 요소를 한 기업이 독점하고 있는 경우이다. 예를 들어 어떤 작은 마을의 식수시장을 생각해보자. 이 마을에 우물이 10여 개가 있다면, 공급자들의 행태는 경쟁시장에 가깝게 되어 물값은 단위당 물을 퍼내는 한계비용과 같게 될 것이다. 그러나 마을에 우물이 오직 한 개만 존재한다면, 우물의 주인은 식수공급을 독점하게 된다. 말할 것도 없이 독점공급자는 경쟁시장의 공급자에 비해 매우 큰 시장지배력을 갖는다. 식수와 같은 필수재의 경우 독점공급자는 한계비용을 훨씬 초과하는 높은 가격을 받을 수 있다.

중요한 요소에 대한 독점 때문에 독점이 발생할 수 있지만 실제로는 이런 경우가 그렇게 많지 않다. 현실에서는 경제규모가 크기 때문에 실제로 한 사람이 한 생산자원을 독점하기 쉽지 않고, 많은 자원들이 국제시장에서 거래되기 때문에 요소독점에 의한 독점의 사례는 거의 없다.

2. 정부

독점은 많은 경우 정부가 한 사람 또는 한 기업에게 배타적인 공급권을 줌으로써

발생한다. 어떤 독점권은 오로지 공급자의 정치적 영향력 때문에 주어지기도 한다. 예를 들어 과거에 왕들은 친지나 동지들에게 독점사업권을 하사하기도 했다. 경우에 따라서는 정부가 공익을 보호하기 위해 독점권을 주기도 한다.

특허권제도나 저작권제도는 정부가 공익보호를 위해 만든 독점권이다. 새로운 약품을 발명한 제약회사는 정부에 특허권을 신청한다. 정부가 신청을 심사하여 약품을 새로운 발명인 것으로 인정하면, 정부는 회사에게 특허권을 부여하고, 회사는 일정기간 독점적으로 약품을 생산 판매할 권리를 갖게 된다.

어떤 소설가가 문학작품을 저술하였다면 소설가는 저작권을 획득할 수 있다. 저작권이란 저자의 동의 없이 어느 누구도 그의 작품을 인쇄하거나 복제 판매할 수 없도록 정부가 보장해주는 것이다. 저작권은 소설가에게 작품 판매에 대해 독점권을 부여한다. 특허권제도나 저작권제도의 효과는 뚜렷하다. 이 제도에 의해 생산자들은 독점권을 갖기 때문에 공급하는 상품에 대해 높은 가격을 받게 된다. 높은 가격과 높은 이윤을 허용함으로써 사회적으로 바람직한 행동을 유발할 수 있다.

제약회사들에게 독점권을 주면 새로운 약품을 더 열심히 연구개발하도록 하는 유인을 가질 것이고, 저술가들은 저작권이 보호되기 때문에 더 좋은 작품을 쓰고자 노력할 것이다. 특허권과 저작권을 인정해주는 것은 사회적으로 득과 실이 있다. 창의적 활동이 장려되는 것은 사회적 이득이라고 할 수 있지만, 독점가격의 형성으로 인하여 이득은 부분적으로 상쇄된다.

3. 자연독점

시장 전체 수요에 대해 여러 생산자보다 한 생산자가 더 적은 비용으로 생산공급할 수 있는 시장조건을 자연독점(natural monopoly)이라고 한다. 자연독점은 규모의 경제가 존재할 때 발생한다. [그림 6-1]은 규모의 경제가 존재하는 평균총비용곡선을 나타낸다. 어떤 생산량이든지 하나의 기업이 생산하는 것이 가장 적은 비용으로 생산하게 되는 것이다.

한 제과점이 빵 100개를 생산하면 개당 1,000원의 비용을 들이면 되지만, 두 제

■ **그림 6-1** 규모의 경제

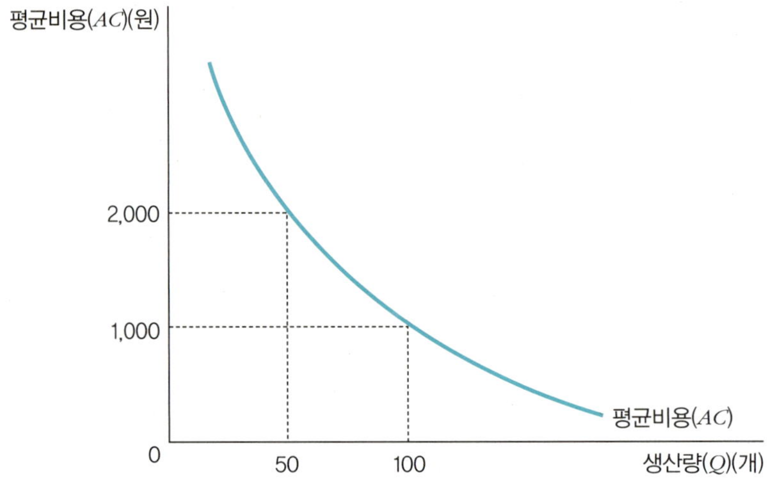

과점이 50개씩 나누어 생산하면, 제과점들은 각각의 비용으로 개당 2,000원을 들여야 한다.

어느 생산량이라도 여러 기업이 나누어 생산하면 평균총비용이 증가하게 된다. 상수도공급은 자연독점의 예라고 할 수 있다. 지역주민에게 수돗물을 공급하려면 공급자는 마을 구석구석에 배수관을 설치해야 한다. 복수의 공급자가 수돗물을 공급한다면 각 공급자마다 각각 배관망을 설치해야 하는데, 이를 위해서는 막대한 고정비용을 지출해야 한다. 따라서 수돗물을 공급하는 평균비용은 하나의 공급자가 존재할 때에 가장 낮다.

자연독점은 배제성이 있지만 경합성이 없는 상품을 공급한다. 교통혼잡이 전혀 없는 다리는 통행료를 받을 수 있기 때문에 배제성이 있다. 그러나 혼잡이 없다면 다리의 이용은 경합성이 없다. 다리를 건설하는 데 큰 고정비용이 지출되었지만, 통행의 한계비용은 무시해도 될 만큼 작기 때문에 다리에 대한 이용이 증가할수록 다리를 이용하는 평균총비용(총비용/이용량)은 감소한다. 즉 다리는 자연독점인 것이다.

어느 기업이 자연독점이라면 이 기업은 경쟁자가 진입하여 시장을 잠식할 것을 걱정하지 않아도 된다. 생산자원에 대한 독점력이 없거나 정부가 보장하는 독점권이 없는 기업은 독점지위를 유지하는 것이 쉽지 않다. 독점기업이 누리는 이윤이 경쟁자들을 유인하여 시장을 보다 경쟁적으로 만들 것이기 때문이다. 그러나 자연독점기업이 지배하고 있는 시장은 경쟁기업들이 진입하기에 그다지 매력적이지 않다. 왜냐하면 후발 경쟁자들이 기존 독점기업에 비해 더 많이 생산하지 않는 한 평균총생산비가 더 높을 것이기 때문이다.

어떤 경우에는 시장규모가 자연독점 여부를 결정하기도 한다. 예를 들어 도시인구가 적을 때는 하나의 다리로 통행수요를 충분히 만족시킬 수 있어 자연독점상태가 된다. 그러나 인구가 증가하여 다리 이용이 늘어 통행에 혼잡이 발생하면 통행수요를 만족시키기 위해 이제는 두 개 이상의 다리가 필요하게 될 것이다. 따라서 자연독점이었던 시장이 시장규모가 증가함에 따라 경쟁적 시장으로 변하기도 한다.

6.2 독점기업의 생산량 및 가격결정

독점기업이 생산량과 가격을 어떻게 결정하는지 알아보자. 독점기업 형태에 대한 분석은 독점시장의 성과를 평가하고 정부가 독점시장정책을 선택하는 데 도움을 준다.

1. 독점과 경쟁

경쟁시장기업과 독점기업의 중요한 차이점은 독점기업은 시장가격에 영향을 미칠 수 있고, 경쟁기업은 시장에서 결정된 가격을 받아들여야 한다는 점이다. 경쟁기업은 다수 공급자 중의 하나이므로 시장규모에 비해 너무 작다. 따라서 경쟁기업은 시장가격을 수용해야 한다. 하지만 독점기업은 시장의 유일한 공급자이기 때문에 생산량을 조절하여 시장가격에 영향을 미칠 수 있다.

경쟁시장기업과 독점기업의 시장수요곡선 차이점을 비교해보자. 경쟁시장의 기업은 시장가격수준에서 수평인 수요곡선을 갖게 된다. 경쟁시장의 기업은 시장가격에서 얼마든지 자기가 원하는 물량을 판매할 수 있기 때문에 수요곡선이 수평인 직선이 된다. 경쟁시장에서 각 기업이 공급하는 모든 상품은 서로 완전대체재이기 때문에 각 기업이 느끼는 자기상품에 대한 수요곡선은 무한탄력적이다.

독점기업은 시장의 유일한 공급자이기 때문에 독점기업이 느끼는 수요곡선은 시장수요곡선 자체가 된다. 그러므로 독점기업에 대한 수요곡선은 우하향한다. 독점기업이 가격을 인상하면 시장수요량이 줄어들고, 독점기업이 생산량을 줄이면 시장가격이 상승한다. 시장수요곡선 때문에 독점기업은 무한대의 이윤을 누리지 못한다. 독점기업은 가능한 한 높은 가격에 매우 많은 양을 팔고 싶어 하지만 시장수요곡선 때문에 그럴 수 없다. 독점기업은 수요곡선상의 가격과 수량 조합 중 하나만을 선택해야 하기 때문이다. 독점기업은 자기가 원하는 가격을 받거나 자기가 원하는 수량을 생산할 수 있지만, 수요곡선에서 벗어난 가격과 수량의 조합을 선택할 수는 없다. 독점기업은 수요곡선상의 어떤 점을 선택해야 할까?

2. 독점기업의 총수입

독점기업의 총수입(total revenue)은 가격에 수량을 곱한 값이고, 평균수입(average revenue)은 총수입을 수량으로 나눈 값이다. 따라서 평균수입은 독점기업이나 경쟁시장기업이나 항상 상품가격과 같다. 한계수입(marginal revenue)은 상품을 한 단위 더 판매했을 때 발생하는 총수입의 변화이다.

독점기업의 한계수입은 상품의 가격보다 작은데, 그 이유는 수요곡선이 우하향하기 때문이다. 즉 판매량을 증가시키려면 반드시 가격을 인하해야 하기 때문이다.

독점기업이 판매량을 증가시키면 수량효과와 가격효과가 발생한다.

첫째, 수량효과(output effect)는 재화 한 단위가 더 판매되면 재화가격만큼 총수입이 증가하는 효과이다.

둘째, 가격효과(price effect)는 재화 한 단위를 더 판매하기 위해 독점기업은 판매 수량 전체의 가격을 낮추어야 하므로 총수입이 줄어드는 효과이다.

경쟁시장기업은 시장가격에서 얼마든지 원하는 수량을 판매할 수 있으므로 가격효과는 발생하지 않는다. 경쟁시장의 기업이 한 단위의 상품을 더 팔면 추가로 들어오는 수입은 시장가격과 같고, 이미 팔고 있는 수량에 대해 가격을 인하할 필요가 없다. 경쟁시장기업은 가격수용자이므로 시장가격이 한계수입이다.

반면 독점기업이 생산량을 한 단위 증가시키려면 가격을 인하해야 한다. 그리고 이러한 가격인하는 이미 판매하고 있는 모든 수량에 대해 동시에 적용되어야 한다. 결과적으로 독점기업의 한계수입은 가격보다 낮게 된다.

[그림 6-2]는 수요곡선과 한계수입곡선을 보여준다. 가격이 평균수입과 같기 때문에 수요곡선은 평균수입곡선이다. 두 곡선은 가격축에서 항상 같은 절편을 갖는다. 첫 번째 판매량의 한계수입은 가격 그 자체이기 때문이다. 그러나 두 번째 단위 이후부터는 한계수입이 가격보다 작게 된다. 따라서 한계수입곡선은 수요곡선의 아래쪽에 위치한다.

그림 6-2 독점기업의 수요곡선과 한계수입

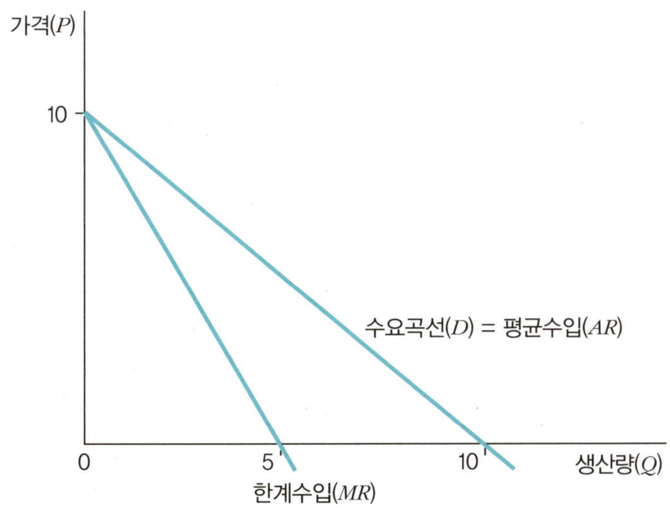

한계수입은 마이너스(−)가 될 수도 있다. 가격효과가 산출효과를 능가하면 한계수입은 마이너스(−)가 된다. 독점기업이 한 단위를 더 생산한 결과 가격이 하락하여 판매량이 늘었음에도 불구하고 오히려 기업의 총수입이 감소할 수 있기 때문이다.

3. 독점기업의 이윤극대화 조건

독점기업이 어떻게 이윤을 극대화하는지 알아보자. 한계분석을 이용하여 독점기업이 이윤을 극대화하기 위해 얼마나 생산해야 하는가를 알아볼 수 있다.

[그림 6-3]에 독점기업의 수요곡선, 한계수입곡선, 그리고 비용곡선이 나타나 있다. 수요곡선과 한계수입곡선을 사용하여 독점기업이 이윤극대화를 위해 생산량을 어떻게 결정하는지 밝힐 수 있다.

먼저 독점기업이 Q_1과 같이 작은 수량을 생산한다고 하자. 이 경우 한계비용이 한계수입보다 작다. 따라서 이 기업이 한 단위를 더 생산한다면 추가로 들어오는 수입이 추가로 발생하는 비용보다 크기 때문에 이윤이 증가한다. 즉 한계비용이 한

그림 6-3 독점기업의 이윤극대화 조건

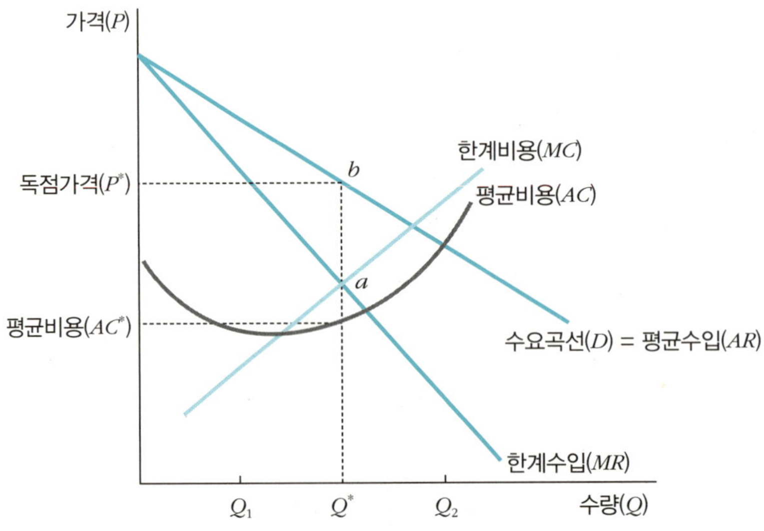

계수입보다 작을 때는 생산량을 늘리면 이윤이 증가한다.

유사한 분석을 Q_2와 같이 큰 생산량에 대해서도 할 수 있다. 이때는 한계비용이 한계수입보다 크다. 따라서 이 기업이 생산을 한 단위 줄인다면, 비용절약효과가 수입감소효과보다 크기 때문에 이윤이 증가한다. 즉 한계비용이 한계수입보다 클 때에는 생산량을 줄이면 이윤이 증가한다.

독점기업은 생산량을 조절하여 한계비용과 한계수입이 일치하는 Q^*에서 생산할 것이다. 따라서 독점기업의 이윤극대생산량은 [그림 6-3]에서처럼 한계수입곡선과 한계비용곡선이 교차하는 수준 a에서 결정된다. 경쟁시장의 기업들도 한계수입과 한계비용이 일치하는 생산량을 선택하였다. 결국 독점기업과 경쟁시장기업의 이윤극대화 조건은 같다고 할 수 있다. 하지만 경쟁시장기업은 한계수입이 가격과 같은 조건에서 생산하고, 독점기업의 한계수입은 가격보다 낮은 조건에서 생산한다. 즉 경쟁기업과 독점기업의 이윤극대화 조건은 다음과 같다.

$$\text{경쟁기업}: P = MR = MC$$
$$\text{독점기업}: P > MR = MC$$

한계수입과 한계비용이 일치하는 점에서 이윤이 극대화되는 것은 어느 기업에게나 마찬가지이다. 차이점은 가격이 한계수입과 일치하는가의 여부이다. 독점기업은 이윤을 극대화하는 가격을 어떻게 결정할까? 수요곡선은 주어진 수량에 대해 수요자들의 최대지불용의를 나타내기 때문에, 독점기업은 먼저 한계수입과 한계비용이 일치하는 생산량을 결정한다. 생산량을 판매할 수 있는 가격을 수요곡선으로부터 찾아낸다. [그림 6-3]에서 이윤을 극대화하는 수요곡선상의 점은 b이다.

경쟁기업과 독점기업의 차이점은 독점의 사회적 비용과 관련하여 중요한 의미를 갖는다.

독점기업의 이윤

독점기업은 경쟁기업과 마찬가지로 이윤극대화를 목표로 한다고 하자. 독점기업은 이윤을 얼마나 남길 수 있을까? 이윤은 총수입(*TR*)에서 총비용(*TC*)을 뺀 나머지이다.

$$이윤 = 총수입(TR) - 총비용(TC)$$

즉

$$이윤 = (TR/Q - TC/Q) \times Q$$

가 된다. TR/Q는 평균수입(*AR*)이므로 가격(*P*)과 같다. TC/Q는 평균총비용(*ATC*)이다. 따라서

$$이윤 = (P - ATC) \times Q$$

이다. 독점기업의 이윤공식은 경쟁시장기업의 이윤공식과 같다. 이 공식을 사용하여 그래프에 독점기업 이윤의 크기를 표시할 수 있다. 독점기업은 한계수입과 한계비용이 같은 *E*점에서 이윤극대생산량(Q^*)을 결정한다. 이어서 수요곡선에서 가격(P^*)을 결정하고, 평균비용곡선에서 비용(AC^*)을 선택한다.

[그림 6-4]에서 진하게 표시된 직사각형을 보자. 직사각형의 높이(*bc*)는 가격에서 평균총비용을 뺀 값($P-ATC$)과 같다. 이것은 단위수량당 발생하는 이윤과 같다. 직사각형의 밑변의 길이(*dc*)는 이윤극대생산량(Q^*)이다. 직사각형의 면적이 독점기업의 이윤이다. 독점이윤은 경쟁기업 이윤과는 달리 독점상태가 유지되는 한 일정한 수준을 유지한다.

■ **그림 6-4** 독점기업의 이윤

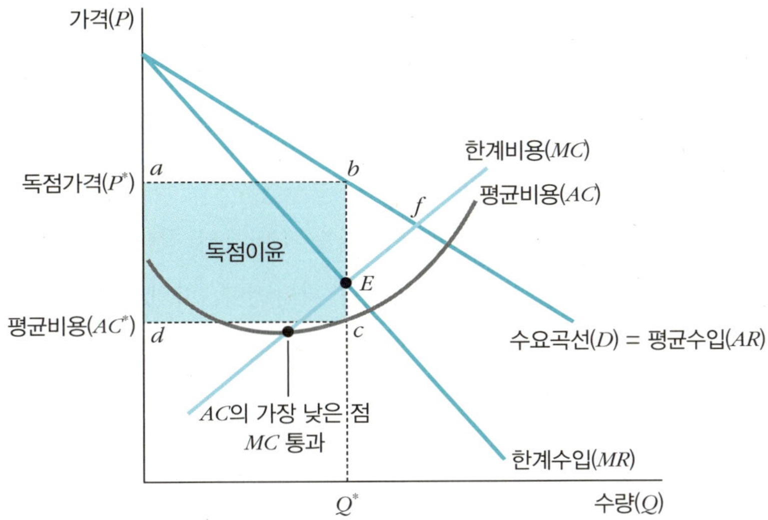

6.3 독점의 비효율성

독점은 바람직한 시장구조인가? 앞에서 독점기업이 경쟁시장의 기업과는 달리 가격을 한계비용보다 높게 설정한다는 것을 학습하였다. 소비자의 입장에서 보면 높은 가격은 좋은 일이 아니다. 그러나 가격이 높으면 기업은 이익을 더 남기게 되므로 기업소유자의 입장에서 높은 가격은 좋은 일이다.

경제적 총잉여는 소비자잉여와 생산자잉여의 합이다. 소비자잉여는 소비자의 최대지불용의 금액으로부터 실제 지불금액을 뺀 나머지이며 생산자잉여는 기업의 총수입에서 총생산비용을 뺀 나머지이다.

경쟁시장에서 수요와 공급의 균형점은 자연스러운 시장의 결과이며 매우 효율적이다. 특히 시장의 보이지 않는 손의 기능에 의한 자원배분의 결과, 창출되는 경제적 잉여의 총합이 최대가 되는 것을 보았다. 독점시장의 자원배분결과는 경쟁시장의 자원배분결과와 달리 비효율이 발생하므로 독점시장에 의해 창출되는 경제적 잉여는 경쟁시장보다 작을 것이라고 짐작할 수 있다.

1. 독점의 경제적 순손실

수요곡선은 소비자가 누리는 총효용의 가치를 소비자의 최대지불용의로 나타낸 것이다. 한계비용곡선은 독점기업의 생산비를 나타낸다. 따라서 사회적으로 최적인 생산량은 수요곡선과 한계비용곡선이 교차하는 점에서 결정된다. 이 생산량보다 작은 생산량에서는 소비자가 누리는 효용가치가 상품을 생산하는 한계비용보다 크기 때문에 생산량을 늘리면 경제적 잉여가 증가한다. 이 수량보다 큰 생산량에서는 소비자가 누리는 효용의 가치보다 한계생산비가 크기 때문에 생산량을 줄여야 경제적 잉여가 증가한다.

선의의 계획자(착한 기업)가 독점기업을 경영한다면 수요곡선과 한계비용곡선이 교차하는 점의 가격을 선택함으로써 이와 같은 효율적인 결과를 얻고자 할 것이다. 따라서 선의의 계획자는 경쟁시장의 기업처럼, 그리고 독점기업과는 달리 가격을 한계비용에 일치시킨다.

이 가격수준은 상품의 생산비에 대한 정확한 신호(signal)를 소비자들에게 전달하기 때문에 소비자들은 효율적인 수량을 구입하게 된다. 이윤극대화를 추구하는 독점기업과 선의의 계획자가 경영하는 독점기업의 생산량을 비교함으로써 우리는 독점의 경제적 후생효과를 알아낼 수 있다. 독점기업은 한계수입곡선과 한계비용곡선이 교차하는 점에서 생산량을 결정한다. 독점기업의 생산량은 사회적 최적생산량보다 작다는 것을 알 수 있다. 반면 선의의 계획자는 수요곡선과 한계비용곡선이 교차하는 점에서 사회적 최적생산량을 결정한다.

독점의 비효율성을 독점가격의 관점에서도 확인할 수 있다. 시장수요곡선은 가격과 수량의 마이너스(−) 상관관계를 나타내기 때문에 생산량이 비효율적으로 작다는 것은 가격이 비효율적으로 높다는 뜻이다. 어떤 상품의 시장가격이 한계생산비보다 높으면 이 상품에 대해 한계생산비보다는 높은 가치를 부여하지만, 지불용의가

가격보다 낮은 소비자들은 소비를 포기하게 된다. 소비자가 상품을 소비하면서 누릴 수 있는 효용가치가 상품의 한계생산비보다 크기 때문에 경제적으로 비효율적이다. 다시 말해 독점의 존재로 인해 상호이득이 될 수 있었던 거래 기회가 사라진다.

수요곡선은 소비자들이 누리는 효용가치를 나타내고 한계비용곡선은 독점기업의 생산비용을 나타낸다. 따라서 [그림 6-4]의 수요곡선과 한계비용곡선 사이에 있는 삼각형의 면적(*bEf*)은 독점으로 인해 발생하는 경제적 총잉여의 감소분이다. 이 경우 가격과 한계비용의 차이 때문에 생산량이 사회적 최적보다 작게 된다.

2. 독점의 사회적 비용

독점기업은 공익에 반하여 이윤만을 추구한다는 비난을 받기도 한다. 사실 독점기업은 자신들의 시장지배력 덕택에 높은 이윤을 얻는다. 그러나 독점에 대한 경제학적 분석은 독점이윤이 반드시 문제는 아니라는 것을 보여주고 있다.

독점시장의 경제적 후생도 다른 시장과 마찬가지로 소비자와 생산자 모두의 후생을 포함한다. 소비자가 생산자에게 1만 원을 추가로 지불하면, 소비자잉여가 그만큼 감소하지만 생산자잉여는 같은 금액만큼 증가한다. 이와 같이 소비자로부터 생산자로의 부의 이전은 사회적으로 총잉여의 합을 변화시키지는 않는다. 다시 말해 독점이윤의 존재 자체는 사회적 총잉여의 크기를 줄이는 것은 아니다. 단지 사회적 총잉여를 생산자가 소비자보다 더 많이 가져간다는 것을 의미할 뿐이다.

독점의 문제는 독점기업이 사회적 최적생산량보다 낮은 수준에서 생산함으로써 경제적 총잉여가 극대화되지 못한다는 것이다. 독점 때문에 경제적 순손실이 발생했다는 것은 독점 때문에 경제적 총잉여가 작아졌다는 것을 의미한다. 비효율은 본질적으로 독점가격이 높다는 데서 기인한다. 소비자들이 한계비용보다 높은 가격으로 인하여 수요량을 줄이기 때문이다.

한편 정부가 독점권을 인정해준 독점기업은 독점권을 계속 유지하기 위해 일정한 비용을 지불해야 한다. 대외적인 홍보도 하고 로비도 해야 하기 때문에 경제 전체로 보아 자원의 낭비가 발생할 수 있다.

책 속의 경제학

『총, 균, 쇠』- 제레드 다이아몬드(Jared Mason Diamond, 1998)

독일 맥주와 미국 맥주

독일 맥주는 정말 맛있다. 하지만 독일 맥주산업의 생산성은 미국 맥주산업의 약 43%에 지나지 않는다. 한편 독일 금속가공과 철강산업은 미국과 동등한 생산성을 갖는다. 산업 조직화를 완벽하게 갖춘 후에도 왜 독일인들은 맥주산업에 적용하지 않는 걸까? 독일 맥주산업은 소규모 생산을 고집하며 어려움을 겪고 있다. 독일에는 약 1,000여 개의 작은 맥주회사(양조장)가 있다. 맥주회사들은 지역별로 독점적 지위를 확보하고 있기 때문에 국내 맥주회사 간 경쟁을 피할 수 있으며, 외국 맥주회사와 수입 경쟁에서도 보호를 받는다.

미국에는 연간 230억 리터의 맥주를 생산하는 67개의 거대 맥주회사가 있다. 독일 내 1,000여 개 모든 맥주회사를 합쳐도 미국 생산량의 절반 정도에 그친다. 미국 맥주회사는 독일 맥주회사보다 평균 31배나 더 많이 생산한다.

차이의 원인은 지역적 성향과 독일정부정책에서 찾을 수 있다. 맥주를 즐기는 독일인들은 자기지역 상표를 매우 자랑스럽게 여기기 때문에 미국의 버드와이저, 밀러, 쿠어스 같은 국가브랜드가 없다. 대부분 독일 맥주는 양조공장의 50Km 내에서 소비되기 때문에 독일 맥주산업은 대량생산을 통한 규모의 경제 이익을 창출할 수 없다. 다른 산업에서처럼 맥주산업에서도 생산단가는 생산규모에 비례하여 크게 떨어질 수 있다. 맥주생산을 위해 가능한 많은 양을 냉장 보관할 수 있다면 맥주병을 채우는 작업라인이 길어지고, 맥주를 제조하는 가격은 낮아진다. 경쟁이 없고 1,000개 지역을 각각 독점하는 독일의 작은 맥주회사들은 미국 회사에 비해 상대적으로 비효율적일 수밖에 없다. 산업과 기업의 경쟁력과 효율성은 지역독점과 정부정책에서 벗어나 국내외기업과 경쟁할 때 얻을 수 있다.

질문의 답 찾기 QA

한전은 어떻게 '전력'의 가격을 결정할 수 있는가?

한국전력공사와 같은 독점기업은 경쟁기업이 존재하지 않기 때문에 시장가격을 자유롭게 결정할 수 있다. 경쟁시장의 기업은 가격수용자(price taker)인 반면, 독점기업은 가격결정자(price maker)라고 할 수 있다. 독점기업은 가격을 결정할 수는 있지만 수요량을 결정할 수는 없다. 즉 시장수요곡선의 모양을 결정할 수는 없다. 독점기업이 무조건 높은 가격을 받으려 하면 판매량이 크게 줄어들 것이다. 따라서 독점기업이 이윤을 극대화하기 위해서는 경쟁기업과 마찬가지로 한계수입과 한계비용이 같아지는 조건에서 생산해야 한다. 이때 독점기업은 우하향하는 수요곡선을 가지므로 경쟁기업과 달리 가격은 한계비용보다 높은 수준에서 결정된다.

시사경제용어

- 비트세(BEAT) : 세원잠식남용방지세(Base Erosion and Anti-abuse Tax)의 약자로 다국적기업이 해외 관계사와 거래를 통해 세금을 회피하는 것을 막고자 신설된 조세 항목이다.
- 신지급여력제도(K-ICS) : 2021년에 도입되는 보험업 국제회계기준(IFRS17)에 따라 개선한 제도이다. 이 제도가 도입되면 보험사는 고객에게 지급해야 하는 보험금(보험부채)을 원가가 아닌 시가로 평가해야 하므로 부채가 증가해 재정건전성이 악화될 수 있다.
- KSM : 한국거래소 스타트업 마켓(KRX Startup Market)의 약자로 우량한 스타트업 주식을 거래할 수 있는 장외시장이다. 스타트업 입장에서는 자금조달과 투자유치가 용이하다는 장점이 있다.
- 바벨전략(Barbell Strategy) : 중간위험도 자산에 투자하지 않고 보수적 자산과 위험도가 높은 공격적 자산만으로 자산배분을 하는 전략이다. 투자구조가 역기(바벨)와 유사하다는 점에서 유래된 용어로 시장의 충격과 추가적인 상승을 모두 고려할 수 있다는 장점이 있다.
- 테뉴어 보팅(Tenure voting) : 장기간 보유한 주식에 더 많은 의결권을 부여하는 것으로 차등의결권제도 중 하나이다. 장기주식투자자에 대한 인센티브 제공과 적대적 인수합병(M&A)으로부터 경영권을 방어할 수 있다. 경영자는 지속가능한 경영을 통해 단기사업보다 장기사업에 집중할 수 있다.

연 · 습 · 문 · 제

EXERCISE

01 독점기업의 이윤극대화 조건을 설명하시오.

02 정부가 특허권 존속기간을 10년에서 20년으로 연장하기로 결정했다고 하자. 다음 내용에 어떤 영향을 주는가?

① 신제품개발 인센티브

② 소비자의 높은 가격 지불기간

03 다음은 독점기업 사파이어사가 10캐럿 크기 사파이어를 생산할 때의 수요량과 총수입을 나타낸다. 다음 사항을 구하시오.

사파이어 수요량	총수입(천 원)
1	100
2	186
3	252
4	280
5	250

① 가격과 한계수입

② 수량효과와 가격효과

③ 이윤극대화 조건을 구하기 위해 더 필요한 정보

04 다음 내용이 맞는지 틀린지를 답하고 이유를 설명하시오.

① 독점산업에서 사회적 후생이 줄어드는 이유는 소비자잉여 일부가 독점기업 이윤으로 이전되기 때문이다.

② 독점기업이 비효율적인 이유는 소비자들 가운데 지불용의가 독점기업 한계비용보다 높거나 같지만, 독점기업이 설정한 가격보다는 낮은 일부 소비자들이 있기 때문이다.

05 한 독점기업이 한계수입은 언제나 시장가격과 같다고 잘못 이해하고 있다고 하자. 한계비용은 일정하고 고정비용은 0이라고 가정할 때, 제대로 이해하고 있는 독점기업과 잘못 이해하고 있는 독점기업 간 이윤, 소비자잉여, 총잉여, 사중손실의 차이를 그림을 이용하여 설명하시오.

06 독점기업의 평균수입(AR)함수는 $AR=20-3Q$, 총비용함수(TC)는 $TC=Q^2-4Q+13$이라고 할 때, 기업의 이윤극대생산량과 이윤은 얼마인가? (단, Q는 수량, AR은 평균수입, TC는 총비용이다.)

CHAPTER 07

과점기업과 독점적 경쟁기업

과점시장에서 자동차가격은 어떻게 결정되는가?

한국에서 자동차를 사려고 하면 대부분 현대 · 기아, GM, 르노삼성, 쌍용의 다섯 가지 브랜드 중 하나를 사게 될 것이다. 수입 외제차를 제외하면 다섯 가지 브랜드의 자동차가 한국에서 팔리는 자동차의 거의 전부를 차지하고 있다. 이 회사들이 사실상 한국에서 생산되는 자동차의 생산량과 시장가격을 결정한다. 과점시장을 형성하고 있는 소수 자동차생산기업들이 어떻게 행동하는지 알아보자.

7.1 과점기업

자동차시장은 완전경쟁시장도 아니고 독점시장도 아니다. 완전경쟁과 독점은 시장구조의 극단적 형태이다. 완전경쟁시장은 수많은 공급자가 똑같은 상품을 공급하는 시장이고, 독점시장은 시장에 오직 하나의 공급자만이 존재하는 시장이다. 그러나 현실의 대부분 시장은 자동차시장과 같이 양극단 시장구조의 중간 형태를 띠고 있다. 시장의 공급자들은 경쟁자들을 가지고는 있으나, 가격수용자(price taker)는 아니다. 이러한 시장구조를 경제학에서는 불완전경쟁시장(imperfect competition)이라고 한다.

과점시장의 중요한 특징은 공급자가 소수라는 점이다. 따라서 한 공급자의 행동은 다른 공급자의 행동에 영향을 미치게 된다. 즉 과점시장의 기업들은 의사결정과정이 서로 연결되어 상호의존관계(interdependence)를 가진다. 과점기업들의 상호의존관계는 기업행동에 어떤 영향을 미치는가?

1. 과점시장의 특징

현실에서는 대부분 시장이 완전경쟁시장과 독점시장의 중간 형태를 띠므로 두 시장모형으로 설명할 수 없는 부분이 존재한다. 대부분 기업들은 서로 경쟁하지만 완전경쟁시장의 기업들처럼 시장가격을 그대로 받아들이지 않는다. 한편 대부분 기업들은 어느 정도 시장지배력을 갖지만 독점기업과 같이 자유롭게 행동하는 기업은 거의 없다. 현실의 거의 모든 기업은 불완전경쟁을 하고 있다고 할 수 있다.

불완전경쟁에는 과점과 독점적 경쟁의 두 종류가 있다. 과점(oligopoly)은 유사하거나 동일한 상품을 공급하는 소수의 공급자가 존재하는 시장구조를 의미한다. 세계 원유시장이 과점시장이라고 할 수 있다. 중동의 소수 국가들이 세계 원유부존량의 대부분을 차지하고 있기 때문이다. 독점적 경쟁(monopolistic competition)은 수많은 공급자들이 동일하지는 않지만 유사한 상품을 공급하고 있는 시장구조를 의미한다. 소설출판, 영화제작, 음반제작, 컴퓨터 게임제작과 같은 시장을 독점적 경쟁시장이라고 할 수 있다. 독점적 경쟁시장에서 각 기업은 자기상품의 독점생산자이지만 밀접한 대체재를 생산하는 수많은 기업들과 경쟁해야만 한다.

시장구조는 크게 네 가지로 나눌 수 있다. 즉 완전경쟁(농산물, 우유), 독점(상수, 케이블 TV), 과점(테니스공, 자동차, 원유) 및 독점적 경쟁(소설책, 영화)으로 나눌 수 있다. 시장을 구분하는 첫 번째 기준은 시장에 존재하는 기업의 숫자이다. 하나의 기업만 존재하면 독점시장이며, 소수의 기업이 존재하면 과점시장이다. 수많은 기업이 존재하면 공급상품이 동질적인가 차별화되어 있는가를 판단해야 한다. 수많은 기업들이 동질의 상품을 공급하고 있다면 완전경쟁시장이며, 차별화된 상품을 공급한다면 독점적 경쟁시장이다.

현실적으로는 시장의 구분이 명확하지 않다. 어떤 시장은 네 가지 시장구조 분류에 정확하게 부합하지 않는다. 예를 들어 몇 명의 공급자가 소수의 공급자가 되는지 또는 수많은 공급자가 되는지를 구분하는 것은 매우 어려운 일이다. 만약 10개의 회사가 한국시장에 스포츠웨어를 공급하려고 한다면, 이를 과점시장이라고 보아야 할지 경쟁시장이라고 보아야 할지는 논란의 여지가 있다. 마찬가지로 어떤 상품이 차별화되어 있는지, 동질적인지를 구분하기가 쉽지 않다. 예를 들어 우유시장이 회사 브랜드에 따라 차별화된 것으로 보아야 할지 동질적인 것으로 보아야 할지 판단하기 어렵다.

2. 소수기업 지배시장

과점시장에는 소수 공급자만 존재하기 때문에 기업들은 협조와 이기심 사이에서 갈등을 하게 된다. 과점시장의 기업들은 협조를 통해 생산량을 줄이고 가격을 인상하여 하나의 독점기업처럼 행동하는 것이 가장 유리하다. 그러나 각 기업은 각자의 이윤을 극대화하고자 하는 이기심 때문에 강력한 약속 위반유인을 갖게 되어, 과점기업 간의 협조를 통해 하나의 독점기업처럼 행동하기가 매우 어렵다.

복점시장의 균형

과점기업의 행태를 이해하기 위해 우선 두 개의 기업만이 존재하는 시장, 즉 복점(duopoly)시장을 생각해보자. 복점은 과점의 가장 단순한 형태이다. 세 개 이상의 기업이 존재하는 시장도 복점과 같은 문제가 발생한다. 따라서 복점시장분석은 과점시장을 이해하는 데 도움이 된다.

복점시장에서는 어떤 결과가 초래될까? 한 가지 가능성은 두 기업이 만나서 생산량과 가격을 함께 결정하는 것이다. 기업들이 가격과 수량을 협의하여 결정하는 것을 담합(collusion)이라고 하고, 담합행위에 참여한 기업들을 카르텔(cartel)이라고 부른다. 카르텔이 설립되면 시장은 사실상 독점화되므로 독점기업에 대한 분석을 적용할 수 있다.

카르텔은 시장공급량을 결정할 뿐만 아니라, 내부적으로 카르텔에 참여한 기업들의 생산량도 결정해야 한다. 물론 카르텔에 참여한 기업들은 조금이라도 더 많은 생산량을 할당받고자 할 것이다. 각 기업의 이윤은 생산량에 비례하기 때문이다.

과점기업들은 카르텔을 형성하여 독점이윤을 누리고 싶어 하지만 그렇게 할 수 없는 경우가 많다. 정부는 독점금지법에 의해 과점기업들 간의 명시적 담합을 금지하고 있다. 카르텔 참여기업들 간에 이윤의 배분에 대해 의견일치를 보기도 매우 어렵다.

두 기업이 상대방의 선택을 고려하여 공급량을 결정하면, 과점시장은 이윤이 극대화되는 균형상태가 되는데, 이를 내쉬균형(Nsash equilibrium)이라고 한다. 내쉬균형은 각 기업이 상대방의 전략을 주어진 것으로 전제하고 최선의 전략을 선택하여 형성된 균형상태를 의미한다.

과점시장의 기업들은 상호협조를 통해 하나의 독점기업처럼 행동할 수 있다. 하지만 각 기업의 사적이윤 동기에 의해 공동이윤을 극대화하는 결과에 도달하지는 못한다. 과점기업은 각자 생산량을 증가시켜 더 높은 시장점유율을 확보하려는 유혹을 계속 받게 되고, 그 결과 시장공급량은 증가하고 가격은 하락한다.

그러나 기업의 사적이윤 동기가 시장성과를 완전경쟁수준으로까지 몰고 가는 것은 아니다. 독점기업과 마찬가지로 과점기업들도 생산량을 늘리면 시장가격이 하락한다는 것을 알고 있다. 따라서 완전경쟁시장에서처럼 가격을 한계비용수준까지 낮추지는 않는다. 즉 과점기업들이 개별적으로 이윤극대화를 추구한다면, 생산량은 독점기업보다 많고 완전경쟁기업보다는 적다. 과점시장의 가격은 독점가격보다는 낮지만 완전경쟁시장가격보다는 높다.

생·활·경·제·학

자백을 할까, 묵비권을 행사할까? : 죄수의 딜레마

공범 두 사람이 체포되어 서로 다른 감옥에 갇히게 되었다. A와 B 두 죄수는 자백을 하든지, 아니면 묵비권을 행사하든지 둘 중 하나만 선택할 수 있다고 하자. 두 죄수가 각각 어떤 행동을 하는가에 따라 누 사람의 형량이 결정된다. 만약 두 죄수가 모두 자백해버리면 모두 유죄가 확정된다. 이 경우에는 두 죄수 모두 5년 형을 받게 된다.

		A			
		자백		묵비권	
B	자백	5	5	10	0
	묵비권	0	10	1	1

* 앞자리 수는 A의 형량이고 뒷자리 수는 B의 형량이다.

두 죄수가 모두 묵비권을 행사하며 계속해서 침묵을 지키면 어떻게 될까? 두 죄수는 각각 1년 형을 받게 된다. 모두 묵비권을 행사하면 모두 자백했을 때보다 낮은 형량인 1년 형을 살게 된다.

B가 수사관과 거래를 해서 자백을 하고 A는 계속 묵비권을 행사하고 있다고 해보자. B는 협상을 해서 자백했기 때문에 무죄가 되고, 형량은 0년이 된다. 반대로 A가 자백하고, B가 침묵한다고 하면 양자의 형량은 반대가 된다. 두 죄수가 이러한 상황에 처했을 때 어떻게 행동할 것인가? 두 죄수 모두 묵비권을 행사해서 침묵하는 것이 가장 낮은 형량을 받는다. 그러나 두 죄수가 상대의 의사결정을 모르는 상태에서 합리적으로 행동하면 모두 자백하고, 묵비권을 행사할 때보다 높은 형량을 받게 된다. 이를 죄수의 딜레마라고 한다.

복점기업의 선택

어떤 마을에 생수를 공급할 수 있는 우물이 오직 두 개만 있다고 하자. 그리고 두 우물은 각각 영서와 정훈이가 소유하고 있다. 매주 토요일 두 사람은 서로 만나 다음 주에 얼마만큼의 생수를 공급할 것인지를 결정한다. 생수의 가격은 공급량에 따라 시장에서 결정된다. 생수는 얼마를 생산하든 비용이 들지 않는다고 하자. 즉 생수생산의 한계비용은 0이다.

〈표 7-1〉은 이 마을의 생수에 대한 수요를 나타낸다. 첫 번째 열은 수요량이고 두 번째 열은 생수의 가격이다. 생수가격이 11만 원이면 생수에 대한 수요는 10통이다. 20통의 생수를 판매하면 가격은 10만 원으로 하락한다. 이 두 열의 숫자를 가격과 수량을 평면에 표시하면 전형적인 수요곡선이 될 것이다. 세 번째 열은 생수 판매에서 얻은 총수입이다. 총수입은 수량에 가격을 곱한 값이다. 생수생산비가 0이라고 가정하였으므로 총수입은 바로 두 사람 이윤의 합이다. 생수시장의 시장구조변화가 생수가격과 생수공급량에 어떤 영향을 미칠까?

생수시장이 완전경쟁이라면 어떤 결과가 초래될지 생각해보자. 완전경쟁시장의 가격은 한계생산비와 같다. 생수생산의 한계비용은 0이므로 이 시장이 완전경쟁이었다면 생수가격은 당연히 0이고 생수생산량은 120통이 될 것이다. 생수가격은 생수생산비를 정확하게 반영하게 되고, 효율적인 수량의 생수가 생산되어 소비될 것이다.

생수시장이 독점시장이라고 생각해보자. 〈표 7-1〉에 의하면 총이윤은 생수가격이 6만 원이고 생산량이 60통인 점에서 극대화된다. 따라서 이윤극대화를 추구하는 독점기업은 이 조건에서 생산할 것이다. 물론 생수가격은 생수의 한계비용을 초과하며, 생수의 생산량은 사회적 최적수량인 120통보다 작게 된다. 영서와 정훈이가 담합하여 독점기업처럼 행동하면 두 사람이 누리는 이윤의 합이 최대가 되는 가격과 수량을 공동으로 결정한다. 두 사람은 60통의 생수를 6만 원에 판매하고자 할 것이다. 물론 이 가격은 한계비용을 초과하는 가격이고 경제적 비효율이 발생한다.

표 7-1 생수의 수요

수량(통)	가격(만 원)	총수입(만 원)
0	12	0
10	11	110
20	10	200
30	9	270
40	8	320
50	7	350
60	6	360 ◀독점기업
70	5	350
80	4	320 ◀내쉬균형
90	3	270
100	2	200
110	1	110
120	0	0 ◀경쟁기업

담합행위를 하는 카르텔은 시장공급량을 결정해야 할 뿐만 아니라 내부적으로 카르텔에 참여한 기업들의 생산량도 결정해야 한다. 영서와 정훈이는 총생산량 60통을 각각 얼마씩 나누어 생산해야 할지 결정해야 한다. 물론 카르텔에 참여한 기업들은 조금이라도 더 많은 생산량을 할당받고자 할 것이다. 각 기업의 이윤은 생산량에 비례하기 때문이다. 영서와 정훈이가 동일하게 생산량을 분담하기로 하면, 각자의 생산량은 30통이고 이윤은 각각 180만 원이 될 것이다.

영서와 정훈이가 독자적으로 생산량을 결정한다고 가정하고 분석해보자. 두 사람은 합의를 통해 이윤의 합을 극대화하는 독점생산량과 독점가격에서 생산할 수도 있다. 그러나 양자 간에 구속력 있는 계약이 없는 한 독점기업처럼 행동하기는 어렵다. 영서는 정훈이가 독점생산량의 절반인 30통의 생수를 생산한다고 예상하면 다음과 같이 생각할 것이다.

"나도 30통의 생수를 생산한다면, 전체 생산량은 60통이 되므로 생수값은 6만 원이 될 것이다. 그렇다면 내 이윤은 180만 원(30통×6만 원)이 된다. 내가 만약 40통을 생산한다면, 전체 생수생산량은 70통이 되어 생수값은 5만 원이 될 것이다. 내 이윤은 200만 원(40통×5만 원)이 된다. 우리 둘의 이윤 합계는 작아지겠지만 내 이윤은 더 커진다."

정훈이도 똑같은 생각을 할 수 있다. 결국 두 사람 모두 40통의 생수를 공급하면 시장에서의 생수값은 4만 원이 된다.

복점사업자들이 생산량을 결정할 때 각자의 사적이윤을 추구하면 시장 전체 생산량은 독점생산량보다 많아지고, 가격은 독점가격보다 낮아지며, 기업이윤의 합은 독점이윤보다 작아진다. 복점기업의 사적이윤 동기에 의한 행동으로 시장공급량은 독점기업의 공급량보다 많아지지만 완전경쟁상태의 공급량수준까지 증가하는 것은 아니다. 두 사람 모두 40통의 생수를 공급하면 어떻게 되는지 알아보자. 생수값은 4만 원이 될 것이므로 영서와 정훈이는 각각 160만 원의 이윤을 누리게 된다. 이때 정훈이의 사적이윤 동기는 앞에서와는 매우 다른 결론에 도달하게 한다. 정훈이는 이제 다음과 같이 생각할 것이다.

"지금 내 이윤은 160만 원이다. 내가 만약 공급량을 50통으로 늘린다면, 시장 전체 공급량은 90통이 되어 생수값은 3만 원으로 떨어질 것이다. 그렇다면 내 이윤은 150만 원으로 감소하게 될 것이다. 내가 지금 공급량을 더 늘려 생수값을 떨어뜨리기보다는 공급량을 그대로 유지하는 것이 내게 더 유리하다."

결국 영서와 정훈이는 각각 40통의 생수를 공급하며 내쉬균형상태에 이르게 된다. 정훈이가 40통의 생수를 공급한다면, 영서의 가장 좋은 전략은 40통의 생수를 공급하는 것이다. 마찬가지로 영서가 40통의 생수를 공급한다면, 정훈이의 가장 좋은 전략은 역시 40통의 생수를 공급하는 것이다. 내쉬균형에 도달하면 두 사람 모두 지금 상태에서 전략을 바꿀 유인이 없다. 두 사람 모두 경쟁기업처럼 행동하면 가격과 한계비용이 같아지는 데서 생산한다. 여기서는 한계비용이 0이므로 가격 0에서 120통을 생산하게 된다. 이때 가격이 0이므로 총수입은 0이 될 것이다.

생 · 활 · 경 · 제 · 학

먼저 배신하면 처벌하지 않겠다? : 게임이론

2004년 9월 중순, 공정거래위원회는 A사를 포함한 4개 배터리 제조회사의 담합행위를 조사하고 있었다. 미리 입수한 증거로 2003년 한 차례 담합이 있었음을 적발한 공정위 조사요원이 제안을 했다. "추가 담합을 자백하면 다른 사업자만 처벌하고 A사 잘못은 묻지 않겠다." 나머지 회사에게도 똑같은 제안을 했다. 가장 먼저 자백해야 처벌을 면하게 된다."고 덧붙였다. A사는 게임이론의 하나인 '죄수의 딜레마'에 빠졌다. 각개 회사 모두 자백하지 않으면 처벌은 2003년 1건에 대해서만 이뤄진다. 그러나 누구라도 자백하면 공정위가 밝혀내지 못한 2004년 1월과 4월 담합에 대해서도 처벌을 받아야 한다. A사는 자백을 선택했고 공정위는 조사결과를 토대로 11월 18억 4,800만 원의 과징금을 부과했다. '배터리 담합'은 자백으로 공정위가 담합을 적발한 첫 사례가 됐다. 게임이론이 공정위 조사기법이 되고 있다.

7.2 독점적 경쟁기업

1. 독점적 경쟁시장의 특징

서점에 가보면 추리소설, 공포소설, 로맨스소설, 자서전 등 여러 종류의 책이 있다. 이 중 한 권을 선택하여 구입한다면 당신은 지금 어떤 종류의 시장에 참여한 것일까?

도서출판시장은 한편으로는 매우 경쟁적인 것으로 보인다. 서점 진열대의 책들을 보면 여러 저자의 다양한 책들이 소비자의 관심을 끌고 있음을 발견하게 된다. 도서출판시장의 수요자는 수많은 종류의 상품 중에서 선택을 해야 한다. 누구든지

책을 써서 출판을 할 수 있기 때문에 출판업은 많은 이윤을 남길 수 없다. 한 명의 성공한 소설가 뒤에는 아직 성공하지 못한 수많은 소설가가 있다.

다른 한편으로 도서출판시장은 상당히 독점적인 것으로 보인다. 모든 책은 독창적인 결과물이기 때문에 출판사들은 책가격을 결정하는 데 있어 상당한 재량을 행사할 수 있다. 즉 시장의 공급자들은 가격수용자들이 아니라 가격결정자이다. 실제로 책값은 책의 한계생산비를 훨씬 초과하는 것이 일반적이다. 소설책 한 권의 가격은 대개 1만 원이 넘지만, 이런 정도의 책을 한 권 더 인쇄하는 한계비용은 몇천 원에 불과하다.

독점시장의 속성을 지녔으면서도 경쟁적인 시장을 독점적 경쟁(monopolistic competition)이라고 부른다. 독점적 경쟁시장은 다음과 같은 속성을 지니고 있다.

첫째, 다수의 공급자가 존재한다. 다수 기업들이 같은 소비자집단을 대상으로 경쟁한다.

둘째, 제품차별화가 이루어진다. 각 기업은 경쟁기업과 차별화된 제품을 생산한다. 따라서 기업들은 가격수용자가 아니며 우하향하는 수요곡선을 가지고 있다.

셋째, 자유로운 진입이 가능하다. 기업들은 아무런 장애 없이 시장에 들어오고 나갈 수 있다. 따라서 시장 참여기업 수는 모든 기업의 경제적 이윤이 0이 될 때까지 증가하거나 감소한다.

도서출판, 음반, 영화, 컴퓨터게임, 식당, 제과, 가구 등과 같은 시장이 독점적 경쟁시장에 해당한다고 할 수 있다. 독점적 경쟁도 과점처럼 독점과 완전경쟁의 두 극단적 구조의 중간 형태이지만, 과점과 독점적 경쟁은 매우 다르다. 과점시장이 완전경쟁의 효율적인 시장성과를 거둘 수 없는 것은 시장 내에 존재하는 기업의 수가 적기 때문이다. 경쟁기업의 수가 적으면 그만큼 치열한 경쟁이 발생할 가능성이 줄어들고, 오히려 기업 간 전략적 상호작용의 가능성이 높아진다. 대조적으로 독점적 경쟁시장에서는 기업 수가 시장규모에 비해 매우 많다. 독점적 경쟁시장이 완전경쟁의 효율적인 시장성과를 거둘 수 없는 것은 각 기업이 차별화된 제품을 공급하기 때문이다.

생 · 활 · 경 · 제 · 학

BTS가 창출하는 경제적 가치는 얼마인가? : BTS경제학

세계 최고 인기 아이돌그룹인 방탄소년단(BTS)이 엄청난 경제효과를 낳으며 '방탄 이코노미'라는 신조어를 만들고 있다. 넷마블의 'BTS월드'는 출시도 하기 전부터 연간 수천억 원 규모의 수익이 예상된다. 케이프 투자증권은 BTS월드의 전 세계 일일 접속자는 250만 명에 달할 것으로 예상하고, 일인당 25,000원 사용기준 일일 매출액은 21억 원에 달할 전망이다. BTS는 공연 · 음반 판매를 넘어 게임, 캐릭터, 금융상품, 화장품, 의류 등 매우 다양한 분야에서 새로운 형태의 시장을 창출하고 있다. 수천만 명 이상의 BTS 팬인 아미(BTS 팬덤)의 엄청난 구매력과 온라인 전파력이 예전과는 다른 형태의 마케팅방식을 만들어내고 있다. 국산 브랜드 상품의 상품 판매에 직 · 간접적으로 주는 경제적 효과가 연간 5조 원 이상으로 추정되고 있다. 현대경제연구원은 BTS가 10년 동안(2014~2023년) 총 56조 원 규모의 경제적 가치를 창출할 것으로 전망했다.

자료 : 조선일보(2019. 6.)

2. 독점적 경쟁시장의 균형

단기균형

독점적 경쟁시장을 이해하기 위해 먼저 각 기업이 당면한 문제부터 알아보아야 한다. 그리고 장기적으로 기업들의 진입과 퇴출이 어떤 결과를 가져오는지 살펴볼 필요가 있다. 이어서 독점적 경쟁시장의 성과를 완전경쟁시장의 성과와 비교하고, 마지막으로 독점적 경쟁시장의 성과가 사회 전체의 관점에서 바람직한 것인지를 평가해보아야 한다.

독점적 경쟁시장의 기업들은 여러 측면에서 독점기업과 같다. 독점적 경쟁시장의 기업은 서로 다른 제품을 생산하기 때문에 각 기업은 독점기업과 같이 우하향하는 수요곡선(D)을 갖는다. 따라서 독점적 경쟁시장의 기업들도 독점기업과 같은

그림 7-1 독점적 경쟁시장의 단기균형

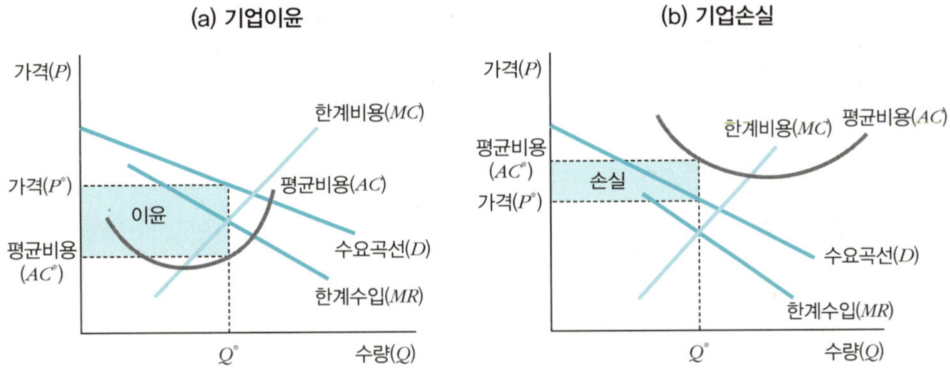

원리에 따라 이윤을 극대화하고자 한다. 즉 한계수입(*MR*)과 한계비용(*MC*)이 일치하는 생산량을 결정하고, 생산량에 맞는 가격을 수요곡선(*D*)상에서 선택한다.

[그림 7-1]은 서로 다른 독점적 경쟁시장에 있는 두 기업의 비용, 수요, 한계수입 곡선들을 보여준다. 두 기업 모두 한계수입이 한계비용과 일치하는 데에서 생산량을 결정한다. 그러나 두 기업의 이윤은 다르다. [그림 7-1] (a)에서는 가격(P^*)이 평균비용(AC^*)을 초과하기 때문에 기업이 이윤을 내고 있다. 이때 생산량 Q^*는 이윤최대생산량이다. [그림 7-1] (b)에서는 가격(P^*)이 평균비용(AC^*)보다 작기 때문에 기업이 손실을 보고 있다. 이 기업은 초과이윤을 남길 수가 없기 때문에 손실을 극소화하는 노력을 한다. 생산량 Q^*는 손실최소생산량이다.

결국 독점적 경쟁시장의 기업들은 단기적으로는 독점기업과 같이 행동한다. 즉 단기적으로 독점시장과 독점적 경쟁시장은 매우 유사하다고 할 수 있다.

장기균형

[그림 7-1]처럼 기업이 이윤을 남기거나 손실을 보는 상황은 오래 지속되지 않는다. [그림 7-1] (a)와 같이 기업들이 이윤을 남기고 있을 때는 새로운 기업들이 시장에 진입할 유인을 갖게 된다. 새로운 기업의 진입으로 시장에 존재하는 상품 종류가 늘고 소비자 선택 범위가 넓어져 기존기업들에 대한 수요가 감소한다. 즉

단기이윤은 새로운 기업의 진입을 유발하고, 기존기업들의 수요곡선을 아래쪽으로 이동시킨다. 기존기업들의 수요가 감소함에 따라 이윤도 감소한다.

반대로 [그림 7-1] (b)에서 보듯이 기업들이 손실을 입고 있다면, 기업들은 시장으로부터 퇴출할 유인을 갖게 된다. 기업 수가 감소함에 따라 소비자들이 선택할 수 있는 상품 종류가 감소하고, 기존기업들에 대한 수요가 점차 증가하게 된다. 단기적 손실은 기존 기업의 퇴출을 유발하고, 시장에 남아 있는 기업들의 수요곡선을 윗쪽으로 이동시킨다. 그리고 남아 있는 기업들에 대한 수요가 증가함에 따라 이윤이 증가하거나 손실이 감소한다.

기업의 진입과 퇴출과정은 시장에 있는 기업들의 경제적 이윤이 0이 될 때까지 계속된다. [그림 7-2]는 독점적 경쟁시장의 장기균형을 보여준다. 일단 시장이 장기균형에 도달하면 잠재적 기업들은 진입할 유인을 상실하고, 기존기업들은 퇴출할 유인을 갖지 않게 된다.

독점적 경쟁기업의 장기균형은 수요곡선이 장기평균비용(AC)곡선과 접하는 데서 이루어진다. 장기이윤이 진입과 퇴출에 의해 0이 되면 두 곡선은 반드시 접하게 된다. 상품 한 단위당 이윤은 수요곡선에 의해 결정되는 가격(P^*)과 평균비용(AC^*)과의 차이이므로 두 곡선이 교차하지 않고 접할 때에만 이윤이 0이 된다.

그림 7-2 독점적 경쟁기업의 장기균형

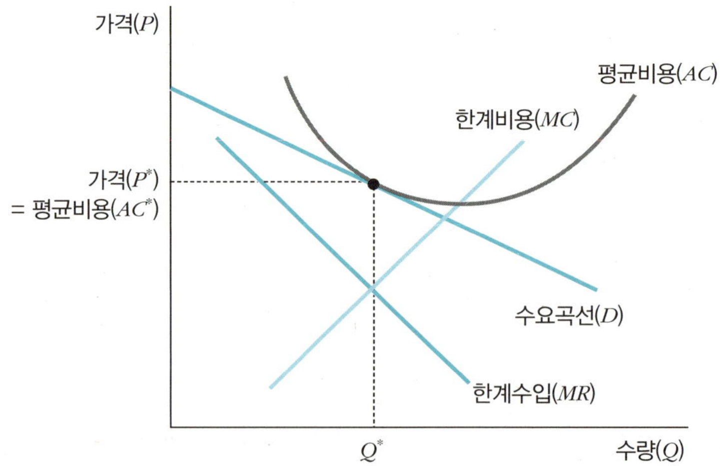

요약하면, 독점적 경쟁시장의 장기균형은 다음 두 가지 특징을 가지고 있다.

첫째, 독점시장에서와 같이 가격(P)이 한계비용(MC)을 초과한다. 기업들은 이윤 최대화를 위해 한계수입(MR)과 한계비용(MC)이 일치하는 생산량을 결정하지만, 수요곡선이 우하향하므로 한계수입(MR)이 가격(P)보다 작아진다.

둘째, 완전경쟁시장에서와 같이 가격(P)이 평균비용(AC)과 일치한다. 자유로운 진입과 퇴출에 의해 기업의 경제적 이윤이 0이 되기 때문이다. 이는 독점적 경쟁이 독점과 어떻게 다른가를 보여준다. 독점기업은 대체재가 존재하지 않는 상품의 유일한 공급자이기 때문에 장기적으로도 초과이윤을 누릴 수 있다. 그러나 독점적 경쟁시장에서는 진입과 퇴출이 자유롭기 때문에 장기적으로 경제적 이윤이 0에 수렴하게 된다.

생·활·경·제·학

왜 식당마다 갈비가격이 다른가? : 독점적 경쟁

독점적 경쟁시장에서는 많은 기업이 조금씩 차별화된 상품과 서비스를 생산하고 있다. 이들 기업은 초과생산설비를 보유함으로써 생산에서 효율성을 제대로 달성하지 못한다. 이는 소비자의 다양한 욕구를 충족시켜주기 위해 경제가 지불해야 하는 대가이다.

식당, 커피숍, 미장원, 카센터, 주유소, 약국 등은 많은 기업이 저마다 작은 시장점유율을 차지하면서 경쟁하고 있다. 독점적 경쟁시장에는 많은 기업이 존재한다는 점에서 완전경쟁시장과 같지만, 각 기업이 생산하는 상품이나 서비스가 조금씩 차별화되어 있다는 점에서 완전경쟁시장과 다르다.

식당마다 음식가격이 조금씩 다르다. 어느 식당은 같은 갈비를 파는 다른 식당보다 가격이 비싸지만 여전히 손님을 끌고 있다. 그 식당이 만드는 갈비가 다른 식당의 갈비와 차이가 있기 때문이다. 차이는 갈비의 맛에서 생길 수도 있고, 식당의 분위기나 종업원의 친절한 서비스에서 비롯될 수도 있다. 자신이 생산하는 상품이 다른 기업이 생산하는 상품에 비해 차별화되어 있다고 생각하는 기업은 다른 기업보다 다소 높은 가격을 부과할 수 있는 시장지배력을 가진다. 독점적 경쟁기업의 시장지배력은 대체재가 전혀 없는 독점기업의 시장지배력보다는 약하다.

독점적 경쟁기업과 완전경쟁기업

[그림 7-3]은 독점적 경쟁의 장기균형과 완전경쟁의 장기균형을 비교해 보여준다. 독점적 경쟁과 완전경쟁은 두 가지 중요한 차이점을 가지고 있다. 독점적 경쟁은 초과생산설비효과와 가격인상을 초래한다.

그림 7-3 독점적 경쟁기업과 완전경쟁기업

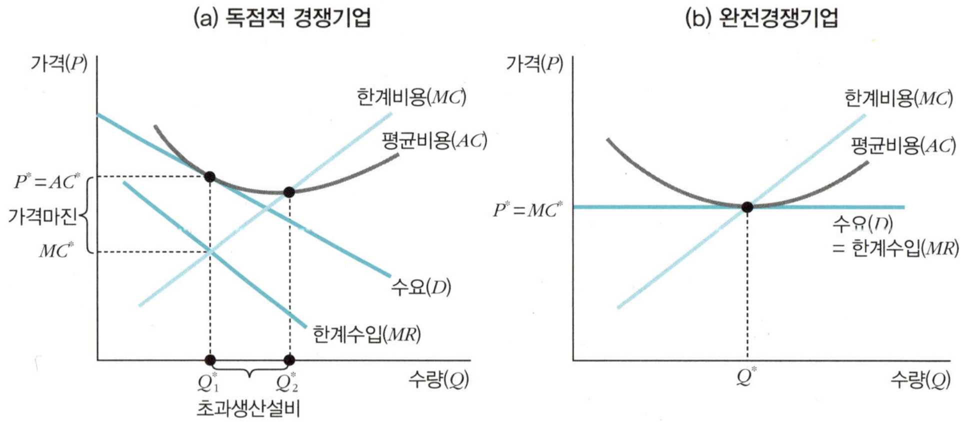

생산설비과잉 독점적 경쟁시장에서는 기업의 진입과 퇴출이 자유롭기 때문에 장기적으로 수요곡선이 이동하여 평균비용(*AC*)곡선과 접하게 된다. [그림 7-3] (a)를 보면 가격(P^*)과 평균비용(AC^*)은 같게 된다. Q_1^*는 이윤최대생산량이 되고, Q_2^*는 효율적 생산량이 된다. 접점에서의 이윤최대생산량이 평균비용이 최소화되는 효율적 생산량보다 작다는 것을 알 수 있다.

독점적 경쟁시장에서 기업들은 평균비용곡선이 감소하는 부분에서 생산하게 되는데, 이는 독점적 경쟁시장과 완전경쟁시장의 가장 두드러진 차이점이다. [그림 7-3] (b)에서 볼 수 있듯이 완전경쟁시장에서는 기업의 자유로운 진입과 퇴출로 인해 모든 기업이 평균비용이 최소가 되는 생산량에서 생산한다. Q^*는 이윤최대생산량이자 효율적 생산량이 된다.

평균비용이 최소가 되는 생산규모를 효율적 규모(efficient scale)라고 한다. 장기적으로 완전경쟁시장의 기업들은 효율적 규모에서 생산한다. 반면 독점적 경쟁시장의 기업들은 이 수준보다 작은 규모에서 생산한다. 따라서 독점적 경쟁시장에서 기업들은 생산설비과잉(excess capacity)을 가지고 있다고 말할 수 있다. 독점적 경쟁시장의 기업들은 완전경쟁시장의 기업들과 달리 생산량을 늘리면 평균총생산비를 낮출 수 있다.

가격인상 완전경쟁과 독점적 경쟁의 두 번째 차이점은 가격과 한계비용의 관계이다. [그림 7-3] (b)에서 볼 수 있듯이, 완전경쟁시장의 장기균형에서는 가격(P^*)이 한계비용(MC^*)과 일치한다. 그러나 [그림 7-3] (a)와 같은 독점적 경쟁시장의 장기균형에서는 기업들이 어느 정도의 시장지배력을 가지고 있기 때문에 가격이 한계비용을 초과한다.

한계비용을 초과하는 가격, 자유진입, 경제적 이윤이 0이라는 조건이 어떻게 동시에 성립할 수 있을까? 경제적 이윤이 0이라는 조건은 가격(P^*)이 평균비용(AC^*)과 일치한다는 것을 의미하며, 가격(P^*)이 한계비용(MC^*)과 일치해야 한다는 뜻은 아니다. 독점적 경쟁시장의 장기균형에서 기업들은 평균비용이 감소하는 영역에서 생산하기 때문에 한계비용은 평균비용보다 작다. 따라서 가격이 평균비용과 일치하는 한 가격은 한계비용을 초과한다.

가격과 한계비용의 관계를 통해 완전경쟁기업과 독점적 경쟁기업의 중요한 차이점을 발견할 수 있다. 당신이 어떤 기업주에게 "사장님은 고객들이 지금 가격에 사장님회사의 상품을 더 사가는 것을 원하십니까?"라고 물었다고 하자. 완전경쟁시장의 기업주는 상관없다고 말할 것이다. 왜냐하면 가격이 한계비용과 일치하고 있기 때문에 상품 한 개를 더 팔더라도 이윤이 증가하지 않기 때문이다. 그러나 독점적 경쟁시장의 기업주는 하나라도 더 팔기 위해 노력할 것이다. 왜냐하면 지금 가격이 한계비용을 초과하고 있기 때문에 한 개를 더 팔면 그만큼 이윤이 증가하기 때문이다.

질문의 답 찾기 QA

과점시장에서 한국 자동차생산기업들은 어떻게 행동하는가?

한국 자동차생산기업들은 과점시장을 형성하고 있다. 개별기업은 소수 공급자들 중의 하나로서 다른 기업의 행동에 영향을 받는 상호의존적인 관계를 가진다. 또 다수 수요자들을 위해 유사하면서도 차별화된 자동차를 공급한다. 자동차생산기업들은 시장에 참여하는 다른 기업들의 반응을 고려하여 가격과 생산량을 결정하기 때문에 경쟁관계를 형성하며 서로 영향을 준다. 일부 부품이나 기술을 공유하며 시장에 유사하거나 거의 동일한 제품을 공급한다. 다른 한편으로는 디자인 등 차별요소를 통해서 과점시장 내에서 어느 정도 독점적 영향력을 행사한다.

시사경제용어

- OTT(Over The Top) : 전파나 케이블이 아닌 인터넷으로 영화 등 콘텐츠를 볼 수 있는 서비스이다. 대표적인 OTT기업으로는 넷플릭스가 있다.
- 틴버겐의 법칙 : 다수의 정책목적을 달성하기 위해서는 같은 수만큼의 독립적인 정책수단이 필요하다는 법칙이다. 통화당국이 상충되는 다수 정책목적을 동시에 달성하려 하다가 하나도 제대로 달성하지 못하는 우를 범할 수 있음을 시사한다.
- 코넥스(KONEX) : 코스닥시장 상장요건을 충족시키지 못하는 벤처기업과 중소기업이 상장할 수 있도록 2013년 7월 1일부터 개장한 중소기업 전용 주식시장이다. 중소기업 비상장주식에 대한 양도소득세가 면제되면서 새로운 투자처로 주목받고 있다.
- 레몬법(Lemon law) : 자동차에 반복적으로 결함이 발생하면 제조사가 소비자에게 교환, 환불, 보상 등을 하도록 규정한 소비자보호법이다. 레몬은 달콤한 오렌지(정상)인 줄 알고 구매했으나 매우 신 레몬(불량)이었다는 의미이다. 정식 명칭은 '매그너슨–모스보증법'이다.

EXERCISE

연·습·문·제

01 다음시장이 과점인 이유를 설명하시오.

① 세계석유산업(중동국가가 세계 매장량 대부분을 차지)

② 마이크로프로세스산업(인텔과 AMD가 기술적 우위 차지)

③ 고정비용이 매우 높은 민간항공기산업(보잉과 에어버스)

02 다음 설명 가운데 산업 내에 암묵적 담합이 존재한다고 결론을 내리거나, 과점기업들이 비협조적으로 행동하여 산출량을 증가시킬 것이라는 결론을 내릴 수 있는 요인은 무엇인지 설명하시오.

① 시간의 흐름에 따라 산업 내 기업들의 시장점유율 변동 확대

② 기업들이 소비자들의 제품 변경을 어렵게 하기 위해 불필요한 특징 추가

③ 기업들이 매년 모여 연간 예상 제품판매량에 대해 논의

④ 기업들이 동시에 제품가격 인상

03 독점적 경쟁기업의 이윤이 장기적으로 0이 되는 이유를 설명하시오.

04 다음은 모두 차별화된 재화이다. 독점적 경쟁결과로 차별화된 재화와 그렇지 않은 재화를 구별하고 이유를 설명하시오.

① 사다리

② 탄산음료

③ 백화점

④ 강철

05 한 산업이 다음 두 가지 시장구조 가운데 어디에 해당되는지 판단하기 위해서 해당 산업에 대해 한 가지 질문만 할 수 있다면 어떤 질문을 하여야 하는가?

① 완전경쟁 또는 독점적 경쟁

② 독점 또는 독점적 경쟁

CHAPTER 08

노동시장과 소득불평등

MLB 야구선수 류현진은 왜 200억 원이 넘는 엄청난 연봉을 받는가?

미국 메이저리그 야구(MLB)는 가장 많은 인기를 얻고 있는 비즈니스 중의 하나이다. 야구팬들은 스타선수의 능력에 박수를 보내지만 엄청난 연봉을 받는 데 대해서는 납득하지 못할 때가 많다. 류현진 선수는 2019년 LA 다저스와 1년간 약 203억 원(1,790만 달러)에 계약하였다. 2018년 약 83억 원(783.3만 달러)에서 큰 폭으로 인상되었으며, 메이저리그 선수 중 연봉 순위도 168위에서 53위로 껑충 뛰었다. 2019년 7월 초 현재 올스타전 선발 투수로 선정되었고, 1점대 방어율과 함께 유력한 사이영(Cy Young) 상 후보로도 거론되고 있다. 류현진 선수는 왜 교사, 간호사 등 더 중요해 보이는 일을 하는 다른 사람들보다 훨씬 많은 연봉을 받아야 하는가? 노동시장의 수요 · 공급모델을 이용하여 질문에 대한 답을 찾아보자.

8.1 노동시장과 임금

1. 노동수요

기업은 상품과 서비스를 생산하기 위해 노동, 자본, 천연자원과 같은 생산요소(factors of production)를 사용한다. LA 다저스는 야구경기를 생산하기 위해 노동(선수), 자본(스타디움), 천연자원(스타디움 토지)을 사용한다. 기업이 이윤을 극대화하기 위해서는 노동과 다른 생산요소를 얼마나 사용할지를 결정해야 한다.

기업의 노동수요와 가계의 노동공급 간의 상호작용이 균형임금을 결정한다. 노동유형이 다양하므로 노동시장도 다양한 형태를 갖는다. 노동유형과 노동시장에 따라 임금도 차이가 난다.

노동수요는 노동을 사용하여 생산하는 재화에 대한 수요에 의해 결정된다. 기업의 노동수요는 두 가지 요인에 의해 결정된다. 첫째, 노동자 1명을 더 고용했을 때 추가생산할 수 있는 재화의 양, 둘째, 추가생산한 재화를 판매해서 얻을 수 있는 추가수입 등이다.

노동의 한계생산물수입

노동의 한계생산물(Marginal Product of Labor : MP_L)은 기업이 노동자 1명을 추가고용하여 추가생산할 수 있는 생산량이다. 즉

$$MP_L = \Delta TP/\Delta L$$

이다. 노동자 1명을 추가고용하면 얻을 수 있는 총생산량 변화를 의미한다. 한계생산물체감의 법칙 또는 수확체감의 법칙(law of diminishing return)은 기업이 노동자를 추가고용할 때마다 노동의 한계생산물은 감소한다는 것을 의미한다.

기업은 생산량이 증가하면 추가수입을 얻게 된다. 노동자 1명을 더 고용하거나 노동시간을 늘리면 수입은 한계생산물(MP)×한계수입(MR), 즉 한계생산물수입(Marginal Revenue Product of Labor : MRP)만큼 증가한다. 재화시장이 경쟁적이면 $MR=P$이므로

$$MRP = MP \times MR = MP \times P$$

가 된다.

재화시장이 경쟁적일 때 한계생산물수입($MRP=MP \times P$)을 한계생산물가치(Value of Marginal Product : VMP)라고 한다.

기업은 주어진 한계생산물수입(MRP)을 근거로 합리적인 노동시간을 선택해야 한다. 즉 노동시간 한 단위를 추가하는 데 드는 한계요소비용(Marginal Factor Cost : MFC)이 한계생산물수입보다 작다면($MFC < MRP$), 노동자의 노동시간을 늘려서 이윤을 증가시킬 수 있다. 반대로 한계요소비용이 한계생산물수입보다 크다면($MFC > MRP$) 노동시간을 줄일 것이다. 노동시간이 경쟁적이면 노동의 한계요소비용이 노동시장에서 결정되는 가격인 명목임금(W)과 동일하므로 기업은 한계생산물가치가 임금과 같아지는 수준인

$$VMP = MP \times P = W$$

에서 고용량을 결정하게 된다.

표 8-1 | 노동의 한계생산물수입, 임금 및 고용의 관계

노동의 한계생산물수입($MP_L \times P$), 임금(W)	고용
한계생산물수입 > 임금	증가
한계생산물수입 < 임금	감소
한계생산물수입 = 임금	유지

경제학자

카를 마르크스(Karl Marx, 1818~1883)

19세기 노동가치설 "능력 따라 노동, 필요 따라 분배"

18세기 산업혁명으로 기계화가 진행되면서 일자리를 잃은 사람이 늘어나고 근로조건은 열악해졌다. 이런 문제점을 지적하고 나선 학자가 유대계 독일인 카를 마르크스였다. 마르크스이론의 핵심은 '노동가치설'이다. 모든 가치는 노동으로부터 나오며 물건가격도 제품을 만드는 데 들어간 노동력의 양에 따라 결정되어야 한다는 것이다.

물건을 만들려면 노동력 외에도 자본, 기술, 소재 등이 필요하지만 마르크스는 자본의 가치를 인정하지 않았다. 오히려 자본을 댄 기업이 이익을 내는 것은 근로자를 착취하기 때문이라고 설명했다. 이런 생각을 기초로 나온 이론이 계급투쟁론이다. 1848년 마르크스와 엥겔스는 '공산당 선언'을 발표했다. 자본가 계층을 몰아내고 프롤레타리아가 권력을 잡는 혁명을 이뤄내기 위해 세계의 노동자가 단합해야 한다는 주장이었다. 마르크스는 빈부의 격차를 없애기 위해 "능력에 따라 일하고 필요에 따라 분배해야 한다"고 주장했다.

열심히 일해도 모두 똑같이 보상받는다면 누가 열심히 일하겠는가. 이 때문에 모든 사회주의 국가에서는 생산성과 효율성에 문제가 발생했으며 대부분 붕괴하는 결과를 가져왔다.

노동수요곡선

상품가격(P)이 일정할 때 노동자임금(W)이 하락하면

$$VMP = MP_L \times P > W$$

가 된다.

$$VMP = MP_L \times P = W$$

를 유지하기 위해 노동자를 추가고용하거나 노동시간을 늘린다. 결과적으로 노동의 한계생산물(MP_L)이 체감하게 된다. 노동자의 수요곡선은 [그림 8-1] (a)와 같이 우하향하는 모양, 즉 마이너스(−) 기울기를 갖는다. 임금이 상승하면 노동수요량이 감소하고, 임금이 하락하면 노동수요량이 증가하는 관계를 나타낸다. 이는 노동수요곡선상의 변화로 나타난다.

노동수요곡선의 이동

노동수요곡선은 임금 이외 변수가 모두 일정하다고 가정하였다. 즉 임금과 노동수요량의 관계를 나타내며, 노동수요곡선상의 이동을 의미한다. 만약 임금이 고정되어 있을 때 다른 변수가 변하면, [그림 8-1] (b)와 같이 노동수요곡선 전체가 이동하게 된다. 노동시상의 노동수요곡선을 이동시키는 중요한 변수는 다음과 같다. 즉 인적자본, 기술, 상품가격, 노동 이외 생산요소 투입량, 시장 참여기업 수 등이다.

그림 8-1 노동수요곡선

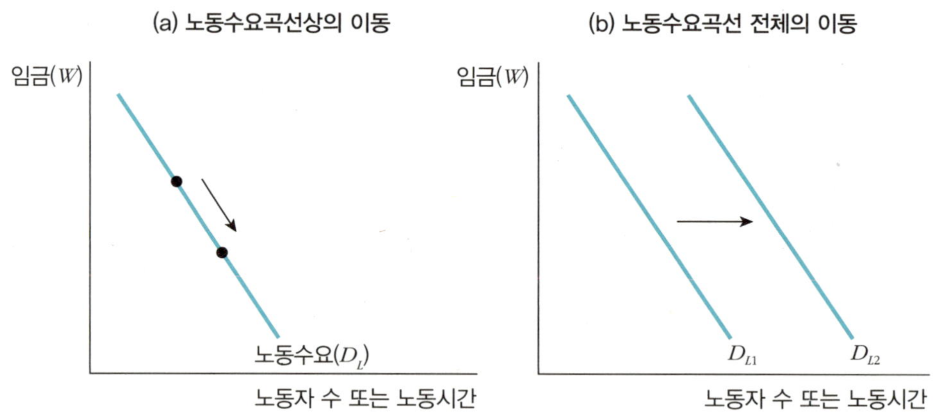

2. 노동공급

개인의 노동공급곡선

노동자가 얼마나 일할지를 결정하는 기준은 무엇인가? 사람들은 누구나 하루 24시간을 가지고 있다. 하루 24시간은 노동과 여가로 배분된다. SNS를 하거나 해변이나 숲속을 걷기도 하고 다른 형태의 여가를 즐기는 데 시간을 사용한다면 그만큼 일하는 시간은 줄어들게 된다. 한 시간을 여가로 사용하기 위해서는 한 시간 동안 일해서 벌 수 있는 수입을 포기해야 한다. 즉 여가의 기회비용은 임금이라고 할 수 있다. 임금이 높을수록 여가의 기회비용은 더욱 커진다. 대부분 사람들은 임금이 높아질수록 여가를 줄이고 일을 더 많이 하게 된다. [그림 8-2]는 노동공급곡선이 우상향하는 모양을 보여주고 있다. 즉 임금과 노동공급량은 정(+)의 상관관계를 갖는다.

개인의 노동공급곡선은 일반적으로 우상향하고 있지만, 높은 임금수준에서는 [그림 8-3]과 같이 후방굴절(backward bending)하는 모습을 가진다. 즉 높은 임금은 실제로 노동공급을 감소시킬 수 있다. 변호사는 처음에는 보수가 많아질수록 노동시간을 늘려가지만, 보수수준이 매우 높아지면 노동시간을 줄이고 여가시간을 늘려가게 되는 것을 의미한다.

그림 8-2 노동공급곡선

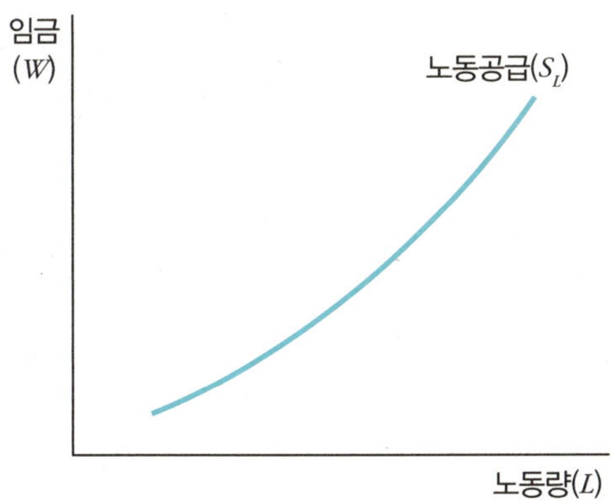

그림 8-3 후방굴절 노동공급곡선

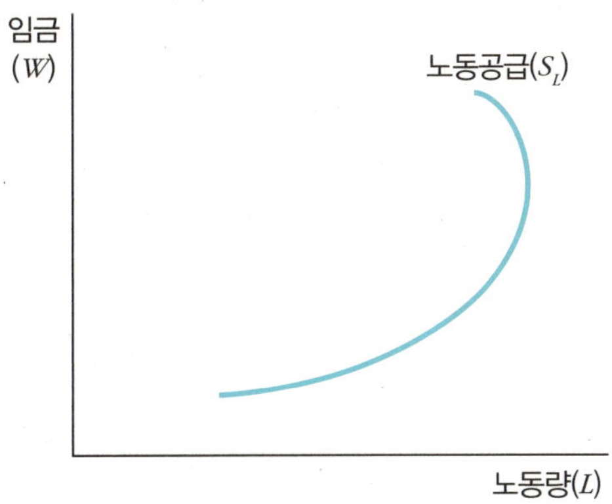

이유는 대체효과(substitution effect)와 소득효과(income effect)를 통해서 설명할 수 있다. 임금변화의 대체효과는 임금상승이 여가의 기회비용을 증가시키므로 노동자가 노동시간을 늘리고 여가시간을 줄이도록 한다.

임금상승은 일정한 노동시간을 가지는 노동자의 구매력을 증가시킨다. 여가는 정상재이므로 임금상승의 소득효과는 노동자가 일을 적게 하고 여가를 더 많이 즐기도록 한다. 결국 임금상승의 대체효과는 노동자가 노동공급을 늘리도록 하지만, 임금상승의 소득효과는 노동공급을 줄이도록 한다. 임금이 상승할 때 노동자가 노동시간을 늘릴지 줄일지는 대체효과가 소득효과보다 큰지 작은지에 달려 있다. [그림 8-3]은 낮은 임금수준에서는 대체효과가 소득효과보다 커서 임금상승으로 노동자가 노동공급을 늘리고, 높은 임금수준에서는 소득효과가 대체효과보다 커서 임금상승은 노동자가 노동공급을 줄이도록 하는 현상을 보여주고 있다.

유명한 변호사는 크게 성공해서 의뢰인들에게 매우 높은 수임료를 부과할 수 있다고 하자. 변호사가 휴가를 더 오랫동안 즐기려고 고객의 요청을 거절하면 높은 기회비용을 부담해야 한다. 하지만 변호사의 소득은 매우 높은 수준이기 때문에 여가를 더 많이 즐기기 위해 추가소득을 포기할 수도 있다. 고수입 변호사로서 소득효과가 대체효과보다 크다면 임금상승은 노동공급을 줄이도록 만든다.

시장 노동공급곡선의 이동

노동의 시장공급곡선은 재화시장과 마찬가지로 노동시장에서 노동을 공급하는 노동자들의 노동공급량을 더하여 구할 수 있다. 이때 임금 이외 노동자의 노동공급 의사에 영향을 줄 수 있는 모든 변수는 일정하다고 가정한다. 일정하다고 가정했던 임금 이외의 변수가 변하면, 노동의 시장공급곡선 전체가 이동할 것이다. 노동의 시장공급곡선을 이동시키는 변수는 인구변화, 인구구성(연령, 성, 인종 등), 이직 가능성(산업 간 노동이동 등) 등이 있다.

생·활·경·제·학

친노동정책의 비용은 얼마일까?

독일 컨설팅회사 롤랜드버거(RolandBerger Strategy Consultants)는 2018년 1월 한국의 노동정책(최저임금인상, 근로시간단축 등)을 평가하였다.

롤랜드버거는 최저임금인상과 근로시간단축, 비정규직의 정규직화로 발생하는 추가 인건비와 매출감소 예상액을 총 464조 7,000억 원으로 추산했다. 최저임금 1만 원 인상으로 발생하는 기업의 추가 인건비가 약 76조 6,000억 원이며, 한 시간 단축에 따른 매출액 감소분과 비정규직의 정규직 전환에 따른 추가 인건비가 각각 323조 원과 66조 1,000억 원이라고 평가하였다.

롤랜드버거는 정부의 최저임금인상정책에 대해 타당성과 객관성이 부족하다고 지적했다. 최저임금인상의 부작용을 막기 위해서는 최저임금 산정기준을 소비자 물가지수나 근로자생계비, 임금상승률로 명확히 하고 연령 · 산업 · 지역 · 직능별로 차등하여 적용해야 한다고 제안했다. 또 산입 범위로 기본급 이외의 고정상여금과 숙식수당을 포함해야 한다고 주장했다.

근로시간단축은 기업매출을 감소시키고 고용률을 떨어뜨릴 수 있다고 경고하였다. 주당 최장 근로시간을 현재 68시간에서 52시간으로 16시간 단축하면 중소기업 매출은 109조 원 감소하는 등 전체 기업 매출이 323조 원 줄어들 것으로 예상했다. 프랑스, 네덜란드, 일본 등은 연간 1시간 이내로 근로시간을 줄인 사례를 고려하여 현재 기업규모별로 차등하여 연간 5.3시간 감축하는 정부계획에 대해 속도 조절의 필요성을 강조했다. 고용과 해고에 대해서는 근로안정성과 함께 노동유연성을 균형 있게 추진하고 시간제 정규직 활성화를 대안으로 제시했다.

자료 : 중소기업뉴스(2018. 1.)

3. 노동시장의 균형

노동시장의 균형임금과 균형고용량변화를 분석하기 위해 수요곡선과 공급곡선을 사용할 수 있다. [그림 8-4]는 노동시장의 균형을 나타내고 있다. 노동시장의 수요곡선과 공급곡선을 이용하여 야구선수시장이나 대학교수시장 등 서로 다른 노동시장을 분석할 수 있다.

그림 8-4 노동시장의 균형

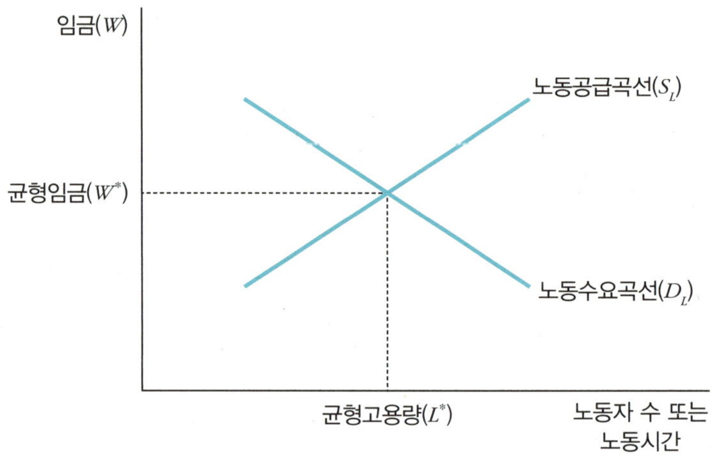

노동시장의 수요곡선과 공급곡선 이동요인은 노동시장의 균형임금과 균형고용량을 변화시킬 수 있다. AI기술이 발전하여 AI기술인력에 대한 수요가 늘어나면 노동수요곡선은 오른쪽으로 이동하고 균형임금과 고용량은 증가하게 된다. 인구가 감소하면 노동공급곡선이 왼쪽으로 이동하고, 균형임금은 높아지고 균형고용량은 줄어들게 된다.

4. 임금차이 원인

노동시장이 경쟁적이라면 동종의 노동에 대해 동일한 임금이 지불되어야 한다.

경쟁시장에서는 더 높은 보수를 지급하는 일자리로 노동력이 즉시 자유롭게 이동할 수 있기 때문이다. 하지만 현실적으로는 노동시장이 완전한 경쟁상태를 유지하기가 어렵고 경쟁상태에 있더라도 임금이 개인특성이나 직종, 지역 등에 따라 차이가 나고 있다. 임금차이의 원인은 한계생산물수입, 보상, 차별, 노동시장 이중구조, 노동조합 등에서 찾을 수 있다.

한계생산물수입 차이와 보상

노동시장의 균형임금은 노동의 한계생산물수입($MP_L \times P$)과 같은 수준에서 결정되었다. 따라서 노동자의 한계생산물(MP_L)이 많아지고, 노동자가 생산한 재화의 가격(P)이 높아질수록 임금수준은 높아질 것이다. 메이저리그 선수와 대학교수의 임금차이는 한계생산물수입의 차이에서 발생한다.

기업은 상대적으로 더욱 힘들거나 위험한 일을 하는 노동자에게 높은 임금을 추가적으로 지불하며 보상한다. 노동자들이 동일한 특성과 조건을 가졌다면, 화약공장에서 일하는 노동자는 식품공장에서 일하는 노동자보다 더 높은 임금을 받는다. 화약공장 노동자는 더 위험하고 덜 선호되는 일을 하기 때문에 보상임금을 받을 수 있다. 보상임금은 일종의 위험가격(대가)이라고 할 수 있다.

차별

노동시장에는 성, 인종, 편견, 정보부족, 연고주의 등과 같은 비효율적인 특성에 의한 차별 때문에 임금차이가 발생할 수 있다. 성이나 인종과 같은 비효율적인 특성에 따라 낮은 임금을 주거나 직업·직무에서 배제하는 것을 **경제적 차별(economic discrimination)**이라고 한다.

소수민족에 대한 차별과 출신지역이나 대학에 따른 차별도 중요한 사회문제의 하나로 대두되고 있다. 비슷한 능력을 가지고 있는데도 임금을 낮게 주거나 고용계약을 불공평하게 하면 노동시장 차별이 된다. 보다 안정적이고 보수가 나은 직업에 대한 취업 기회를 제한하는 형태로 차별이 나타나기도 한다. 차별대상집단은 취업을 하기가 어려워 열악한 취업조건을 받아들이거나 매우 낮은 임금을 받고서라도 취업할 수밖에 없다.

차별이 발생하는 원인은 먼저 편견을 꼽을 수 있다. 어떤 집단에 속한 근로자는 게으르고 생산성이 떨어진다든지 하는 근거 없는 편견이 차별을 낳는다. 정보의 부족도 차별의 원인이 될 수 있다. 기업이 정보를 충분히 갖지 못한 상태에서 우수한 인력을 선별하여 채용하려 할 때 특정 집단에 대해 차별할 수 있다. 특정 일류대학 출신만을 채용하는 전략은 지방대학 등 다른 대학 출신자의 취업 기회를 박탈하게 된다. 동일한 집단에 소속되었더라도 개인의 생산성은 다를 수 있으므로 집단별로 차별하는 것은 효율성 측면에서 바람직하지 않다. 차별의 혜택을 보는 집단에 소속된 사람들은 해당 집단에 들어간 이후 최선을 다하지 않을 수 있으므로 비효율성은 더욱 증대될 수 있다. 마지막으로 연고주의가 차별의 원인이 될 수 있다. 능력보다는 지연, 혈연, 학연에 근거하여 인력관리정책을 펴나가는 기업들이 다수 존재하는 것이 사실이다. 연고주의에 의한 차별은 기업과 국가에 비효율을 가져다주는 주요한 요인이 되고 있다.

하지만 경제학자들은 차별에 의한 임금격차는 크지 않다고 생각한다. 백인 남성과 다른 남성 또는 남성과 여성 간의 임금차별은 크지 않으며 다른 요인 때문에 발생한다고 판단한다. 즉 임금차이는 교육수준, 경험, 일자리 선호 등 요인의 차이에 따라 설명할 수 있다는 것이다.

노동시장 이중구조와 노동조합

많은 국가에서는 노동시장의 이중구조(dual structure) 때문에 부문 간 임금차이가 발생하고 있다. 이중구조는 농업과 공업, 대기업과 중소기업, 전통산업과 첨단산업 등에서 존재한다. 노동자들은 노동조합(labor union)에 가입해 있는 내부자(insider)인가, 가입하지 않은 외부자(outsider)인가에 따라 임금수준이 다를 수 있다. 노동조합 가입자는 파업을 통해 권리를 주장할 수 있기 때문에 상대적으로 높은 임금을 받을 수 있다. 고용주와 임금과 근로조건에 대해 서로 합법적으로 협상할 수 있다.

책 속의 경제학

『불평등의 대가(*The Price of Inequality*)』- 조지프 스티글리츠(Joseph Eugene Stiglitz, 2012)

"사람은 의욕이 있어야만 열심히 일한다"

조지프 E. 스티글리츠는 심각한 불평등은 경제의 효율성과 생산성을 약화시킨다고 했다. 사람은 기계가 아니다. 사람은 의욕이 있어야만 열심히 일을 한다. 부당한 대우를 받고 있다고 생각하는 사람에게 의욕을 불어넣기는 어렵다. 개발경제학자들은 영양섭취가 부실한 노동자들은 생산성이 떨어진다는 사실을 깨달았다. 미국은 제2차 세계대전 당시 많은 병사들이 영양섭취가 부실했기 때문에 군대의 효율성이 떨어졌다는 점을 확인했다. 교육학자들은 굶주림과 부실한 영양섭취가 학습을 방해하는 요소라고 밝히고 있다.

현대경제학은 부실한 영양섭취뿐만 아니라 다른 여러 가지 요인이 효율성에 영향을 준다는 사실을 알아냈다. 중하위 계층으로 갈수록 어려운 형편에 내몰리면서 큰 불안감에 시달리고 있다. 집을 잃지나 않을까? 자녀에게 인생의 성공을 안겨줄 교육을 제공할 수 있을까? 노후에는 어떻게 살아갈까? 불안감에 쏠리는 에너지가 많을수록 직장에서 생산에 투입되는 에너지는 줄어든다. 스트레스와 불안감은 새로운 기술과 지식습득을 방해할 수 있다. 학습에 방해를 받으면 생산성 향상속도가 느려지고, 경제의 장기적인 실적에 좋지 않은 영향을 미친다.

노동자들에게 의욕을 불어넣는 다른 중요한 요인은 바로 공정한 대우를 받고 있다는 믿음이다. 행복도가 높은 노동자일수록 생산성이 더 높다. 고위 임원의 급여가 일반노동자의 급여에 비해 지나치게 많다고 생각하는 노동자는 행복할 리 없고 열심히 일할 리도 없다. 공산주의하의 러시아에서는 부당한 임금을 받고 있는 노동자들 사이의 여론이 경제붕괴에 중요한 역할을 담당했다. 러시아의 옛 속담은 다음과 같이 말한다.

"그들은 돈을 주는 시늉만 하고, 우리는 일하는 시늉만 했다."

5. 자본시장과 천연자원시장

노동시장분석에 사용된 방법은 자본 및 천연자원과 같은 다른 생산요소시장분석에도 적용할 수 있다. 노동수요는 기업이 노동자 한 명을 추가고용하여 생산할 수 있는 추가생산량을 판매하여 얻는 수입, 즉 노동의 한계생산물수입에 따라 결정된다. 자본수요와 천연자원수요도 같은 방법으로 결정된다.

자본시장

실물자본(physical capital)에는 기계, 설비, 건물 등이 포함된다. 기업은 실물자본을 구입하거나 임대하여 사용한다. 자본수요는 노동수요와 마찬가지로 기업이 기계 한 대를 추가임대하여 생산할 수 있는 추가생산량을 판매하여 얻는 수입에 따라 결정된다. 자본의 한계생산물수입은 기계 한 대와 같은 자본 한 단위를 추가임대하여 얻을 수 있는 수입변화량이다. 자본의 한계생산물수입곡선이 자본의 수요곡선이 된다. 자본시장균형에서 자본공급자들은 자본의 한계생산물수입과 같은 임대료(임대가격)를 받는다.

천연자원시장

천연자원시장에서도 기업이 추가 천연자원 사용으로 얻을 수 있는 가치는 추가구입으로 생산할 수 있는 추가생산량을 판매하여 얻는 수입과 같다. 천연자원의 한계생산물수입은 석유와 같은 천연자원 한 단위를 추가사용하여 기업이 받을 수 있는 추가수입에 해당한다. 천연자원의 한계생산물수입곡선이 천연자원의 수요곡선이다.

석유 같은 천연자원 총량은 장기적으로 고정되어 있지만, 천연자원 공급량은 단기적으로 여전히 가격에 반응한다. 즉 세계 석유총부존량은 고정되어 있지만, 석유가격이 상승하면 석유공급자는 단기적으로 일정기간 동안 석유공급량을 증가시킨다. 이때 석유공급곡선은 우상향하는 모양을 가진다. 하지만 대도시 시내도로로 사용되는 토지나 전망 좋은 강변에 아파트를 지을 수 있는 땅은 고정되어 있다. 이때 천연자원공급곡선은 완전비탄력적이며 수직선 모양을 갖는다. 공급량이 고정된 생산요소 소유주는 경제적 렌트(economic rent)를 얻는다. 이때 생산요소가격은 수요에 의해서만 결정된다.

8.2 소득불평등과 빈곤

1. 소득불평등

한 사회의 경제활동에 참여한 개인은 사회의 고유한 분배원리에 따라 생산물을 나누어 갖는다. 사회구성원들 간의 분배가 공평한지를 판단하는 객관적인 기준은 분명하지 않다. 개인이 경제활동에 기여한 만큼 보상을 받는 문제는 중요하다. 하지만 최소한의 인간다운 삶을 보장하는 절대빈곤선 이상의 생활을 보장하는 문제를 소홀히 할 수 없다.

한편 소득분배가 얼마나 공평하게 이루어져 있는지, 일부계층에 얼마나 집중되어 있는지를 파악하는 문제도 큰 의미가 있다. 소득분포 정도를 파악하기 위해서는 먼저 국가경제 전체의 인구를 소득수준이 낮은 사람부터 높은 사람 순서대로 나열한다. 전체 인구는 순서에 따라 10%씩 나누면, 상위 10% 또는 20%가 국민소득이나 부의 몇 %를 가지고 있는지를 파악하거나, 하위 10%나 20%가 국민소득의 몇 %를 가지고 있는지를 파악함으로써 소득분포나 분배의 정도를 알 수 있다.

생·활·경·제·학

세계 1% 부자는 재산이 얼마일까?

부자가 더 부자가 되는 현상이 지속되고 있다. 크레디트 스위스(CS)는 2017년 말 '2017년 세계 부 보고서(Global Wealth Report)'를 발표했다. 2017년에는 전 세계 상위 1% 부자들은 전 세계 부의 50.1%를 차지하였다. 글로벌 금융위기 이후 미국 등 선진국의 양적완화정책으로 풀린 돈이 부자들을 점점 더 부자로 만들고 있다. 특히 5,000만 달러(약 560억 원) 이상인 초고액 자산가는 2000년 이후 5배로 증가하였다. 100만 달러 이상 자산가가 2.7배 늘어난 데 비해 2배 가까이 빠른 증가속도이다. 전 세계에서 100만 달러 이상 자산 보유자는 약 3,600만 명이었다. 전체 세계인구의 0.7% 정도이지만, 전 세계 자산의 45.9%를 소유하고 있었다. 이 가운데 1,530만 명(43%)은 미국에 있다. 일본에는 270만 명(7%)이 있고, 영국에는 220만 명(6%)이 있다. 중국은 190만 명(5%)으로 5위를 차지하였고, 한국은 68.6만 명(2%)으로 10위를 기록하였다. 전 세계 성인 1인당 평균자산은 5만 6,540달러(약 6,300만 원)로 나타났다.

로렌츠곡선

소득불평등 정도는 소득수준별 집단이 차지하는 소득 비율을 측정하거나 그래프를 이용하여 나타낸다.

대표적인 방법이 로렌츠곡선을 이용한 분석방법이다. 로렌츠곡선은 소득수준이 가장 낮은 사람부터 높은 순서로 배열한 인구를 %단위로 환산하여 가로축으로 삼는다. 가로축의 각 점을 기준으로 왼쪽에 위치한 모든 사람들의 소득이 전체 국민소득에서 차지하는 비율을 그래프로 나타낸 곡선을 로렌츠곡선(Lorenz curve)이라고 한다. [그림 8-5]에 따르면 점 *A*는 하위소득 20%집단의 소득이 전체 국민소득의 10%임을 보여준다.

로렌츠곡선은 가로축의 점이 오른쪽으로 이동할수록 더 급격한 기울기를 갖는다. 새롭게 포함되는 사람의 소득이 이전에 포함된 사람의 소득보다 크기 때문이다. 예를 들어 설명하면 *B*점은 하위소득 60%집단의 소득이 전체 국민소득의 40%를 차지하고, 최하소득 20%집단의 소득은 총소득의 10%를 가지고 있다고 하자. 소득 20%집단보다 두 배가 더 늘어난 소득 60%집단의 소득은 10%에서 40%로 세 배가 더 늘어났다. 즉 인구누적 비율이 높아질수록 소득누적 비율은 급격하게 높아진다.

만약 소득분포가 균일하다면, 즉 소득 10%집단이 총소득의 10%를 가지고 소득 20%집단이 20%의 소득을 갖는다면, 로렌츠곡선은 *OO′*를 잇는 대각선이 된다. 반면 모든 소득을 한 사람이 독점한다면 로렌츠곡선은 *OCO′*와 같은 직각의 모양을 갖는다. 현실적으로 소득분배는 완전균등분배도 아니고, 1인 독점분배도 아니므로

OO'선과 OCO'선의 중간 형태인 $OABO'$와 같은 선으로 나타난다.

■ **그림 8-5** 로렌츠곡선

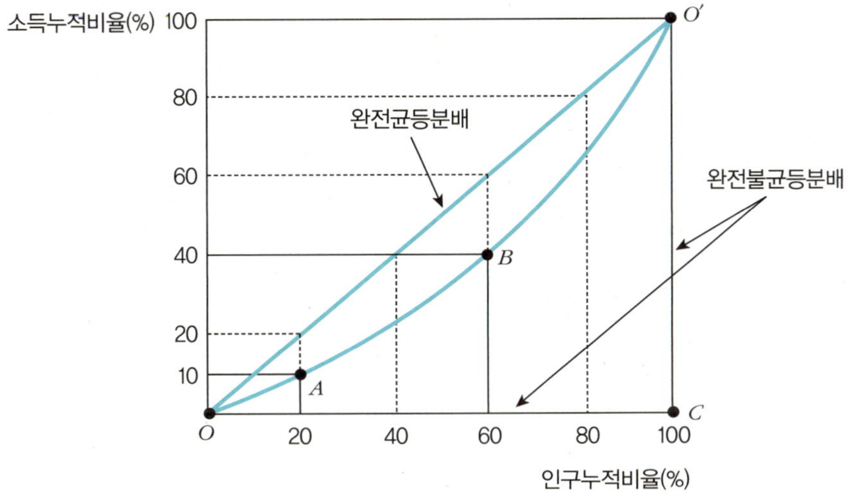

지니계수

로렌츠곡선의 위치가 대각선 OO'로부터 멀리 떨어져 있을수록 소득은 일부계층에 편중되어 있다고 볼 수 있다. 소득분배의 편중도를 수량적 지표로 나타내면 다음과 같은 지니계수를 구할 수 있다.

$$지니계수 = OABO'면적/OCO'면적$$

지니계수(Gini's coefficient)의 값은 완전균등분배일 때 0의 값을 가지고 한 사람이 모든 소득을 차지할 때는 1의 값을 갖는다. 로렌츠곡선이 대각선에서 멀어질수록 지니계수의 값은 커진다. 지니계수는 0 이상 1 이하의 값으로 결정되는데, 0에 가까울수록 소득분배가 더욱 균등하고, 1에 가까울수록 불균등 정도가 심한 것을 의미한다.

생·활·경·제·학

한국의 소득불평등도는? : 지니계수

한국의 소득불평등도는 외환위기 후 악화되었다. 지니계수는 2006년 0.330에서 2009년 0.345로 상승되어 외환위기 여파로 소득불평등도가 심화되었음을 알 수 있다. 소득불평등도는 2010년 이후 개선되어 2013년 지니계수가 0.336까지 떨어졌다. 하지만 2014년 이후 악화되고 있다. 지니계수는 2016년 0.353을 기록하여, 금융위기 직후보다 더 높은 수준을 보였다. 최근 소득불평등도가 급격하게 악화되고 있음을 알 수 있다. 소득분배의 불평등을 나타내는 지니계수는 0~1의 값을 가지며 1에 가까울수록 불평등이 크다는 것을 의미한다.

연도	2006	2007	2008	2009	2010	2011	2012	2013	2014	2015	2016
지니계수	0.330	0.340	0.344	0.345	0.341	0.342	0.338	0.336	0.341	0.341	0.353

자료 : 통계청(2019)

2. 빈곤

빈곤은 인간다운 생활을 유지하기 위한 최소한의 소득을 얻지 못하는 상태를 말한다. 빈곤은 최저생활의 기준이라는 절대적인 빈곤과 상대적으로 가난한 상대적 빈곤으로 나누어볼 수 있다. 각 사회에서 최저생활에 필요한 소득기준보다 낮은 소득계층을 빈곤층으로 규정한다. 빈곤층을 규정하는 기준이 되는 소득수준을 빈곤선(poverty threshold)이라고 부른다.

2017년 보건복지부가 발표한 '2017년 기초생활보장실태조사'결과에 따르면 2015년 빈곤층규모는 309만 명으로 나타났다. 빈곤층에서는 1인가구, 노인가구, 장애인가구 비율이 전체 가구보다 2~6배 높았다. 빈곤층 가운데 가난하면서도 정부지원을 받지 못하는 비수급 빈곤층은 전체 빈곤층의 30%인 93만 명에 달하였다.

OECD는 중위소득 50%를 상대적 빈곤선으로 보고, 빈곤선 이하를 빈곤층으로 분류한다. 한국의 2015년 기준 중위소득은 4인가구 기준 422만 2,533원(1인가구

156만 2,337원)이었으므로, 4인가구 수입이 한 달에 211만 원 이하(1인가구 78만 원 이하)인 309만 명이 빈곤층에 해당한다. 빈곤층 가운데 중위소득 40% 이하로 기초생활보장제도의 생계의료급여 수급자는 144만 명이며, 교육주거급여를 포함하는 총수급자는 165만 명이었다.

책 속의 경제학

『틀리지 않는 법 : 수학적 사고의 힘』- 조던 엘렌버그(Jordan Ellenberg, 2016)

왜 미국은 스웨덴스럽게 만들려고 애쓰는가? 미국의 복지확대정책을 비판하는 자유주의자는 질문한다. "세계 대표적 복지국가인 작고 부유한 스웨덴마저 값비싼 복지와 높은 세금을 삭감하려고 애쓰고 있다. 스웨덴은 실수에서 배운 바가 있어 정부 크기와 범위를 축소하려고 애쓰는데, 왜 미국은 값비싼 복지와 높은 세금을 향해 가는가?" 이 주장은 잘못된 가정을 전제로 하고 있다.

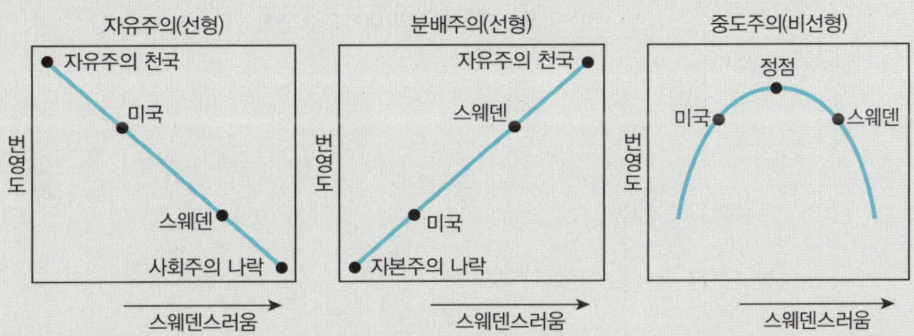

- 스웨덴스러워질수록 더 나빠짐
- 스웨덴도 자유주의 천국을 향해 이동 시작
- 미국은 사회주의 나락을 향해 이동
- 스웨덴은 미국보다 스웨덴스럽고 번영도가 더 낮음

- 스웨덴스러워질수록 번영도가 높고 사회주의 천국 접근
- 덜 스웨덴스럽고 번영도가 낮을수록 자유주의 나락 접근
- 미국보다 스웨덴이 스웨덴스럽고 번영도가 더 높음

- 번영의 정점은 미국보다 좀 더 스웨덴스럽지만 스웨덴보다는 좀 덜 스웨덴스러운 지점
- 스웨덴은 복지 축소 노력
- 미국은 복지 강화 노력

위의 그림은 수학에서 핵심 구분 중 하나인 선형성과 비선형성의 차이를 나타낸다. 직선은 곡선이 일반적으로 갖지 않은 특수한 성질들을 가지고 있다. 직선에서 가장 높은 지점, 즉 번영도가 가장 높은 지점은 직선의 한쪽 끝이어야 한다. 선형성 논증은 종종 잘못된 가정을 전제로 하고 있다. 경제학의 곡선들은 비선형적이다. 아리스토텔레스는 너무 많이 먹는 것도 너무 적게 먹는 것도 건강을 해친다고 지적했다. 최적은 중간 어디쯤이다. 섭식과 건강의 관계는 선형적이지 않고 곡선적이라서 어느 쪽이든 양끝은 나쁘기 때문이다.

질문의 답 찾기 QA

MLB 야구선수 류현진은 왜 200억 원이 넘는 엄청난 연봉을 받는가?

노동시장과 같은 생산요소시장과 재화시장 간의 중요한 차이는 생산요소시장에서는 기업이 수요자이고 가계가 공급자라는 점이다. 메이저리그(MLB) 야구선수들은 한계생산물수입은 매우 높지만, MLB에서 경기를 할 수 있는 능력을 가진 선수공급은 적다. 류현진 선수와 같은 최상위수준 투수는 공급이 더욱 제한되어 있다. 2013년 시즌 MLB선수 750명의 평균연봉은 365만 달러에서 2018년 409.6만 달러(약 46억 원)로 상승하였다.

한편 대학교수들의 한계생산물수입은 MLB선수에 비해 훨씬 낮고, 대학교수가 될 수 있는 능력을 가진 대학교수의 공급은 훨씬 많다. 2013년 미국에는 약 150만 명의 대학교수들이 있는데 MLB선수 평균연봉보다 훨씬 낮은 8.4만 달러를 받았다. 류현진 선수의 연봉은 높은 한계생산물수입과 매우 적은 우수한 선수공급에서 기인한다.

MLB 야구선수와 대학교수 연봉

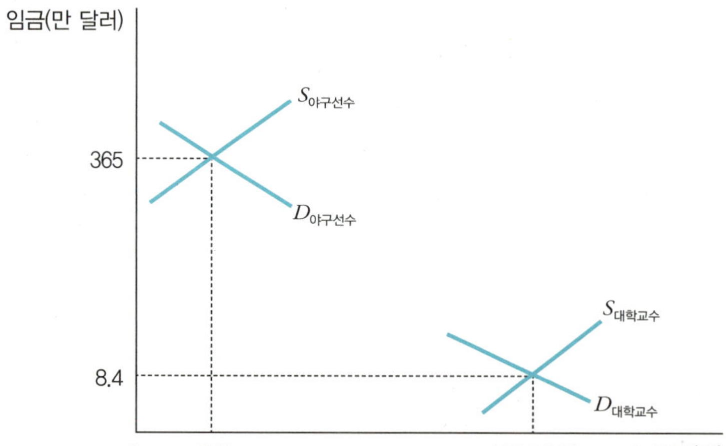

시사경제용어

- 인구오너스(Demographic onus) : 일할 수 있는 생산가능인구 비중이 하락하고 부양해야 할 고령인구가 늘어나면서 경제성장이 지체되는 현상이다. 과거 유휴 노동력이 개발도상국의 경제성장을 견인했던 '인구보너스'와 상반되는 현상이다.
- 분수효과 : 저소득층의 소득증대가 총수요 진작과 경기 활성화로 이어져 고소득층의 소득도 높이게 되는 현상을 말한다. 문재인 정부는 근로자를 부자로 만들어 경제를 성장시키려는 소득주도성장론을 추진하고 있다.
- 스푸핑(Spoofing) : 초단타 매매로 시세를 조작해 차익을 남기는 거래이다. 최근 미국 시카고상품거래소(CME)가 하나금융투자의 시세 조작행위에 대해 과태료를 부과하기로 결정했다. IT에서는 웹사이트를 통해 이용자정보를 빼가는 해킹수법을 의미한다.
- 크런치모드 : 업무 마감시한을 앞두고 수면, 위생, 기타 개인생활을 희생하면서까지 연장 근무하는 행태이다. 게임 등 소프트웨어 개발업계의 관행이다.

EXERCISE

연 · 습 · 문 · 제

01 노동자의 임금은 어떻게 결정되는가?

02 학장가구는 학생용 책상을 만들어 공급하는 회사이다. 이 기업이 만드는 학생용 책상은 규격과 재질이 정해져 있기 때문에 동일상품을 공급하는 다른 많은 기업이 있다. 책상가격이 25만 원에서 20만 원으로 하락하였으나 학장가구는 사원들에게 계속 1인당 월 300만 원의 임금을 지급하고 있다. 다음 질문에 답하시오.

① 학생용 책상가격인하는 노동의 한계생산물에 영향을 주는가? 책상을 생산하는 노동의 한계생산물가치(*VMP*)와 한계생산물수입(*MRP*)에는 어떤 변화가 있는가? 학장가구가 고용하는 노동량에는 어떤 영향을 주는가?

② 학장가구가 책상을 제작하는 데 필요한 로봇을 구입하여 생산과정에 투입하였다면, 학장가구의 노동수요에는 어떤 영향을 주는가?

03 수근이 경영하는 의류공장에는 현재 200명의 노동자들이 근무하고 있다. 미세먼지로 인해 호흡기질환이 발생하여 100명의 노동자가 출근하지 못하였다면, 의류공장의 노동생산성과 의류생산량에 어떤 영향을 주는가?

04 비슷한 일을 하는 노동자들 간에 임금차이가 발생하는 원인은 무엇인가? 임금격차는 반드시 해소되어야 하는가?

05 다음 질문에 답하시오.

① 한 국가의 소득불평등도는 어떻게 측정할 수 있는가?

② 지난 30년간 한국의 지니계수는 지속적으로 상승해왔다. 한국의 소득불평등이 증가해온 원인은 무엇인가?

CHAPTER 09

외부효과와 공공재

교도소를 민영화하면 효율성이 증가할까?

일반 사기업 직원들은 늘 시장가격을 고려해야 한다. 매출과 성과를 무시할 수 없기 때문이다. 가격신호(price signal)는 생산비용과 판매가격이 말해주는 이익정보이다. 가격신호를 이용하여 공공부문과 민간부문의 생산효율성을 비교할 수 있다. 교도소를 민간이 운영한다면 효율성이 증가하는지 알아보자.

9.1 외부효과

1. 외부효과와 시장실패

시장은 일반적으로 자원을 효율적으로 배분한다. 모든 시장은 가격조정을 통해 수요와 공급이 일치하면서 균형을 이룰 수 있다. 수요곡선은 개별소비자의 효용극대화과정을 거쳐서 구해지며, 공급곡선은 기업 또는 생산자의 이윤극대화과정을 통해 얻어진다. 수요곡선은 상품을 소비하면서 얻을 수 있는 한계적 이익가치, 즉 한계편익(marginal benefit)이며, 공급곡선은 상품을 생산하는 데 드는 한계비용(marginal cost)을 나타낸다. 수요곡선과 공급곡선이 교차하는 점에서는 한계편익과 한계비용이 같아지며, 순편익도 최대화된다. 일반적으로 소비자와 기업이 각자 순편익을 최대화하면 사회 전체의 순편익도 최대화된다.

사회 전체의 경제활동에서 순편익이 최대로 될 때, 경제학자들은 자원이 효율적으로 배분되었다고 한다. 경제학자들이 추구하는 시장경제에서는 자원이 효율적으로 배분된다. 따라서 시장경제가 원만히 작동한다면 정부가 경제에 개입할 여지는 없다고 할 수 있다.

그러나 소비자나 기업이 자신의 순편익을 최대로 하더라도 사회 전체의 순편익이 최대가 되지 않는 경우가 현실경제에서 자주 나타난다. 사회 전체의 순편익이 최대로 되지 않았을 때, 경제학자들은 자원이 비효율적으로 배분되었다고 한다. 자원이 비효율적으로 배분되었다는 것은 사회 전체로 볼 때 희소한 자원을 사용하여 얻을 수 있는 최대편익을 얻지 못하고 있음을 의미한다. 시장이 사회 전체의 순편익을 최대로 하지 못하고, 자원이 비효율적으로 배분되는 현상을 경제학에서는 시장실패(market failure)라 부른다.

왜 시장실패가 발생할까? 완전경쟁상황에서도 비효율적인 자원배분을 가져오는 외부효과, 공공재, 불공정한 경쟁, 정보의 비대칭 등이 시장의 실패를 초래하는 중요한 요인으로 알려져 있다. 여러 시장실패요인들이 작용하는 의사결정에서는 시장이 실패하고 자원이 비효율적으로 배분된다. 이는 정부가 개입할 수 있는 근거를 제공한다.

2. 외부효과의 유형

시장은 경쟁상태에 있더라도 수요와 공급이 일치하는 균형수준에 도달하지 못할 수 있다. 즉 어떤 상품은 수요에 비해 지나치게 많이 공급하고, 다른 상품은 너무 적게 공급할 수 있다. 수요와 공급이 일치하지 않는 중요한 이유 중의 하나는 외부효과(externalities)가 존재하기 때문이다.

외부효과는 한 경제주체의 경제활동결과가 의도하지 않게 시장 외부에 있는 다른 경제주체의 후생에 영향을 주는 현상을 의미한다. 외부효과는 의도되지 않고 부수적으로 발생할 수 있다. 특히 시장 외부를 통해 개인이나 기업이 다른 경제주체에게 영향을 주는 행동을 하면서도 적당한 보상을 주고받지 않을 때 발생할 수 있다. 외부효과는 다른 사람에게 외부편익(external benefit)을 주는 긍정적 외부효과(positive externalities)와 다른 사람에게 외부비용(external cost)을 초래하는 부정적 외부효과(negative externalities)로 나누어 볼 수 있다.

긍정적 외부효과는 과수원 농부가 양봉업자에게 이득을 주는 과정에서 발생한다. 과수원을 경영하는 농부는 과실을 생산하여 이익을 얻으려고 노력하지만, 의도하지 않게 가까이 있는 양봉업자가 꿀생산량을 늘리는 데 기여한다. 하지만 양봉업자는 과수원 농부에게 꿀생산량 증가의 대가를 지불하지는 않는다.

부정적 외부효과는 가축생산공장에서 나오는 폐수가 수질과 대기를 오염시킬 때 나타난다. 가축생산업자는 가축생산으로 이익을 얻지만, 가축공장 주변의 주민들은 환경오염에 따른 손실을 입게 된다.

외부효과는 과실이나 가축과 같은 상품생산과정에서 발생할 수 있지만 담배, 자동차, 공원, 대학교육과 같은 상품과 서비스를 소비하는 과정에서도 일어날 수 있다.

부정적 외부효과

전력생산과정에서 오염물질이 발생한다. 화력발전을 통해 전력 한 단위를 생산하면 일정한 분량의 오염물질이 대기 중에 방출된다. 오염물질은 환경오염을 초래하고 국민건강을 해치므로 부정적 효과를 가져온다. 부정적 외부효과는 시장효율성에 어떤 영향을 주는가?

외부효과가 있으면 전력생산을 위해 사회가 치르는 비용은 전력회사가 지불하는 사적비용보다 크다. 전력 한 단위를 생산하기 위해 치르는 사회적 한계비용은 사적한계비용에 다른 사람이 부담하는 외부비용을 합한 금액이다. [그림 9-1]은 전력생산의 사회적 한계비용을 나타내고 있다. 사회적 한계비용곡선이 공급곡선보다 위에 있는 이유는 전력생산회사들이 생산과정에서 초래하는 외부비용을 추가하였기 때문이다. 두 곡선의 높이 차이는 환경오염으로 인한 사회적 비용의 크기를 나타낸다. 그렇다면 전력은 얼마나 생산해야 하는가? 답은 전력시장에서 창출되는 총잉여, 즉 소비자가 얻는 총편익에서 총비용을 뺀 나머지를 극대화할 수 있는 만큼 전력을 생산해야 한다. 그리고 전력생산비용에 환경오염에 따른 외부비용을 추가해야 한다.

그림 9-1 부정적 외부효과 : 전력생산

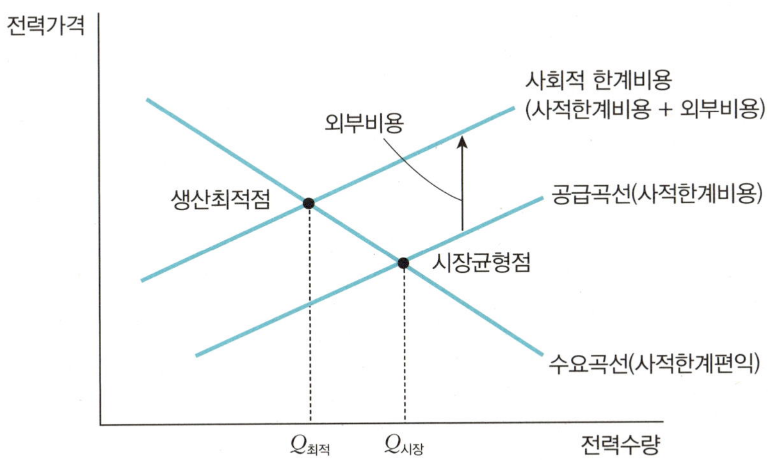

사회적으로 전력 최적생산량($Q_{최적}$)은 수요곡선과 사회적 한계비용곡선이 교차하는 생산최적점에서 결정된다. 실제 전력생산량이 최적생산량($Q_{최적}$)보다 적으면 소비자가 누리는 전력의 가치(사적한계편익=수요곡선의 높이)는 전력의 사회적 생산비용(사회적 한계비용=사회적 비용곡선 높이)보다 크고, 실제 생산량이 최적생산량보다 크면 소비자가 누리는 전력가치가 사회적 한계비용보다 작기 때문이다.

전력 최적생산량($Q_{최적}$)은 시장균형생산량($Q_{시장}$)보다 적다. 시장균형은 사적비용만을 반영하기 때문에 외부효과가 있으면 시장비효율이 발생한다. 시장균형점에서 소비자가 누리는 한계가치(사적한계편익)는 사회적 한계비용보다 작다. 즉 시장균형거래량($Q_{시장}$)에서는 수요곡선이 사회적 한계비용곡선 아래쪽에 위치한다. 따라서 전력생산량과 소비량을 시장균형거래량($Q_{시장}$) 이하로 줄이면 경제적 후생은 증가한다.

어떻게 하면 전력의 최적생산량을 달성할 수 있을까? 전력생산회사에게 생산량에 비례하여 세금을 부과하는 방법이 있다. 세금을 부과하면 공급곡선은 세금만큼 위쪽으로 이동한다. 세금이 환경오염에 따른 사회적 비용(외부비용)과 똑같은 크기로 부과되면 위쪽으로 이동한 새로운 공급곡선은 사회적 한계비용곡선과 일치하게 된다. 따라서 새로운 시장균형점에서 전력생산량은 사회적 최적생산량과 같아진다. 세금을 부과하여 시장성과를 개선하는 행위를 외부효과의 내부화(internalizing an externality)라고 한다. 세금이 부과되면 전력공급자와 수요자는 전력생산과 소비과정에서 발생하는 외부효과를 의사결정과정에 반영하여야 한다. 전력회사는 지금까지는 환경오염을 초래하고도 외부비용을 부담하지 않았지만, 환경오염에 세금이 부과되면 직접 부담해야 한다. 따라서 생산량을 결정할 때 환경오염의 외부효과 비용을 고려해야 할 것이다. 시장가격은 전력생산자에게 부과되는 세금만큼 인상되므로 전력소비자들도 전력소비량을 줄일 것이다.

수질오염의 외부효과와 시장의 비효율성이 발생하는 이유는 전력회사가 환경오염비용을 지불하지 않기 때문에 발생한다. 이때 전력생산기업은 인건비, 연료비, 자본비용 등과 같은 사적비용만을 지불한다.

전력회사는 시장에서 발생하는 오염 때문에 사회가 부담해야 하는 비용은 고려하지 않는다. 현실에서는 오염을 발생시킨 전력회사가 외부비용을 부담하도록 요구받기도 한다. 결국 부정적 외부효과가 존재할 때 시장생산량은 효율적 수준보다 더 많아진다. 전력을 생산하는 실제 한계비용은 전력회사의 사적한계비용과 오염에 따른 외부한계비용을 모두 포함한다. 만약 시장에 있는 전력회사가 사적한계비용과 외부한계비용을 모두 지불해야 한다면 시장은 더 적은 양의 전력을 생산하게 될 것이다.

부정적인 외부효과는 가격체계의 작동을 불완전하게 한다. 쓰레기를 몰래 버리는 사람은 쓰레기 처리비용을 부담하지 않으며, 매연을 뿜어내는 차의 소유자도 매연에 대한 배상을 하지 않는다. 결국 사회 전체가 오염의 부정적인 외부효과비용을 부담한다고 할 수 있다. 만약 오염을 발생시키는 사람이 대가를 부담해야 된다면, 당사자는 환경오염을 적게 발생시키는 방법을 찾기 위해 노력할 것이다.

외부비용을 줄이는 방안 중의 하나가 피구세(Pigouvian tax)를 부과하는 것이다. 환경오염을 발생시키는 전력생산에 세금을 부과한다고 하자. 이때 전력 한 단위를 더 생산하는 비용에는 한계생산비용과 세금이 포함된다. 만일 세금이 정확하게 책정되었다면 세금은 외부한계비용과 일치하게 될 것이다.

전력회사는 전력 한 단위를 더 생산하기 위해 공해배출 허가권을 구입해야 한다면 허가권을 구입하기 위해 드는 비용은 피구세와 같은 역할을 한다. 허가권을 구입하는 비용은 생산자들이 생산결정과정에서 고려하게 되므로 외부비용을 내부화하는 결과를 가져온다.

생·활·경·제·학

미세먼지정책의 가격탄력성은 얼마일까?

서울시는 2018년 1월 15일 월요일 출퇴근시간 버스 · 지하철을 무료로 운행하였다. 미세먼지농도를 줄이기 위해 자율적인 차량 2부제를 유도하여 자동차 통행량을 감소시키기 위한 조치였다. 예산은 50억 원이었다. 하지만 대중교통을 무료 운행했는데도 출퇴근시간대 교통량은 평소와 비슷했다. 15일 출근시간대 시내 진입차량은 8일과 비교하여 1.8%(2,099대) 감소했다. 대중교통 이용승객은 지하철 2.1%(2만 3,000명) 증가하였고, 시내버스 0.4%(3,500명) 늘어나는 데 그쳤다. 그렇다면 서울시 대중교통서비스의 가격탄력성은 탄력적일까? 비탄력적일까?

서울시 대중교통서비스의 가격탄력성은 비탄력적으로 나타났다. 즉 서울시 대중교통 이용승객은 대중교통요금 변화에 민감하게 반응하지 않는 것으로 나타났다. 서울시 대중교통요금은 100% 감소한 데 비해 지하철 승객은 2.1% 늘어나는 데 그쳐, 가격탄력성은 0.021로 비탄력적으로 나타났다. 시내버스서비스의 가격탄력성은 0.004로 더욱 비탄력적으로 나타났다. 한편 대중교통의 대체재라고 할 수 있는 시내 진입차량가격의 대체탄력성은 0.018로 비탄력적으로 나타나 대중교통요금 변화에 민감하게 반응하지 않는 것으로 나타났다.

자료 : 조선일보(2018. 1.)

긍정적 외부효과

긍정적 외부효과는 한 경제주체의 경제행위가 직접 거래에 참가하지 않는 다른 경제주체에게 편익을 제공할 때 발생한다. 긍정적 외부효과는 수요함수로 사적편익과 사회적 편익 간의 차이가 생기게 한다. 사회적 편익은 수요자의 사적편익(개인수요함수)과 외부 한계편익의 합으로 나타내는 사회적 수요함수로 표시된다.

대학교육 수요결정과정을 통해 긍정적 외부효과를 분석할 수 있다. 대학교육을 받으면 편익이 발생하며 수요함수로 나타낼 수 있다. 대학교육을 받기 위해서는 등록금뿐만 아니라 직장 월급을 포기하는 데 따른 기회비용이 발생한다. 일반적으로 한 지역이나 국가에서 대학교육을 받은 사람들이 많아질수록 경제가 발전하고, 다른 사람들을 위한 일자리창출 및 임금상승과 같은 긍정적 외부효과를 가져온다. 외부효과는 시장효율성에 어떤 영향을 주는가?

어떤 경제활동은 다른 사람에게 이득을 준다. 대학교육에서 생기는 편익은 대부분 개인에게 돌아간다. 대학교육을 받은 노동자는 생산성이 더 높아지고, 높은 임금을 받게 되면서 대학교육 편익 대부분을 차지하게 된다. 하지만 대학교육은 직접 교육을 받은 개인의 사적편익을 넘어 다른 사람에게도 긍정적 외부효과를 가져다준다. 국민들이 대학교육을 많이 받을수록 현명한 투표를 통해 모두에게 이익을 주는 정부를 선택할 수 있다. 또 대학교육은 범죄율을 낮추고, 기술발전을 통해 생산성과 임금을 올려줄 수 있다. 대학교육의 긍정적인 외부효과로 인해 사람들은 대학교육을 받으려 하고, 교육수준이 높은 사람들을 가까이 하려고 할 것이다.

[그림 9-2]는 대학교육의 긍정적 외부효과를 나타내고 있다. 긍정적 외부효과를 제공하는 재화의 수요곡선은 그 재화의 사회적 가치를 충분히 반영하지 못한다. 대학교육의 사회적 가치는 사적가치보다 크기 때문에 사회적 한계편익곡선은 수요곡선(사적한계편익)보다 위에 있다. 대학교육의 최적생산량($Q_{최적}$)은 사회적 한계편익곡선이 사적한계비용을 나타내는 대학교육 공급곡선과 만나는 점에서 결정된다.

그림 9-2 긍정적 외부효과 : 대학교육

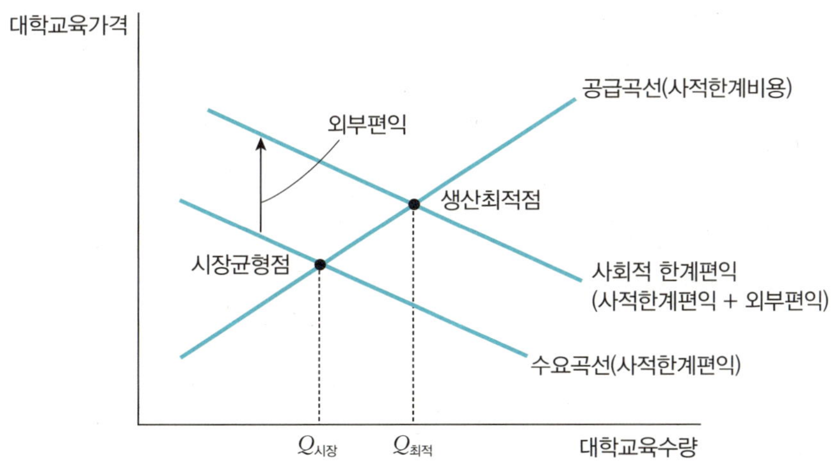

따라서 사회적으로 바람직한 대학교육생산량($Q_{최적}$)은 시장에서 결정되는 균형거래량($Q_{시장}$)보다 많다.

정부는 대학교육시장 참여자들에 대해 외부효과의 내부화(internalizing an externality)를 유도하여 시장실패를 바로 잡을 수 있다. 긍정적 외부효과의 해결방안은 시장균형을 최적상태로 만들기 위해 긍정적 외부효과에 대해 보조금을 지급하는 것이다. 정부는 대학교 운영과 정부 장학금 지급 등을 통해 대학교육에 많은 보조금을 지급하고 있다. 정부보조금은 대학교육 최적생산량이 시장균형거래량을 초과하도록 해준다.

결국 부정적 외부효과가 있으면 시장균형생산량이 사회적으로 바람직한 생산량보다 많고, 긍정적 외부효과가 있으면 시장균형생산량이 사회적 최적생산량보다 적게 된다. 정부는 외부효과문제를 해결하기 위해서 부정적 외부효과를 초래하는 재화에 대해 세금을 부과하고, 긍정적 외부효과를 창출하는 재화에 대해 보조금을 지불하여 외부효과를 내부화할 수 있다.

3. 외부효과와 정부정책

정부는 정책을 통해 외부효과문제를 해결할 수 있다. 먼저 조세를 부과하거나 보조금을 지급할 수 있다. 즉 외부비용만큼 조세를 부과하거나 외부편익만큼 보조금을 지급함으로써 외부효과문제를 해결할 수 있다. 다른 방법으로 직접 규제가 있다. 즉 정부가 오염배출량을 정해주거나 오염방지시설을 하도록 직접 규제하는 것이다.

시장이 효율적으로 작용하지 않을 때 시장실패현상이 나타나고 자원이 비효율적으로 배분될 수 있다. 이를 막기 위해 정부가 개입하지만, 정부 역시 문제를 완전하게 해결하지 못할 때는 정부실패현상이 나타날 수 있다.

생 · 활 · 경 · 제 · 학

정부는 왜 실패하는가? : 정부실패

오늘날 정부는 불완전한 시장기능을 보완하기 위해 여러 가지 정책을 시행하고 있다. 많은 국가들은 시장이 '보이지 않는 손(invisible hand)'을 통해 제대로 기능을 하지 못할 때, 정부가 '보이는 손(visible hand)'을 통해 시장의 불완전한 기능을 보완해왔다. 하지만 오늘날 여러 국가에서 정부가 자원배분의 비효율 또는 불공평현상을 초래하는 것을 볼 수 있다. 즉 시장실패와 함께 정부실패(government failure)도 관찰되고 있다.

정부실패는 두 가지 유형으로 나누어볼 수 있다. 먼저 정부는 지나친 통제 또는 규제완화를 통해서 비효율성을 초래할 수 있다. 다음으로 정부가 시장의 비효율성을 시정하기 위해 정책개입을 하다가 오히려 효율성을 떨어뜨릴 수 있다.

정부가 지나치게 통제할 때 비효율성을 초래할 수 있는 이유는 무엇인가? 만약 정부가 독과점기업을 지나치게 통제하면 민간기업은 규모의 경제에 따른 이익을 얻지 못하게 된다. 미국 등 선진국은 독과점에 대한 규제를 대폭 완화해왔다. 특히 금융 분야에서 가장 눈에 띌만한 규제완화가 이루어졌다. 하지만 철폐가 반드시 효율성을 높여준다고 보장할 수도 없다.

정부실패는 차선의 정리(theory of the second best)로도 설명할 수 있다. 경제의 일부분이 최적균형 조건을 만족하지 못할 때, 나머지 부분에서 최적균형 조건을 달성하기 위한 정책이 언제나 더 나은 결과를 가져오지는 않는다. 자동차시장의 독과점과 배기가스 오염의 외부성에 따른 시장실패를 동시에 해결하는 것이 최선이지만, 어느 하나만이라도 시정하는 것이 차선책이라고 생각할 수 있다. 차선의 정리는 두 가지 시장실패를 그대로 두는 것이 더 효율적일 수 있음을 의미한다. 차선의 정리는 경제 내 여러 가지 시장실패를 동시에 시정할 수 없을 때, 일부 시장실패를 바로 잡으려는 정부정책이 경제 전체의 효율성을 저하시킬 수도 있다는 것을 설명하고 있다.

우리는 경제주체가 한계생산과 한계소비의 원리에 따라 의사결정을 할 때, 순편익을 최대로 할 수 있음을 확인하였다. 그렇다면 모든 소비자와 모든 기업이 순편익을 최대로 하면 사회 전체의 순편익도 최대가 되는가? 그렇다. 일반적으로 시장에서 소비자와 기업이 순편익을 최대로 한다면 사회 전체 순편익도 최대가 된다.

사회 전체의 경제활동에서 순편익이 최대가 될 때 경제학자들은 자원이 효율적으로 배분되었다고 한다. 경제학자들이 추구하는 시장경제에서는 자원이 효율적으로 배분된다. 따라서 시장경제가 원만히 작동한다면 정부가 경제에 개입할 여지는 없다고 할 수 있다.

책 속의 경제학

『노예의 길(*The Road to Serfdom*)』 - 프리드리히 아우구스트 폰 하이에크 (Friedrich August von Hayek, 1943)

오늘날 정부당국의 힘은 점점 커지고 통제 범위도 확대되고 있다. 계획사회에서 정부당국은 생산에 대한 통제를 통해 모든 소비를 통제하고 있다. 하이에크는 계획사회에서 정부당국이 완전한 결정력을 가질 것이라고 예언한다. "경쟁사회에서 선택의 자유는 만약 어떤 사람이 우리의 소망을 충족시켜주기를 거절한다면, 우리는 소망을 충족시켜줄 다른 경쟁자에게 갈 수 있다는 사실에 근거하고 있다. 그러나 독점자와 대면하고 있다면, 우리는 독점자의 자비를 바랄 수밖에 없게 된다. 그리고 전체 경제시스템을 지지하는 당국은 우리가 상상할 수 있는 가장 강력한 독점자일 것이다. 독점자인 당국이 사적 독점자들과 마찬가지 방식으로 독점력을 사용할지 모른다고 두려워할 필요는 없다. 당국의 목적이 금전적 이익의 극대화가 아닐지 모르지만, 당국은 우리에게 무엇을 줄지, 어떠한 조건을 줄지에 대한 완전한 결정력을 가질 것이다."

4. 외부효과의 사적 해결

정부가 개입하지 않아도 민간부문이 외부효과문제를 해결할 수 있을까? 어떤 결과가 비효율적일 때에도 사람들의 후생을 증가시킬 수 있는 거래가 존재한다. 경제학자 로널드 코즈(Ronald Coase)는 민간부문이 모든 외부효과를 해결할 수 있다고 주장하였다. **코즈정리(Coase theorem)**는 외부효과가 존재하더라도 거래를 성사시키는 데 드는 비용, 즉 **거래비용(transaction cost)**이 작으면 경제는 언제나 효율적인 해결책을 찾을 수 있다고 한다.

코즈의 분석에 따르면 외부효과는 반드시 비효율적인 결과를 초래하지는 않는다. 거래에 참여하는 개인들은 서로에게 유익한 거래를 할 동기를 가지므로 거래를 성사하는 과정에서 외부효과를 고려하게 된다. 거래당사자가 의사결정을 할 때 외부효과를 고려하는 것을 외부효과를 내부화한다고 한다. 결국 외부효과를 완전히 내부화할 수 있다면, 정부의 개입 없이 효율적인 결과를 얻을 수 있을 것이다.

그렇다면 왜 외부효과를 내부화하는 것은 언제나 어려운 문제일까? 외부효과는 대부분 거래비용을 발생하기 때문에 효율적인 거래가 성립하기 어렵게 한다. 거래비용에는 의사소통비용, 법적 구속력을 갖는 계약서 작성비용, 협상지연에 따른 손실 등이다.

코즈정리는 다음과 같은 전제조건을 필요로 한다. 첫째, 협상당사자들 간 협상 및 계약체결비용 등 거래비용이 낮은 수준이어야 한다. 둘째, 협상당사자들이 외부효과로 인한 편익과 비용에 대한 완전한 정보를 가지고 있어야 한다. 셋째, 모든 협상당사자들이 합리적인 결과를 받아들여야 한다. 이러한 전제조건은 코즈정리를 실제로 현실에 적용할 수 있는 가능성을 떨어뜨린다. 일반적으로 협상과정에서 거래비용이 많이 발생하고 편익과 비용에 대한 정보가 불완전하기 때문이다.

9.2 공공재와 공유자원

1. 재화유형

시장이 한 재화를 얼마나 효율적으로 공급하는 가는 재화유형에 달려있다. 재화를 구분하는 기준은 경합성과 배제성이다. 경합성(rivalry)은 어떤 사람이 특정 재화 한 단위를 소비하면 다른 사람이 같은 재화의 동일한 단위를 소비할 수 없는 것을 의미한다. 당신이 피자 한 조각을 먹으면, 아무도 당신이 소비한 피자조각을 먹을 수 없다. 배제성(excludability)은 어떤 사람이 특정 재화를 소비할 수 없도록 배제하는 것을 말한다. 피자가게는 당신이 피자가격을 지불하지 않으면 피자를 소비할 수 없도록 배제할 수 있다. 결국 피자 소비는 경합성과 배제성을 가지고 있다.

어떤 재화는 비경합적이거나 비배제적 특성을 가질 수도 있다. 비경합적(nonrival) 재화는 한 사람의 소비가 다른 사람의 소비를 방해하지 않는 재화를 의미한다. 비배제적(nonexcludable) 재화는 어떤 사람의 특정 재화 소비에 관계없이 다른 사람의 해당 재화 소비를 못하도록 막을 수 없는 재화를 말한다. 두 기준에 따라 재화는 네 가지 유형으로 나눌 수 있다.

표 9-1 | 재화의 유형

		배제성: 있음	배제성: 없음
경합성	있음	**사유재** • 피자 • 자동차 • 막히는 유료도로	**공유자원** • 바닷속 물고기 • 환경 • 막히는 무료도로
경합성	없음	**준공공재** • 케이블 TV • 소방서비스 • 막히지 않는 유료도로	**공공재** • 국방 • 사법제도 • 막히지 않는 무료도로

사유재(private goods) 배제성과 경합성을 모두 가지고 있는 재화이다. 식품, 의류, 자동차, 이발 등 많은 재화가 여기에 포함된다. 어떤 사람이 한 재화의 한 단위를 소비하면 다른 사람은 이미 소비한 해당 단위를 소비할 수 없다. 또 가격을 지불하지 않으면 해당 재화를 구매할 수 없고 일단 구매하고 나면 재화에서 나오는 편익을 혼자 차지한다. 대부분 재화는 사유재이며, 수요와 공급의 법칙을 설명할 때는 모든 재화가 사유재라고 가정하였다.

공공재(public goods) 배제성과 경합성을 모두 가지고 있지 않는 재화를 말한다. 공공재는 어떤 사람들이 해당 재화를 소비하지 못하도록 막을 수 없으며, 한 사람의 소비가 다른 사람의 소비를 방해하지 않는 재화를 의미한다. 대표적인 공공재는 국방서비스이다. 어떤 사람이 누리는 국방서비스는 다른 사람이 소비하는 국방서비스를 방해하지 않는다. 또 어떤 사람을 국방서비스에 대한 가격지불 여부에 관계없이 국방서비스 소비에서 배제할 수 없다.

가격을 지불하지 않는 사람을 국방서비스 소비에서 배제할 수 없기 때문에 민간기업은 국방서비스를 공급하려고 하지 않을 것이다. 왜냐하면 대가를 지불하지 않고도 해당 재화의 혜택을 받을 수 있기 때문이다. 따라서 공공재 소비에는 가격을 지불하지 않고도 혜택을 보는 무임승차(free riding)문제가 발생한다.

준공공재(quasi-public goods) 배제성은 가지고 있지만 경합성은 가지지 않는 재화를 말한다. 케이블 TV와 유료도로가 예이다. 요금을 내지 않는 사람은 케이블 TV를 시청할 수 없다. 하지만 어떤 사람이 케이블 TV를 시청하더라도 다른 사람이 시청할 수 있는 양에는 영향을 주지 않는다. 마찬가지로 요금을 내지 않는 사람은 유료도로에 진입할 수 없지만, 도로가 지나치게 혼잡하지 않는 한 한 사람의 도로사용이 다른 사람의 도로사용을 방해하지 않는다.

공유자원(common resources) 경합성은 있지만 배제성은 없는 재화이다. 바닷속의 물고기나 후진국 숲속의 나무도 공유자원이라고 할 수 있다. 한 사람이 물고기를 잡으면, 다른 사람이 잡을 수 있는 물고기 수는 줄어든다. 하지만 바다는 너무 넓어서 어부들이 물고기를 잡지 못하도록 막을 수 없으므로 바닷속 물고기는 배제성을 가지지 않는 재화라고 할 수 있다. 가난한 나라 숲속의 나무도 한 사람이 나무를 베면 다른 사람이 같은 나무를 사용할 수 없다. 하지만 아무도 숲에 대한 사유재산권을 가지고 있지 않기 때문에 다른 사람이 숲의 나무를 사용하지 못하도록 배제할 수 없다. 따라서 사람들은 공유자원을 과다하게 사용하게 된다.

2. 공공재의 특성

국방이나 경찰서비스 같은 공공재는 비경합성과 배재불가능성을 가지고 있어서 가격을 결정하기 어렵다. 따라서 사람들은 공공재서비스의 혜택을 누리면서도 공공재생산에 드는 비용을 부담하거나 생산에 참여하지는 않으려고 한다. 무임승차자문제 때문에 공공재의 공급을 시장에 맡기면, 공공재는 사회적 수요에 못 미치는 현상이 발생할 수 있다.

정부는 조세납부와 병역의무를 통해 공공재를 생산하여 배분한다. 정부가 생산해야 하는 공공재의 적정수준은 얼마인가? 정부는 국민의 선호를 정확하게 파악하여 어떤 공공재를, 얼마나 생산할지를 결정하게 된다.

공공재는 사유재와 달리 사람들이 사용에 따른 대가를 지불하지 않더라도 소비할 수 있는 무임승차자의 문제를 지니고 있어 민간기업이 생산할 수 없다. 따라서 공공재생산은 정부의 역할 가운데 하나라고 할 수 있다.

어떤 상품이나 서비스는 일단 생산되어 공급되면 많은 사람이 공동으로 소비할 수 있다. 바로 공공재가 여기에 해당한다. 공공재는 사유재와 대비되는 개념으로 일반적으로 다음과 같은 두 가지 특성을 갖고 있다.

첫째, 비배제성(nonexclusiveness)이다. 비배제성은 공공재를 소비하기 위한 비용을 지불하지 않은 사람을 소비하지 못하도록 격리시킬 방법이 없다는 것을 의미한다. 둘째, 비경합성(nonrivalry)이다. 비경합성은 공공재는 일단 공급이 되면 기존소비자 외에 추가로 한 명의 소비자가 더 소비하더라도 그에 따라 추가되는 한계비용이 없다는 것을 의미한다.

이에 비해 사유재(private good)는 사용에 따른 비용을 지불하지 않은 사람은 그 상품을 사용할 수 없으며, 한 명이 추가로 더 소비하는 데 따르는 한계비용이 0보다 크다. 대표적인 공공재인 국방서비스는 일단 제공되면 대가를 지불하지 않은 사람이라 하더라도 국방서비스를 소비하지 못하도록 할 수 없다. 특정인이 국방서비스 사용료를 지불하지 않는다고 해서 정부가 그 특정인을 국방서비스의 혜택을 받지 못하도록 격리시킬 방법이 없다는 의미이다. 극단적으로 병역기피자를 감옥에 가두더라도 감옥이 한국 영토 안에 있는 한 병역기피자도 여전히 국방서비스를 소비하게 된다. 또 국방서비스는 어떤 사람이 추가로 소비하더라도 추가비용이 들지 않아 한계비용은 0이다. 한국 인구가 한 명이 늘어나면 새로운 국방서비스를 추가 소비하게 되지만, 그 사람 때문에 국방서비스의 비용이 증가하지는 않기 때문이다.

생·활·경·제·학

왜 국방이나 경찰서비스는 민영화하지 않을까? : 공공재

대부분 정부는 국방이나 경찰서비스를 민영화하지 않고 있다. 왜 그럴까? 공공재에는 대가를 지불하지 않고 소비하는 사람이 존재하는 현상인 무임승차자문제(free rider problem)가 발생하기 때문이다.

국방서비스나 경찰서비스에는 무임승차가 가능하다. 한 명이 추가적으로 서비스를 소비하는 데 드는 한계비용이 0이기 때문에, 소비자는 적정가격을 지불하지 않으면서 서비스를 누리려고 할 것이다. 민간기업은 공공재를 생산하는 유인을 갖지 못한다. 만약 공공재를 민간기업에게 맡긴다면, 사회가 필요로 하는 적정량보다 훨씬 적게 생산하거나 아예 생산하지 않게 된다. 하지만 공공재는 반드시 필요한 재화이다. 결국 공공재생산을 담당할 수 있는 주체는 정부밖에 없다. 이는 정부가 시장에 개입하는 근거가 된다. 정부는 국방서비스나 경찰서비스를 생산하면서 국민에게 직접 사용료를 부과하지 않는다. 대신 세금을 거두어 서비스생산에 필요한 비용을 조달하는 방법을 사용한다.

3. 공유자원과 소유권

공기가 심하게 오염되는 현상, 바다의 생선이 남획되는 현상, 공원의 화장실이 항상 지저분한 현상, 공공도서관 책에 찢겨진 부분이 많은 현상 등은 모두 공유재산의 비극을 보여주는 예이다. 공유재산의 비극은 개인 소유권이 없기 때문에 발생할 수 있다. 경제학자들은 공유재산을 보호하기 위한 해결책으로 공유재산에 개인

소유권을 부여하는 방안을 제시하고 있다. 시장경제가 자원의 효율적인 배분을 달성하려면 다음과 같은 두 가지 특성을 지닌 개인 소유권이 필요하다.

우선 개인 소유권이 개인에게 배타적으로 주어져 다른 사람이 그 자원을 사용할 수 없도록 소유주가 막을 수 있어야 한다. 그리고 소유주가 자신의 자원을 다른 사람에게 팔거나 임대할 수 있도록 개인 소유권 이전이 가능해야 한다. 그러나 현실적으로 모든 공유재산에 개인 소유권을 부여할 수 없으며, 공유재산의 문제를 완전히 해결하지 못하는 원인이 되고 있다. 예를 들어 한강이나 고속도로 또는 바다의 물고기에 대해 어떻게 개인 소유권을 부여할 수 있겠는가?

개인 소유권을 부여하기가 어려울 때는 정부가 규제를 통해 공유재산의 남용을 예방할 수 있다. 고속도로에 쓰레기를 버리거나 한강에 오폐수를 흘려보내는 사람을 감시하고 처벌한다. 바다의 물고기는 포획할 수 있는 생선의 크기, 양, 시기 등을 정하여 보호할 수 있다. 하지만 정부규제는 많은 비용을 수반하고, 또 다른 부작용을 초래할 수 있다는 점에서 완전한 대책이라고 말하기는 어렵다.

생·활·경·제·학

왜 사람들은 쓰레기를 고속도로에 버릴까? : 공유재산의 비극

고속도로에 쓰레기를 버리는 한계비용은 거의 0에 가깝다. 쓰레기를 치울 필요도 없으며, 한국도로공사가 고속도로를 청소하는 비용은 모든 국민이 조금씩 나누어 분담하기 때문이다. 쓰레기를 버리는 편익에 비해 비용은 0에 가까울 정도로 작으므로 한계원리에 따라 사람들은 고속도로에 쓰레기를 버린다. 사람들은 자기집에서 쓰레기를 버릴 때는 쓰레기비용을 부담해야 한다. 비용이 편익보다 크다고 생각하면 집에서 쓰레기를 버리지 않는다.

19세기 미국에서는 가축 수는 급증했지만, 버펄로는 멸종위기에 처했다. 가축과 버펄로의 운명이 차이를 보인 것은 소유권 유무 때문이었다. 가축에 대해 소유권을 갖고 있는 사람들은 가축이 개인 재산이므로 좋은 사료를 주고, 품종을 개량하기 위해 열심히 노력하여 수를 늘려갔다. 하지만 공유재산인 버펄로는 달랐다. 버펄로를 사냥하는 사람들도 원칙적으로는 버펄로 수가 줄어드는 것을 원하지 않았지만, 개인적으로 버펄로를 보호할 동기가 없었다. 생계를 유지하기 위해 버펄로를 사냥해야 했으며, 버펄로를 보호하기 위해 사냥을 하지 않는 사람은 소득이 없었다. 이윤을 최대화하려는 사냥꾼은 사냥으로 버펄로가 멸종될 수도 있다고 생각했지만 사냥을 멈출 수는 없었다. 개인 소유권이 없는 공유재산이 적절한 보호를 받지 못하고 과도하게 사용되는 현상을 공유재산의 비극이라고 한다.

9.3 조세

정부는 왜 세금을 부과하는가? 정부는 국방서비스 제공, 환경오염규제 등을 위해 개인, 가계 및 기업에 조세를 부담시킨다. 조세는 민간에서 정부로 경제적 자원을 강제로 이전하며, 구조와 규모에 따라 자원배분, 소득분배 및 경제활동에 중요한 영향을 준다. 정부가 부과하는 조세의 개념, 종류 및 경제적 효과를 이해해보자.

1. 조세의 개념과 종류

현대의 정부는 국가운영에 필요한 자금을 조세수입으로 조달한다. 정부가 거두어들이는 조세는 여러 가지 종류가 있다. 전통적인 농경사회에서는 땅과 사람에 대한 지세와 인두세가 조세의 핵심이었다. 근대사회에 들어와서는 관세, 조세, 담배세 같은 물품세가 주종을 이루었다. 현대사회에는 소득세, 법인세, 부가가치세가 가장 중요한 비중을 차지한다.

소득세는 개인소득에 대해 부과하는 조세로 경제적 능력에 따라 부담액을 조정할 수 있다. 법인세는 기업이윤에 대해 부과하는 조세이다. 부가가치세는 각 생산단계에서 창출된 부가가치(value-added)를 과세대상으로 삼는다. 부가가치는 최종생산물의 가치에서 중간투입물의 가치를 뺀 값을 의미한다.

조세부과대상이 되는 부 또는 소득을 세원(tax base)이라고 한다. 조세징수액과 과세대상의 비율을 세율(tax rate)이라고 한다. 세율은 한계세율과 평균세율로 나눈다. 한계세율(marginal tax rate)은 소득 한 단위 증가할 때 늘어나는 세금의 비율을 나타낸다. 평균세율(average tax rate)은 납부한 세금을 과세대상 또는 세원으로 나눈 비율이다.

직접세와 간접세

조세는 세원의 종류에 따라 직접세와 간접세로 나눌 수 있다. 직접세(direct tax)는 개인소득세, 재산세, 상속세 등 개인소득이나 개인의 부가 과세대상이다. 소득 및 재산과 같은 세원을 직접 포착하여 세금을 부과하며, 납세자는 조세부담을 다른 사람에게 전가할 수 없다. 즉 조세부담자와 납세자가 동일하다. 한편 간접세(indirect tax)는 물품세, 관세 등과 같이 물품의 교환, 매매 등에 부과되는 조세이다. 직접세와는 달리 간접세는 조세부담을 다른 사람에게 전가할 수 있어서 최종적으로 누가 조세부담하는가에 따라 조세귀착(tax incidence)문제가 발생한다.

직접세는 조세부담자가 직접 조세지출에 대한 부담을 느끼므로 세율이 높을수록 조세저항이 커질 수 있다. 한편 간접세는 조세부담자가 확실하지 않고 조세부담을 느끼지 못할 수도 있어서 조세저항이 약하다. 정부는 일반적으로 직접세보다는 조세저항이 약한 간접세를 선호한다.

물품세, 부가가치세, 관세와 같은 간접세는 정부수입에서 차지하는 비중이 크며, 행정적으로 징수가 쉽고 선별한 품목에 차별적 부과가 가능한 장점이 있다. 간접세는 석유제품, 담배, 주류 등 보통 소득탄력성과 가격탄력성이 낮은 품목에 부과된다. 간접세는 소득이나 부의 수준에 관계없이 소비액에 비례하여 조세를 부담하게 하므로 보통 역진적 성격을 가지며, 소득분배에 방해가 될 수 있다.

누진세와 역진세

조세는 한계세율과 평균세율의 관계에 따라 [그림 9-3]과 같이 세 가지 종류로 나눌 수 있다. 납세자의 소득에 비례하여 조세부담이 변하는 조세를 비례세(proportional tax)라고 한다. 이때 한계세율과 평균세율은 동일하다. 소득이 증가하면서 세율이 높아지는 조세를 누진세(progressive tax)라고 한다. 이때 한계세율은 평균세율보다 높다. 소득이 증가하면서 세율이 역진적으로 작아지는 조세를 역진세(regressive tax)라고 한다. 이때 한계세율은 평균세율보다 낮다.

그림 9-3 조세의 종류

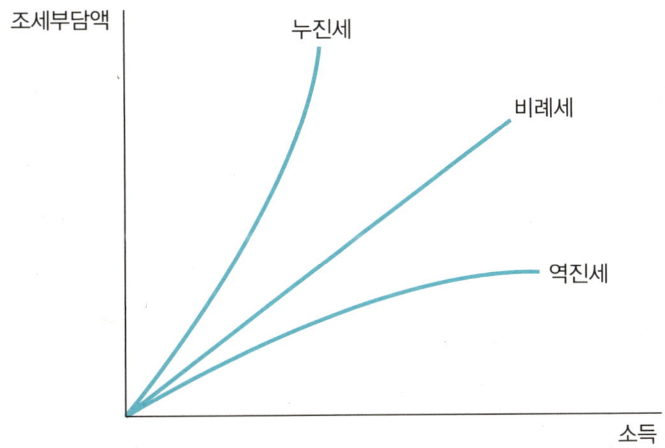

조세가 누진적인가 또는 역진적인가에 따라 세원과 세율은 자원배분과 소득분배에 서로 다른 영향을 준다. 개인소득세와 법인세는 보통 세율이 누진적이므로 소득분배정책을 수립하는 데 중요한 의미를 제공한다. 법인세는 투자에 대한 세액공제(tax credit)나 특정 이윤에 대한 비과세를 통해 기업투자에 영향을 주고 있다. 세액공제는 과세표준에 세율을 곱하여 산출된 세액에서 다시 일정액을 공제하는 것이다. 한편 소득공제는 과세표준에서 일정액을 공제한 후 세율을 곱하는 것이다.

2. 조세부담의 전가와 귀착

조세제도는 각국 정부의 경제정책 가운데 주요한 비중을 차지하고 있다. 조세는 정부가 필요한 자금을 충당하는 수단일 뿐 아니라, 민간부문의 경제행위를 일정한 방향으로 조정하는 수단으로 사용된다. 바람직한 조세제도가 정착하기 위해서는 조세부담의 공평성, 비효율성의 극소화, 행정비용의 최소화 등의 조건이 충족되어야 한다. 조세를 납부할 의무를 갖는 납세의무자가 언제나 조세부담을 지는 것은 아니다. 법인이 납부하는 법인세는 상품가격인상을 통해 소비자에게 전가될 수도 있으며, 임금하락을 통해 노동자에게 전가될 수도 있다. 법률적으로 납세의무를 갖는 사람이 다른 사람에게 부담을 전가(shifting)하는 현상이 종종 일어난다. 조세전가의 과정을 거친 다음 최종적으로 조세부담을 지는 현상을 조세부담의 귀착(incidence)이라고 한다.

생·활·경·제·학

사치세는 누가 부담하는가? : 조세귀착

1990년 미국 의회는 요트, 자가용 비행기, 모피, 보석, 고급승용차 등에 대해 부과하는 사치세를 채택하였다. 세금목적은 부담능력이 가장 높은 사람들에게서 세금을 징수하자는 데 있었다. 부자들만이 살 수 있는 사치품에 대한 과세는 부유층에 대해 과세하는 논리적인 방안으로 생각되었다. 그러나 수요공급의 원리가 작동하여 나타난 결과는 의회의 의도와는 판이한 것이었다.

요트시장을 생각해보자. 요트에 대한 수요는 매우 탄력적이다. 요트에 사치세가 부과되면 백만장자들은 요트를 사는 대신 더 큰 집을 사거나 유럽여행을 하거나 자손들에게 더 많은 유산을 남겨주는 다른 선택을 할 수 있기 때문이다. 반면에 요트의 공급은 비탄력적이다. 요트공장은 다른 재화의 생산공장으로 쉽게 변환할 수도 없고 요트공장에서 일하는 근로자들이 시장여건의 변화에 대응하여 직업을 바꾼다는 것도 쉽지 않기 때문이다.

사치세의 조세귀착은 분명하게 예측할 수 있다. 수요가 탄력적이고 공급이 비탄력적이라면 세금부담은 주로 공급자에게 귀착된다. 즉 요트에 대한 세금은 요트 제조업체와 근로자들이 부담하여 실제로는 세금만큼 요트판매로 얻는 수입이 줄어드는 결과를 빚었다. 요트 제조업 근로자들은 부자가 아니다. 따라서 사치품에 대한 세금부담이 부자들보다 오히려 중산층에게 전가된 것이다. 사치세가 시행된 이후 사치세 귀착에 대한 가정이 옳지 못했다는 사실이 분명해졌다. 사치품 공급업체들은 의회의원들에게 자신들이 겪고 있는 경제적 어려움을 납득시키려고 노력했다. 의회는 1993년 대부분의 사치세를 폐지하였다.

3. 조세의 목표와 원칙

정부는 여러 가지 세금을 부과하여 조세수입을 올린다. 정부가 과세수단을 선택하기 위해서는 몇 가지 조세목표와 원칙을 고려한다.

조세목표

세금의 기본목표는 경제적 효율성을 달성하는 데 있다. 정부가 판매세를 부과하면 상품공급비용을 증가시키고, 공급곡선은 세금만큼 위로(또는 왼쪽으로) 이동한다. 그 결과 균형가격은 상승하고 균형거래량은 감소한다. 정부는 상품 단위당 세금과 판매단위 수를 곱한 만큼 세금을 거둔다. 생산자는 더 높아진 가격을 받는 것처럼 보이지만 납부한 세금을 뺀 가격은 균형가격수준 아래에서 결정된다. 생산자가 받는 가격이 하락하므로 생산자잉여는 줄어들며, 소비자가 지불하는 가격은 상승하므로 소비자잉여도 감소한다. 소비자잉여와 생산자잉여의 감소분 가운데 일부는 정부의 조세수입이 되며, 다른 일부는 조세부과로 발생하는 사중손실(deadweight loss)이 된다. 조세부과 때문에 발생하는 사중손실을 세금의 초과부담(excess burden)이라고 한다. 세금의 초과부담은 세금부과로 인해 발생하는 해당 상품생산량 감소와 경제적 비효율성 크기로 측정할 수 있다. 과세를 통해 거두어들이는 세금수입에 비해 상대적으로 적은 초과부담이 발생하면 세금부과는 효율적이라고 할 수 있다.

경제학자는 세금의 경제적 효율성을 개선하기 위해서는 사중손실을 줄여야 한다고 생각한다. 즉 정부가 세금수입에 비해 상대적으로 사중손실을 많이 발생하는 세금의 비중을 줄여야 한다는 것이다. 사중손실이 발생하는 세금의 예는 다음과 같다.

첫째, 저축이자에 대한 세금은 사중손실을 크게 발생시키는 세금의 일종이다. 이미 과세된 소득의 일부인 저축에 대한 세금부과는 이중과세에 해당한다.

둘째, 노동에 대한 과도한 과세는 개인의 노동시간을 감소시킬 뿐만 아니라 노동의 질적 수준을 떨어뜨리고 새로운 노동활동을 위축시킨다. 결국 노동과 일에 대한 과세는 개인의 경제적 활동을 축소하고 정부수입도 감소시키는 결과를 초래한다.

셋째, 세금을 부과하고 납부하는 과정에서 발생하는 납세자의 기회비용과 정부의 행정적 부담은 사중손실을 발생시킨다. 개인이나 기업의 세금납부를 위한 자료 및 보고서 준비, 정부의 행정적 부담 등도 사중손실을 가져온다. 정부는 과세를 통해 조세수입을 얻지만 행정적 부담으로 인해 발생하는 비용은 납세자나 정부에게 대가를 지불하지 않는다. 따라서 조세 단순화는 세금의 행정적 부담과 사중손실을 감소시킬 수 있다.

조세원칙

지불능력원칙 지불능력원칙(ability-to-pay principle)은 정부가 세금을 통해 조세수입을 올릴 때, 지불능력에 따라 차등하여 세금을 부과하는 원칙이다. 이 원칙에 따르면 정부는 저소득자보다 고소득자에게 더 많은 세금을 징수하여 수직적 평등(vertical equity)을 달성해야 한다. 소득세는 지불능력원칙을 따르지만, 판매세는 지불능력원칙을 적용하지 않는다. 저소득층일수록 고소득층에 비해 소득에서 차지하는 소비의 비중이 낮은 경향을 보이기 때문이다.

수평적 평등원칙 수평적 평등원칙(horizontal-equity principle)은 동일한 경제적 형편에 있는 사람은 동일하게 취급해야 한다는 원칙이다. 하지만 서로 다른 사람이 동일한 경제상황에 있는지를 판단하는 일은 어렵다. 결국 수평적 평등원칙을 지키는 것은 쉽지 않다고 할 수 있다. 동일한 소득을 가진 사람들이 반드시 동일한 경제상황에 있는 것은 아니다. 이자 등 다른 수입이 있거나 두 개의 일자리에서 두 배 많은 시간을 일하는 사람은 다른 경제적 상황을 가지며, 동일한 세금을 납부하는 것은 평등의 원칙에서 벗어난다고 주장할 수 있다. 따라서 경제학자와 조세정책 담당자는 조세정책을 수립할 때 수평적 평등의 원칙을 고려하지만 쉽게 지킬 수 없는 원칙이라고 할 수 있다.

수익자부담원칙 수익자부담원칙(benefits-received principle)은 정부정책의 혜택을 받는 사람이 해당 정책집행에 필요한 조세를 납부해야 한다는 원칙이다. 한 도시가 민간요트 소유주가 사용하는 요트 계류장을 운영한다면, 정부는 요트 소유주에게 세금을 부과하여 운영비용을 조달할 수 있다.

사회적 목적 조세는 사회적 목적을 달성하는 데 사용되기도 한다. 정부는 흡연과 음주를 억제하기 위해 담배와 술에 대해 관세하여 목적을 달성할 수 있다. 어떤 활동을 억제하기 위한 의도를 가지고 부과하는 조세를 죄악세(sin tax)라고 한다.

〈표 9-2〉는 한국의 조세체계를 나타낸다. 한국의 조세는 국세와 지방세로 나누어진다. 국세는 소득세, 법인세, 상속세 및 증여세 등 14개로 구성된다. 지방세는 취득세, 등록면허세, 재산세 등 11개가 있다.

| 표 9-2 | 한국의 조세체계

- 조세 (25개)
  - 국세 (14개)
    - 소득세–「소득세법」
    - 법인세–「법인세법」
    - 상속세, 증여세–「상속세와 증여세법」
    - 종합부동산세–「종합부동산세법」
    - 부가가치세–「부가가치세법」
    - 개별소비세–「개별소비세법」
    - 교통 · 에너지 · 환경세–「교통 · 에너지 · 환경세법」
    - 주세–「주세법」
    - 인지세–「인지세법」
    - 증권거래세–「증권거래세법」
    - 교육세–「교육세법」
    - 농어촌특별세–「농어촌특별세법」
    - 관세–「관세법」
  - 지방세 (11개) –「지방세법」
    - 취득세
    - 등록면허세
    - 레저세
    - 담배소비세
    - 지방소비세
    - 주민세
    - 지방소득세
    - 재산세
    - 자동차세
    - 지역자원시설세
    - 지방교육세

주 : 1) 토지초과이득세는 1998년 12월 28일 자산재평가세는 2000년 12월 31일, 전화세는 2001년 9월 1일 폐지

2) 2001년 1월부터 지방세분 교육세(국세)가 지방교육세(지방세)로 전환

3) 2005년 1월 1일 종합토지세 폐지, 2007년 7월 19일 부당이득세 폐지

4) 2010년 1월 1일 사업세 · 농업소득세 폐지, 지방소비세, 지방소득세 신설

자료 : 기획재정부(2018. 6.), 『2018 조세개요』

질문의 답 찾기

교도소를 민영화하면 효율성이 증가할까?

올리버 하트(Oliver Hart) 등은 공공부문과 민간부문이 갖는 생산효율성문제를 비교연구하였다.
미국 일부 주에서는 교도소를 민영화하였다. 민간기업에 하청을 주어 교도소운영을 위탁했다. 1985년 민영교도소는 죄수 1,280명을 수용하였다. 1994년에는 5만 명으로 늘어나 미국 전체 죄수 약 3%를 차지하였다.
민영교도소는 정부와 계약을 맺고 정부가 요구하는 조건을 지키며 운영수익은 기업이 가져간다. 민영교도소 운영비는 정부가 운영하는 교도소보다 평균 10% 낮았다. 원인은 직원임금이 더 낮기 때문이었다. 임금 비중은 교도소 전체 운영비의 3분의 2를 차지하였다. 민영교도소는 인건비를 낮추기 위해 상대적으로 숙련도가 낮고, 노조가입 비율도 낮은 간수를 고용하였다.
그렇다면 질서와 안전, 비폭력, 서비스 질, 법률적 도움, 교육 접근성 등 교도소의 질은 어떨까? 테네시주 교도소 세 곳(두 곳 정부운영, 한 곳 기업운영)에서 발생한 부상자 수를 비교해보자. 15개월 동안 민영교도소에서는 214명의 부상자가 발생한 반면, 정부운영 교도소 두 곳에서는 각각 21명과 51명의 부상자가 발생하였다. 민영교도소에서는 정부운영 교도소보다 약 4~10배 이상 싸움이나 충돌이 더 일어났다. 일부 민영교도소에서는 비용을 절감하기 위해 훈련받지 않은 창고 경비원을 간수로 고용하였다. 교도소의 질을 희생시키고 비용을 선택했기 때문이다.

자료 : 마야 보발레(2013), 『인센티브와 무임승차』

시사경제용어

- 나고야 의정서 : 국가 간에 유전자원(genetic resources)을 활용해 생기는 이익을 공유하기 위한 지침을 담은 협약이다. 우리나라는 2018년 8월 18일부로 정식 발효됐다. 한국은 유전자원의 대다수를 국외에서 수입하고 있으며 의약품이나 화장품산업에서 막대한 피해를 볼 것으로 예상된다.
- 에너지저장시스템(ESS) : 전력 사용량이 적은 시간에 전기를 저장했다가 사용량이 많은 시간에 공급해 에너지효율을 높이는 시스템이다.
- 슈퍼그리드(Supergrid) : 거대한 전력망을 의미하는 용어로 국가 간 전력 계통을 연결하는 에너지 수송 네트워크를 의미한다. 현재 전 세계적으로 추진되고 있는 대표적인 슈퍼그리드 프로젝트로는 북유럽 슈퍼그리드가 있다.

연 · 습 · 문 · 제

EXERCISE

01 긍정적 외부효과와 부정적 외부효과를 비교하시오.

02 다음의 경우 각각 외부비용이 발생하는지 외부편익이 발생하는지 밝히고, 적절한 정책적 대응을 제시하시오.

① 대구지역 도심은 오랜 기간 나무를 심어온 덕분에 대기의 질이 향상되고, 여름철 기온을 낮추는 효과를 가져왔다.

② 주택소유자가 용수절약형 시설을 갖추어 다른 곳에서 물을 끌어올 필요가 없어서 물 소비 증가량에 대한 비용이 0이라고 할 수 있다.

③ 낡은 컴퓨터 모니터를 제대로 폐기하지 않으면 독성물질을 유출시켜 환경오염을 가져오게 된다.

03 민영은 대학도서관에서 경제학 교재를 대출하고 연체를 하고 있는 학생들은 다른 학생들에게 부정적인 외부효과를 준다고 생각하고 있다. 민영은 도서관 연체료를 크게 인상하여 연체를 방지해야 한다고 주장하고 있다. 민영의 주장은 경제학적 논리를 갖추고 있는가?

04 2018년 한국정부는 대학생 국가장학금 예산으로 약 4조 6,800억 원을 편성하였다. 이러한 정부지원이 지식창조를 촉진하기 위한 적절한 정책이라고 할 수 있는가?

05 공공재와 사유재의 차이점을 설명하시오.

06 배제성과 경합성에 따라 다음 재화를 구분하시오.

① 공원사용 공공장소

② 치즈 까망베르

③ 비밀번호 접근보호 웹상 정보

④ 일반에 발표된 진행중인 태풍 이동경로 정보

07 서울 도심에 진입하는 차량에 대해 2만 원의 혼잡세를 부과한다고 하자. 서울의 혼잡세가 도심부의 오염 및 교통혼잡 정도에 어떤 영향을 줄 것으로 보이는가?

CHAPTER 10

국민소득과 물가

한국에서 1년간 생산되는 총생산물의 시장가치는 얼마인가?

한 경제 내에서 이루어지는 모든 경제활동을 총경제활동(aggregate economic activity)이라고 한다. 거시경제학은 총경제활동에 대한 연구이다. 거시경제학 분야는 지난 세기 동안 크게 발전해 왔다. 제1차 세계대전 이전에는 어떤 국가도 총경제활동을 측정하는 체계를 갖추지 못하였다. 당시 경제학자는 큰 그림의 작은 조각들을 바라보면서 무슨 일이 일어났는지를 추측할 뿐이었다. 오늘날 우리는 무슨 일이 일어나고 있는지를 추측할 필요가 없다. 현대경제는 총경제활동수준을 측정하는 복잡한 체계를 갖추고 있다. 경제총량(aggregate economy)을 정교하게 측정하면서 거시경제에 대해 보다 심도있는 연구를 할 수 있게 되었다. 한 경제가 생산하는 총생산물의 시장가치는 어떻게 계산하는지 알아보자.

10.1 거시경제학의 범위

거시경제학은 1930년 미국 등 선진국을 휩쓴 대공황을 극복하는 과정에서 등장하였다. 심각한 불황이 몇 년째 계속되면서 대규모의 인구가 실업상태에 놓이게 되었으며, 경제도 장기적인 파탄에 빠져 회복의 기미를 보이지 않았다. 수요와 공급의 법칙은 사라지고 시장도 제 역할을 하지 못하였다. 전통경제학이 공황문제를 해결하지 못하자 영국의 경제학자 케인즈(J. M. Keynes)가 거시경제적 총량변수들 간의 관계를 직접 모형화하여, 불황이 장기화할 가능성을 설명하고 수요 중심의 경제정책을 제안함으로써 거시경제학을 출범시켰다.

왜 선진국의 국민소득수준은 개발도상국의 국민소득보다 높은가? 1인당 국민소득 40,000달러를 달성하면 국민들의 생활수준은 어떻게 달라지는가? 물가가 언제 급격하게 상승하는가? 실업이 지속적으로 높은 수준을 유지하는 이유는 무엇인가? 어느 국가는 경제가 빠른 속도로 성장하고, 다른 국가들은 느린 속도로 성장하는가? 위와 같은 질문에 대한 대답을 찾는 것이 거시경제학의 주요 분석대상이라고 할 수 있다.

1. 거시경제학이란?

거시경제학(macroeconomics)은 경제 전체의 움직임을 연구대상으로 삼는다. 즉 국민경제 전체의 국민소득, 물가, 실업률 등 경제 총량변수(economic aggregates)를 통해 거시적 시각으로 경제 전체를 살펴보는 것이다. 미시경제학(microeconomics)은 개별의사결정단위가 어떻게 활동하는가에 관심을 두고 있다. 주된 관심 분야는 개별소비자와 기업의 의사결정이 이루어지는 과정과 시장에서의 상호작용에 있다.

거시경제는 가계, 기업, 정부 및 외국과 같은 경제주체들이 여러 재화시장에서 상호작용하는 과정으로 구성되어 있다. 거시경제현상은 거시경제학뿐만 아니라 미시경제학과도 밀접한 관계가 있다. 수요와 공급의 원리는 미시경제학에서는 물론 거시경제학에서도 주요한 개념이다.

2. 거시경제학의 질문

〈표 10-1〉은 경제학에서 자주 제기되는 몇 가지 질문을 제시하고 있다. 구체적으로 미시경제학과 거시경제학에서 제기할 수 있는 질문을 비교하고 있다.

표 10-1 | 경제학의 주요 질문

미시경제학	거시경제학
• 대학원에 진학해야 할까 아니면 취업해야 할까? • 현대자동차가 경영학과 졸업생 전상훈에게 지급하는 연봉은 어떻게 결정되는가? • 대학에서 새로운 강좌를 개설하는 데 필요한 비용을 결정하는 요인은 무엇인가? • 정부는 저소득층 학생의 대학진학을 돕기 위해 어떤 정책을 선택할 수 있는가? • 부산은행이 새로운 베트남 하노이 지점 개설 여부를 결정하는 요인은 무엇인가?	• 올해 경제 전체의 취업자 수는 모두 얼마나 될까? • 1년 동안 경제 전체의 노동자에게 지급되는 총급여액을 결정하는 요인은 무엇인가? • 경제 전체의 물가수준을 결정하는 요인은 무엇인가? • 정부는 경제 전체의 고용과 성장을 촉진하기 위해 어떤 정책을 채택할 수 있는가? • 한국과 다른 국가 간 상품, 서비스, 금융자산 등의 교역을 결정하는 요인은 무엇인가?

미시경제학의 질문은 개인과 기업이 어떻게 의사결정을 내리며, 의사결정이 어떤 결과를 가져오는지에 초점을 둔다. 예를 들어 미시경제학은 대학에서 새로운 강좌를 개설하는 데 드는 비용(강사급여와 강의교재 등 비용)이 얼마인지를 결정하는 데 이용된다. 대학은 결정된 강좌 개설비용과 수익을 비교하여 강좌 개설 여부를 결정한다.

거시경제학은 개인과 기업의 행동이 서로 작용하여 경제 전체에 어떤 움직임과 성과를 가져오는지 분석한다. 즉 거시경제학은 특정 상품이나 서비스의 가격 대신 경제 전체의 일반적인 물가수준이 얼마나 되며, 지난해보다 얼마나 상승했는지에 관심을 갖는다.

거시경제학의 질문에 대한 답은 미시경제학의 질문에 대한 답을 단순히 더하여 구할 수 없다. 개별상품이나 서비스의 수요와 공급에 대한 분석결과를 모두 더하여 경제 전체의 물가수준변화를 모두 알 수 없기 때문이다. 따라서 거시경제학의 질문에 답하기 위해서는 추가적인 분석도구와 평가기준이 필요하다.

3. 거시경제학의 분석대상

미시경제학에서는 한 경제가 사용할 수 있는 자원의 양이 일정하게 주어진 것으로 가정하고 있다. 이 가정을 전제로 개인과 기업이 경제활동의 선택을 통해 자원을 배분하는 데 관심을 갖는다. 따라서 미시경제학은 인플레이션, 실업 및 성장과 같은 거시적인 문제보다는 개별시장의 자원배분 및 소득분배와 같은 미시적인 문제에 중점을 둔다.

현실에서는 사람들이 사용하는 경제적 자원의 양이 고정되어 있는 것은 아니다. 노동이 초과공급되어 실업이 발생하는 것처럼 사용할 수 있는 자원의 일부가 사용되지 못할 수도 있다. 장기적으로 경제성장이나 경기후퇴를 통해 사용가능한 자원의 총량이 변할 수도 있다.

미시경제학은 경제적 여건이 주어졌다고 가정하고 개별경제주체가 어떤 선택행위를 하고 있는지를 분석하기 때문에 현실문제를 분석하는 데 일정한 한계를 갖는다. 경제적 여건이 변하지 않는다고 가정하지만 실제로는 변화하기 때문이다. 재화가격과 소득이 일정하다고 가정하고 소비자이론을 전개하지만, 실제로는 다양하게 변화하는 것이 사실이다. 미시경제학은 경제학적 변수가 변하는 원인을 모두 설명하지 못하고 있다. 거시경제학과 미시경제학은 몇 가지 측면에서 중요한 차이점을 갖는다.

첫째, 단기에 있어서는 각 개인의 의사결정을 모두 합한 결과가 각 개인이 의도했던 결과와는 크게 다를 수 있다. 실제로 거시경제의 변화는 개인의 행동이나 개별시장이 결과를 모두 합한 것보다 큰 경우가 많다. 가계나 기업이 경기악화에 대비해 지출을 줄이면 전체 경제는 기대한 것보다 더욱 악화될 수 있다. 따라서 경제위기에 대비해 저축을 늘리는 행동과 같은 개인이나 기업에게는 미덕이 되는 행동이 경제 전체에는 해가 될 수 있다. 궁극적으로 개인이나 기업에도 불리하게 작용할 수 있다.

둘째, 경제주체의 개별경제활동이 거시경제 성장에 영향을 줄 수 있다. 가계나 기업이 미래를 낙관적으로 보고 지출과 투자를 늘리면, 경제를 자극하여 기업이 더 많은 노동자를 고용하도록 하여 실제로 경제 전체가 성장할 수 있다.

셋째, 미시경제의 영역에서는 시장이 제대로 작동하지 않을 때는 정부개입이 매우 제한적으로 허용되는 반면, 거시경제 영역에서는 정부개입이 상대적으로 크게 요구되고 있다는 점이다. 정부는 언제나 경제적 충격이 거시경제에 미치는 영향을 방지하거나 감소시키기 위해 노력하게 된다.

마지막으로 거시경제학은 이론과 정책을 전개하는 과정에서 상품시장, 서비스시장, 노동시장 및 자산시장의 데이터를 종합하는 경제척도인 경제총량(economic aggregates)에 중점을 두고 있다. 즉 개별상품가격이나 개별경제주체의 행동변화를 분석하기보다는 총체적인 물가 및 경제 동향을 파악하고자 할 때 거시경제학적 분석방법이 더욱 강점을 보인다. 거시경제학이론은 국민경제를 하나의 분석단위로 삼아 거시경제변수 간의 상호 연관관계를 분석하는 데 중점을 두는 경제학 분야라고 할 수 있다.

거시경제학자는 경제 전체를 파이라고 할 때 파이의 크기를 알고 싶어 하며, 파이 속에 무엇이 들어 있고 어떻게 나누어 먹을지에는 관심이 적다. 한편 미시경제학자는 파이의 적당한 크기와 모양을 가정하고, 사용한 재료와 먹을 사람에 대해서 관심을 더 기울인다.

거시경제학은 국가 전체의 물가수준, 국민소득을 의미하는 국가 전체의 총산출량(aggregate output), 고용수준 그리고 수출입 등 해외부문을 주요 관심대상으로 삼고 있다. 물가가 지속적으로 상승하면 국민들은 주어진 소득으로 보다 적은 상품과 서비스를 소비할 수밖에 없으므로 경제생활이 어려워진다. 국가 전체가 생산하는 총생산수준, 즉 국민소득수준이 적정수준에 도달하지 못하면 기업활동이 위축되어 경기가 침체되고 실업이 늘어나는 결과를 가져온다. 한 국가의 국민경제는 국제무역 등 외국경제와도 밀접한 연관을 가지고 있다. 국제수지, 환율, 외환보유고 등도 국민생활수준을 결정하는 주요 요인이 된다. 한국과 커다란 교역규모를 보여주고 있는 미국, 유럽, 중국, 일본의 경제상황과 관계 설정도 우리나라 경제에 중요한 영향을 주고 있다.

경제학자

존 메이너드 케인즈(John Maynard Keynes, 1882~1946)

20세기 초반 반자유방임 "정부가 시장에 적극 개입해야"

1929년 미국에서 대공황이 시작되면서 고전적 자유주의 경제 이론에 의문이 생겼다. 주가는 하루아침에 40% 이상 폭락했고 뉴욕 허드슨강에는 매일 수십 명이 뛰어들어 자살했다. 생산은 많은데 소비가 뒤따르지 않는 것이 문제였다.

영국의 경제학자 케인즈는 시장을 자유방임상태로 두더라도 문제는 해결되겠지만, 시간이 너무 오래 걸린다고 판단했다. 따라서 정부가 적극적으로 시장에 개입하여 재정지출을 늘리고 대규모 공공사업을 벌려야 한다고 주장하였다. 이런 생각을 담은 『고용, 이자 및 화폐의 일반이론』이라는 책을 1936년에 펴냈다.

모든 정책이 효과를 발휘하지 못하는 상황에서 미국은 1930년대에 케인즈의 처방을 채택했다. 루스벨트 대통령의 뉴딜정책은 케인즈의 이론에 기초한 것이다. 케인즈 처방은 효과가 있었고, 세계공황의 구원자가 되었다.

4. 거시경제학의 이론과 정책

거시경제학은 미시경제학에 비해 경제정책에 대해 더욱 관심을 기울인다. 정부는 거시경제 성과를 높이기 위해 무엇을 해야 하는가? 1930년대 대공황(the Great

Depression)을 겪으며 경제정책에 대한 중요성이 더욱 커졌다. 경제학자는 대공황 이전만 해도 경제는 스스로 조정(self-regulating)된다고 생각했다. 실업이나 인력 부족과 같은 경제불균형은 시장의 보이지 않는 손이 해결해주고, 경제문제해결을 위한 정부개입은 효과가 없고 상황을 더욱 악화시킬 뿐이라고 믿었다. 1936년 대공황은 미국 노동력의 4분의 1을 실업자로 만들고 세계 전체를 경기침체의 수렁에 빠뜨리면서, 경제학자는 경기침체를 이해하고 해결하는 방안을 찾기 위해 노력하기 시작했다. 특히 정부가 거시경제를 관리하기 위해 적극적인 역할을 해야 한다는 견해가 강하게 대두되었다.

영국의 경제학자 케인즈(John Maynard Keynes)는 1936년 『고용, 이자율 및 화폐의 일반이론』을 출판하며, 거시경제학의 출범을 알렸다. 케인즈학파 경제학(Keynesian economics)은 정부가 통화정책(monetary policy)과 재정정책(fiscal policy)을 실시하여 수요부문을 촉진하면서 경기침체에서 벗어날 수 있다고 주장한다. 통화정책은 통화량을 조절하여 이자율을 변화시키고 결과적으로 총지출 수준에 영향을 주는 정책이다. 재정정책은 조세와 정부지출 변화를 이용하여 총지출에 영향을 주는 정책이다.

케인즈는 정부가 책임을 지고 경제를 관리해야 한다는 사고를 정립시켰다. 케인즈의 사고는 경제이론과 공공정책에 지속적으로 영향을 미쳐왔으며, 각국 정부가 불황에서 벗어나기 위한 경제학적 방법론을 제공해왔다.

10.2 국민소득의 측정

대부분 국가는 국민소득계정(national income and product accounts) 또는 국민계정(national accounts)을 계산하여 보고하고 있다. 한 국가의 정확한 국민계정은 해당 국가의 경제발전 정도를 파악할 수 있는 척도가 된다. 선진국일수록 국민계정에 대한 신뢰도가 높고, 저개발국을 지원할 때도 먼저 국민계정을 평가한다.

한국에서는 한국은행이 국민계정을 작성하고 있다. 국민소득계정 또는 국민계정은 소비자의 소비지출, 생산자의 매출, 기업의 투자지출, 정부의 물품구매와 같은 서로 다른 경제부문 간 화폐의 흐름을 측정한다.

경제학자는 경제가 생산하는 상품과 서비스의 총체적 시장가치를 측정하기 위해 국민계정을 이용한다. 국민계정의 척도는 국내총생산(Gross Domestic Production : GDP)이라고 부른다. 국내총생산을 이해하기 위해서는 다양한 상품과 서비스 간의 차이점, 특히 중간재(intermediate goods and services)와 최종재(final goods and services) 간의 차이점을 먼저 알아볼 필요가 있다.

1. 생산, 소득 및 지출의 순환

한 사람의 생활수준이나 경제적 능력을 파악하려면 우선 소득수준을 알아야 한다. 마찬가지로 한 국가의 경제수준을 파악하려면 모든 구성원의 총소득인 국내총생산(GDP)을 알아야 한다. GDP는 경제구성원의 소득 총액 측면과 생산되는 모든 상품 및 서비스 구입을 위한 지출 총액 측면 등 두 가지 측면에서 살펴볼 수 있다. GDP를 통해서 소득과 지출을 동시에 측정할 수 있는데, 전체 경제에서 볼 때 소득과 지출이 같기 때문이다.

[그림 10-1]은 한 국가경제의 순환모형이다. 여기에서는 해외부문이 없는 폐쇄경제(closed economy)를 가정한다. 가계는 생산물시장을 통하여 기업으로부터 상품과 서비스를 구입한다. 상품과 서비스 구입의 대가인 소비지출은 생산물시장을 경유하여 기업으로 흘러간다. 가계는 소비(C)만큼 지출하지만, 기업은 상품과 서비스를 판매한 가계의 소비(C)와 기업의 투자(I)를 합한 총지출($E=C+I$)만큼 수입을 얻는다.

기업은 상품과 서비스를 판매하여 얻은 수입으로 사원에게 임금, 토지 소유자에게 지대, 예금자와 주주에게는 이자와 이윤을 지불한다. 기업이 지불하는 국민소득($Y=GDP$)은 생산요소시장을 통해 가계에 전달된다.

■ **그림 10-1** 국가경제의 순환모형

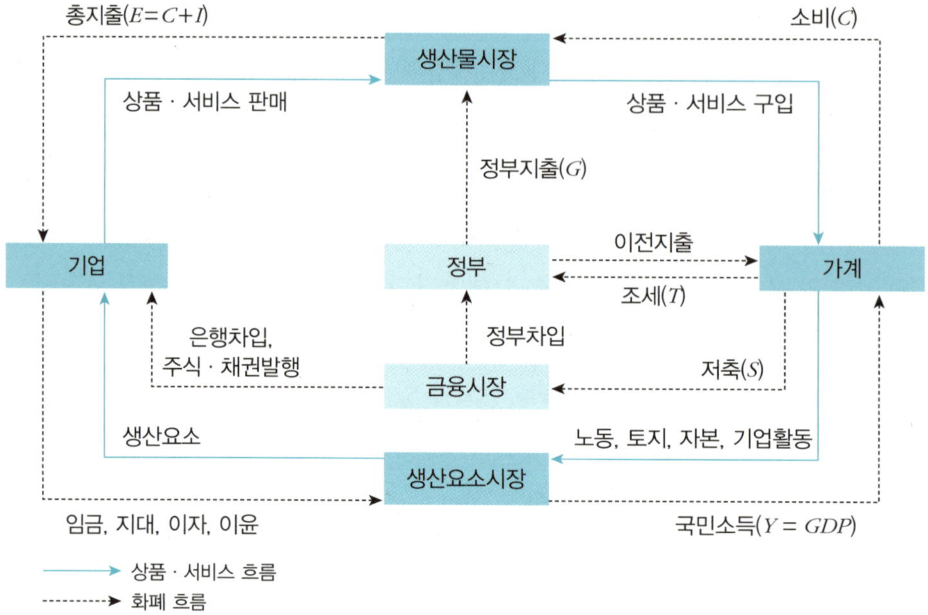

가계가 저축(S)을 통해 금융시장에 자금을 공급하면 기업은 은행차입이나 주식, 채권발행을 통해 자금을 조달한다. 정부는 가계로부터 조세(T)수입을 얻고 금융시장에서 정부 차입으로 필요한 자금을 조달한다. 정부는 조세와 정부차입을 통해 확보한 자금을 가지고, 생산물시장에서 상품과 서비스를 구입하는 대가로 정부지출(G)을 하고 가계에 이전지출(transfer payment)을 제공한다.

국가경제에서는 가계, 기업 및 정부 사이에 상품과 서비스, 생산요소 및 자금이 지속적으로 순환한다고 할 수 있다. 국내총생산(GDP)은 가계, 기업 및 정부가 상품과 서비스를 구입하는 총지출이나 기업이 생산요소를 구입하고 가계에 지불하는 총소득을 통해서 계산할 수 있다.

2. 국내총생산(GDP)의 계산

국내총생산(GDP)의 특징

국내총생산은 일정기간 동안 한 국가 내에서 생산된 최종상품과 서비스의 시장가치 총계이다. GDP는 몇 가지 특징을 갖는다. 첫째, GDP는 한 국가의 국경 내에서 생산된 상품과 서비스의 가치를 측정한다. 미국국민이 한국에서 일한다면 그 사람의 생산활동은 한국의 GDP에 포함된다. 반면 한국기업이 중국에 있는 생산공장에서 생산하는 상품은 한국의 GDP에 포함되지 않는다. 둘째, GDP는 일정한 기간 동안에 생산된 생산물의 가치를 나타낸다. 일정기간은 대개 1년을 의미하며, GDP는 유량(flow)의 개념이라고 할 수 있다. 셋째, GDP는 최종재, 즉 최종상품과 서비스(final goods and services)를 의미한다. 다른 상품을 생산하는 데 들어가는 중간재(intermediate good)는 GDP 계산에 포함되지 않는다. 밀가루로 빵을 만들었다면 빵은 GDP에 들어가지만 밀가루는 제외된다.

생·활·경·제·학

빵의 부가가치는 어떻게 계산하는가?

농부가 밀을 재배하여 제분업자에게 1만 원에 팔았다면, 농부는 1만 원의 부가가치를 생산하였다. 제분업자는 밀을 밀가루로 만들어 제빵업자에게 3만 원에 팔았다면 제분업자는 2만 원의 부가가치를 유발하였다. 제빵업자는 밀가루를 3만 원에 구입하여 빵을 만들어 7만 원에 판매하였다면 4만 원의 부가가치를 발생시켰다고 할 수 있다. 이때 GDP는 최종생산물인 빵의 가치인 7만 원 또는 부가가치의 합인 1+2+4=7만 원으로 계산한다.

생산자	상품가치	부가가치
농부	1만 원	1만 원
제분업자	3만 원	2만 원 (3−1=2만 원)
제빵업자	7만 원	4만 원 (7−3=4만 원)

중간생산물은 다른 상품으로 새롭게 변형되어 다시 판매되기 때문에 GDP에 포함하면 이중계산(double counting)이 되므로 GDP에 포함되지 않는다. 최종생산물의 가치는 생산과정의 각 단계에서 새로 창출된 부가가치(value added)의 합을 의미한다.

국민소득을 나타내는 다른 개념으로 국민총생산(Gross National Product : GNP)이 있다. 일정기간 동안 한 국가 국민들이 생산한 모든 최종 상품과 서비스의 시장가치로 나타낸다. 외국에서 이루어지는 생산을 포함한 해당 국가 국민이 생산하는 최종 상품과 서비스 가치의 총합으로 측정한다. 경제개방으로 많은 국가는 국내생산의 큰 부분을 외국인 자본과 노동을 통해 성취하면서 GDP가 GNP보다 국가경제수준을 더 정확하게 측정하는 지표로 인정받게 되었다.

생 · 활 · 경 · 제 · 학

국민소득의 종류에는 어떤 것들이 있는가?

GDP(Gross Domestic Product : 국내총생산)
- : 국내에서 외국인에게 지불된 요소소득
+ : 해외에서 내국인이 벌어온 소득
= GNP(Gross National Product : 국민총생산)
- : 감가상각
= NNP(Net National Product : 국민순생산)
- : 간접세
+ : 보조금
= NI(National Income : 국민소득)
- : (법인이윤−배당금)
- : 사회보험 지불
+ : 정부와 소비자로부터 받은 개인이자소득
+ : 정부로부터의 이전지출
= PI(Personal Income : 개인소득)
- : 개인세
= DI(Disposable Income : 가처분소득)

그림 10-2 주요 국민소득지표의 범위 비교(2017년 잠정치, 당해년 가격기준)[1]

(단위 : 조 원)

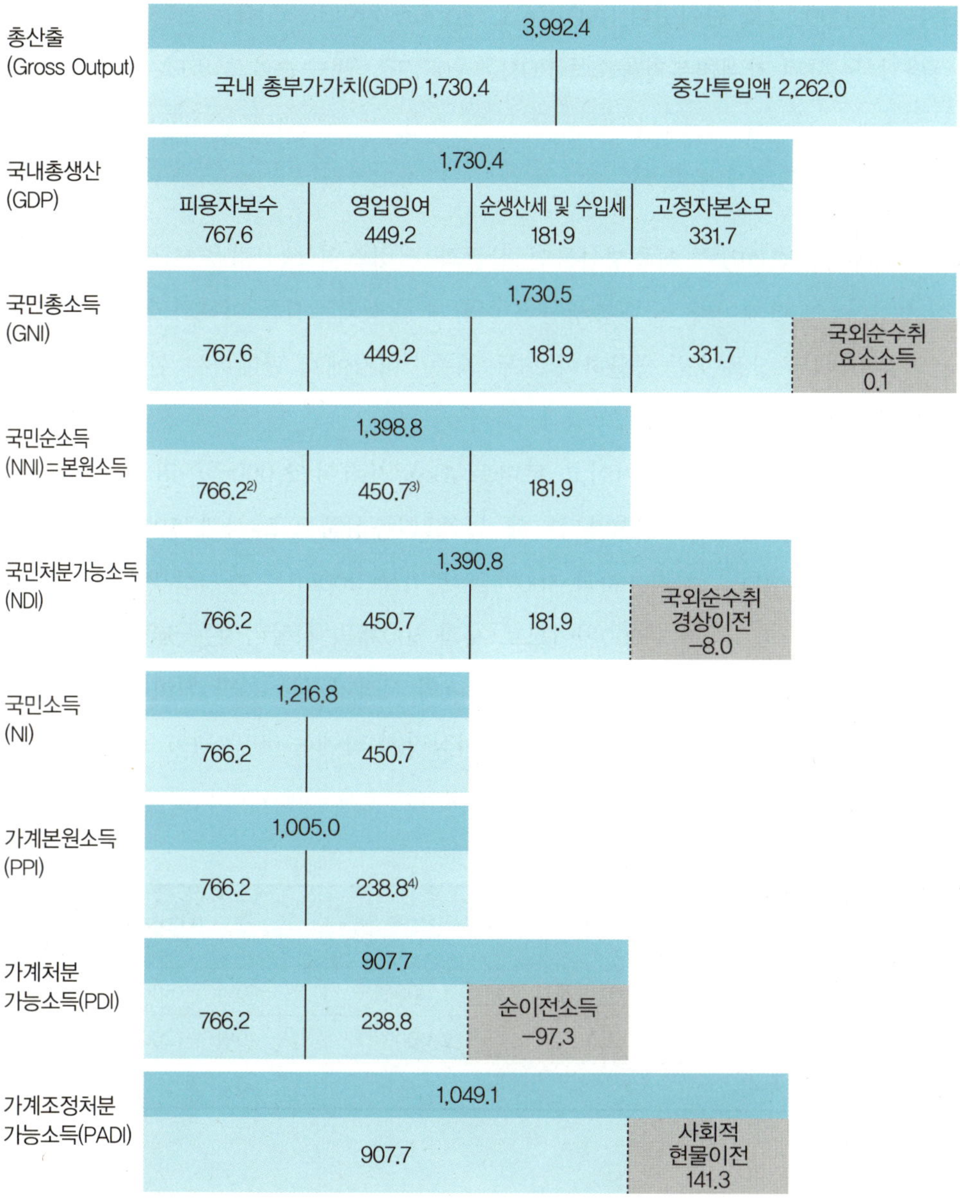

주 : 1) 반올림 등으로 인해 일부 수치 간 불일치가 있을 수 있음
2) 국외순수취 피용자보수 포함
3) 국외순수취 영업잉여 및 재산소득 포함
4) 가계의 영업잉여 및 재산소득

자료 : 한국은행(2019)

[그림 10-2]는 2017년 주요 국민소득지표의 포괄 범위를 비교하고 있다. 총산출은 약 3,992.4조 원이었다. GDP는 1,730.4조 원이고, GNI는 1,730.5조 원으로 나타났다. 한편 가계처분가능소득(PDI)은 907.7조 원 수준을 보였다.

국내총생산(GDP)의 측정

국내총생산(GDP)은 최종생산물인 상품과 서비스의 생산량을 시장가격과 곱하여 얻은 값의 합계이다. 국내총생산이 어떻게 측정되는지를 이해하기 위해 사과와 토마토라는 두 상품만을 생산하여 모두 최종소비자에게 판매하는 한 경제를 가정해보자.

사과 1개 가격이 1,000원이고 토마토 1kg 가격이 2,000원이라고 하자. 〈표 10-2〉처럼 한 경제가 2018년 한 해 동안 최종상품으로 사과 500개와 토마토 200kg을 생산했다고 하자. 사과 500개와 토마토 200kg은 가치로 바꾸어 합산할 수 있다. 즉 사과 1개가 1,000원이므로 사과 500개의 시장가치는 50만 원이고, 토마토는 1kg에 2,000원이므로 토마토 200kg의 시장가치는 40만 원이다. 따라서 이 경제가 한 해 동안 생산한 최종생산물의 시장가치 합계는 90만 원이 된다.

| 표 10-2 | 국내총생산 측정

재화 \ 구분	생산량	가격	시장가치
사과	500(개)	1,000원	50만 원(500×1,000)
토마토	200(kg)	2,000원	40만 원(200×2,000)
시장가치 총합			90만 원

생·활·경·제·학

왜 주식이나 중고차 거래는 국내총생산에 포함되지 않는가?

많은 사람들이 매일 많은 양의 주식을 사고판다. 그러나 주식 거래 자체는 국내총생산에 포함되지 않는다. 왜 그럴까? 주식은 새로 생산된 상품이나 서비스가 아니기 때문이다. 주식 거래는 단순히 회사의 소유권에 대한 청구서가 거래되는 것에 불과하다. 같은 이유로 채권이나 토지의 거래도 국내총생산에 포함되지 않는다. 그렇다고 주식 거래가 국내총생산과 전혀 관계가 없는 것은 아니다. 주식을 거래하기 위해서는 주식을 파는 사람과 사는 사람을 연결시켜주는 브로커의 서비스가 꼭 필요하다. 이 서비스는 새로 생산된 것이므로 국내총생산에 포함된다.

중고차나 이미 건축된 주택도 몇 년 전에 생산된 재화이고, 당시의 국내총생산에 이미 포함되었기 때문에 현재 이루어지는 중고차 거래나 기존주택의 거래는 국내총생산에 포함되지 않는다. 거래의 중개 역할을 하는 중고차 거래상이나 부동산 중개인의 서비스는 새로 생산되었으므로 국내총생산에 포함된다.

정부가 지급하는 생활보조금이나 실업수당도 국내총생산에 포함되지 않고 이전지출이라고 한다. 이전지출은 새로 생산된 상품이나 서비스의 대가로 지불하는 것이 아니라 정부가 특정 집단에게 일방적으로 돈을 지급하는 행위이기 때문이다.

〈표 10-3〉은 2017년 국내총생산을 나타내고 있다. 생산 측면에서는 서비스업이 914.4조 원으로 가장 큰 규모를 보였고, 제조업이 477.1조 원으로 뒤를 이었다. 분배 측면에서는 피용자보수가 767.6조 원으로 가장 큰 규모를 나타냈다. 지출 측면에서는 민간소비지출이 832.2조 원으로 가장 많았다. 기업의 투자에 해당하는 총고정자본형성은 538.5조 원, 정부소비지출은 265.3조 원으로 나타났다.

표 10-3 국내총생산(2017년 잠정치, 당해년 가격기준)[1)]

(단위 : 조 원)

생산		분배		지출	
농림어업	34.0	피용자보수	767.6	민간최종소비지출	832.2
광공업	479.9	영업잉여	449.2	정부최종소비지출	265.3
(제조업)	(477.1)	고정자본소모	331.7	총고정자본형성	538.5
전기가스수도업	47.5	생산세 및 수입세	187.3	재고증감	−0.8
건설업	93.2	(공제)보조금	5.4	재화와 서비스 수출	745.6
서비스업[2)]	914.4			(공제)재화와 서비스 수입	652.2
총부가가치(기초가격)	1,569.0			통계상 불일치	1.6
순생산물세	161.4				
국내총생산(시장가격)	1,730.4	국내총생산	1,730.4	국내총생산	1,730.4

주 : 1) 반올림 등으로 인해 일부 수치 간 불일치가 있을 수 있음
2) 도소매 및 음식숙박업, 운수 및 보관업, 금융 및 보험업, 부동산 및 임대업, 정보통신업, 사업서비스업, 공공행정 및 국방, 교육서비스업, 보건 및 사회복지서비스업, 문화 및 기타서비스업을 포함

자료 : 한국은행(2019)

〈표 10−4〉는 2017년 국민소득 관련 주요 경제지표를 나타내고 있다. 경제성장률은 3.1%이고, 제조업 성장률은 4.4%로 나타났다. 1인당 GNI는 29,745달러이고, 1인당 PGDI는 16,573달러였다. 생산구조는 전체 GDP에서 서비스업이 58.3%이고, 제조업이 30.4%를 차지하였다. 지출구조를 보면 전체 GDP에서 민간소비지출이 48.1%로 가장 큰 비중을 나타냈다. 정부소비지출은 15.3%를 차지하였고, 총자본형성은 31.1%를 보였다.

| 표 10-4 | 국민소득 관련 주요 경제지표

경제지표	단위	2017p	경제지표	단위	2017p
경제성장률	%	3.1	지출구조		
제조업 성장률	%	4.4	최종소비지출	%	63.4
제조업 성장기여도	%p	1.2	(민간)	%	(48.1)
1인당 GNI	만 원	3,364	(정부)	%	(15.3)
	달러	29,745	총자본형성	%	31.1
1인당 PGDI	만 원	1,874	재화와 서비스수출	%	43.1
	달러	16,573	(−)재화와 서비스수입	%	37.7
생산구조			총저축률	%	36.3
농림어업	%	2.2	(가계순저축률)	%	(7.6)
광공업	%	30.6	총투자율	%	36.2
제조업	%	(30.4)	(국내총투자율)	%	(31.2)
전기가스수도사업	%	3.0	수출입의 대 GNI 비율	%	84.0
건설업	%	5.9	노동소득분배율	%	63.0
서비스업	%	58.3	GDP디플레이터	2010=100	111.2

주 : 반올림 등으로 인해 일부 수치 간 불일치가 있을 수 있음. p는 잠정치
자료 : 한국은행 경제통계시스템(http://ecos.bok.or.kr)

3. 국내총생산(GDP)의 한계

경제학자는 한 경제의 총생산을 측정하기 위해 GDP를 사용한다. GDP는 생산을 측정하는 좋은 척도이지만 한계를 가지고 있다. GDP는 후생수준을 측정하는 척도로도 사용되지만 정확한 척도로서 한계를 갖는다.

총생산 측정의 한계

GDP 측정에는 가계에서 이루어지는 생산과 지하경제에서 이루어지는 생산은 포함하지 않는다.

가계생산 GDP를 측정할 때는 시장에서 구매되고 판매되는 상품과 서비스의 가치만을 포함한다. 요리사가 식당에서 음식을 만들어 판매하면 음식가치는 GDP

계산에 포함된다. 하지만 요리사가 가정에서 가족을 위해 요리를 하면 요리가치는 GDP에 계산되지 않는다. 가계생산(household production)은 사람들이 자신과 가족을 위해 생산하는 상품과 서비스를 의미한다. 가계생산 중에서 가장 중요한 부분은 가정주부가 가족을 위해 제공하는 서비스이다. 어떤 주부가 집안을 청소하고 자녀를 돌보며 가족식사를 준비한다면, 서비스 가치는 GDP에 포함되지 않는다. 만일 주부가 똑같은 서비스를 집 밖에서 대가를 받고 제공하면 서비스 가치는 GDP 계산에 포함된다.

지하경제생산 개인과 기업이 상품과 서비스의 거래를 숨기면 GDP 계산에 포함되지 않는다. 개인과 기업은 종종 마약이나 성매매와 같은 불법적인 상품과 서비스를 거래하거나 벌어들인 소득에 대해 납세를 회피하려고 한다. 숨겨지는 상품과 서비스의 구매와 판매를 지하경제(underground economy)라고 한다. 미국과 같은 선진국의 지하경제규모는 최대 GDP의 10% 정도로 추정된다. 한편 아프리카 국가 등 저소득 국가의 지하경제규모는 GDP의 50% 이상이 될 수도 있다.

후생수준 측정의 한계

GDP는 한 국가의 후생수준을 측정하는 척도로 사용된다. 1인당 GDP는 한 국가의 GDP가치를 인구로 나누어 얻는다. 1인당 GDP가 높은 국가에 사는 국민은 더 나은 삶을 누린다. GDP의 증가는 종종 국민의 후생수준을 높여주지만, GDP는 후생수준을 완전히 측정할 수 있는 척도가 되지 못한다.

여가가치 만일 한 교사가 은퇴했다면 개인적으로 연봉보다 늘어난 여가를 더 가치 있게 여길지라도 GDP는 감소한다. 교사의 후생수준은 증가하지만 GDP는 감소한다.

부정적 외부효과 한 세탁업자가 의류를 세탁하는 서비스의 가치는 GDP에 포함된다. 하지만 세탁업자가 사용하는 화학약품이 공기나 물을 오염시키더라도 GDP는 공해비용을 보상하기 위해 조정되지 않는다. 따라서 GDP는 공해비용만큼 과대

평가되는 결과를 가져온다.

사회문제 범죄문제가 후생수준을 감소시키지만, 경찰, 경비원 및 보안시스템에 대한 지출을 증가시킨다면 GDP를 증가시킬 수 있다. 한편 GDP는 고령화, 이혼율, 마약중독 등 사람들의 후생수준에 영향을 줄 수 있는 요인들의 변화를 반영하여 조정되지는 않는다.

불평등 분배 한 국가는 GDP가 증가하면 더 많은 상품과 서비스를 가질 수 있지만 상품과 서비스는 불평등하게 배분될 수 있다. 따라서 GDP는 개인이 소비하는 상품과 서비스에 대해 정확한 정보를 제공하지 못할 수도 있다.

10.3 명목GDP와 실질GDP

1. 명목GDP와 실질GDP의 개념

국내총생산(GDP)은 한 국가경제가 생산하는 모든 최종생산물의 가치를 시장가격으로 나타낸 수치이다. 하지만 시장가격은 단위가 고정되어 있지 않고, 물가변동에 따라 상승하거나 하락한다. 생산물의 가치 측정기준인 시장가격이 변화하면 GDP를 정확하게 측정할 수 없다. 두 연도 사이의 순수한 GDP 크기만을 측정하기 위해서는 두 연도 사이의 물가수준변화를 제거해야 한다. 한 연도의 국내총생산(GDP)을 당해 연도의 시장가격으로 나타낸 값을 명목GDP(nominal GDP) 또는 경상가격 GDP라고 한다.

두 연도의 명목GDP를 비교해서는 두 연도 사이의 GDP가 실제로 얼마나 변화하였는지를 알 수 없다. 명목GDP의 변화는 생산물의 수량변화와 가격변화가 섞여 있기 때문이다. 두 연도 사이의 실질 생산량을 비교하기 위해서는 실질GDP(real GDP) 또는 불변가격 GDP 개념을 이해해야 한다. 실질GDP는 한 연도의 GDP를 기준연도의 시장가격으로 나타낸 값이다. 즉 상품의 시장가치는 변화가 없는 상태에서 생산량변화만을 측정한 수치라고 할 수 있다.

〈표 10-5〉처럼 한 경제는 사과와 토마토만을 생산한다고 가정하자. 2010년을 기준연도라고 하면, 2018년의 실질GDP는 기준연도의 시장가격을 이용하여 계산할 수 있다. 이때 기준연도 2010년의 명목GDP와 실질GDP는 같은 값을 갖게 된다. 명목GDP는 2010년 47만 원에서 90만 원으로 증가하였다. 하지만 기준연도의 시장가격인 불변가격을 이용한 실질GDP는 2010년 47만 원에서 2018년 70만 원으로 증가하는 데 그쳤다. 명목GDP와 실질GDP가 차이가 나는 이유는 명목GDP에는 2010년에서 2018년 사이의 가격상승부분이 반영되어 있고, 실질GDP는 동일한 가격을 이용하여 생산량변화만을 측정하기 때문이다.

표 10-5 | 명목GDP와 실질GDP의 계산

구분 / 재화	2010년(기준연도)		2018년(해당연도)	
	생산량	가격	생산량	가격
사과 토마토	400(개) 100(kg)	800원 1,500원	500(개) 200(kg)	1,000원 2,000원
명목GDP	(400×800)+(100×1,500)=47만 원		(500×1,000)+(200×2,000)=90만 원	
실질GDP	(400×800)+(100×1,500)=47만 원		(500×800)+(200×1,500)=70만 원	

* 2018년의 실질GDP는 기준연도인 2010년도의 시장가격을 곱하여 계산할 수 있음.

〈표 10-6〉은 한국의 2017년 명목GDP와 실질GDP를 나타내고 있다. 2017년 명목GDP는 1,730.4조 원으로 2016년보다 5.4% 증가하였고, 2017년 실질GDP는 1,556.0조 원으로 2016년보다 3.1% 증가하였다. GDP디플레이터는 2016년 108.7%에서 111.2%로 2.3% 증가하였다.

표 10-6 2017년 중 우리나라의 명목GDP*와 실질GDP*

(단위 : 조 원)

구분	2016년	2017P년	증가율(%)
명목GDP(A)	1,641.8	1,730.4	5.4
실질GDP(B)	1,509.8	1,556.0	3.1
GDP디플레이터 (A/B×100, 2010=100)	108.7	111.2	2.3

* 2010 기준연도, P는 잠정치
자료 : 한국은행(2019)

2. 물가의 측정

2018년 여름 한국에서는 사상 유례없는 폭염이 지속되었다. 농작물 수확이 크게 줄어들면서 농산품을 중심으로 커다란 물가상승이 예상되었다. 한국경제에는 많은 종류의 상품과 서비스가 생산되고 소비되고 있다. 모든 상품과 서비스의 가격을 간단하게 숫자로 표시하기 위해서는 물가지수개념을 이해할 필요가 있다.

물가지수의 개념

경제학자는 소비되는 상품과 서비스의 평균가격변화를 측정하기 위해 일반적인 소비자의 소비재 묶음(consumption bundle)의 전체 가격변화를 추적한다. 가격변화 이전에 구입한 바구니에 담긴 상품과 서비스를 구매하는 데 필요한 비용변화를 계산한다.

전체 물가수준의 변화를 측정하기 위해 선택한 가상의 소비재 묶음을 시장바구니(market basket)라고 한다. 시장바구니에는 사과와 배추만 있다고 가정하자. 폭염이 오기 전 보통 소비자는 1년 동안 사과 200개와 배추 100포기를 소비한다고 하자.

〈표 10-7〉은 폭염이 오기 전후에 시장바구니 안에 있는 상품구매비용을 나타내고 있다. 폭염이 오기 전에는 시장바구니 안의 상품구매비용이 30만 원이었으나 폭

표 10-7 | 시장바구니의 물가계산

가격	폭염 전	폭염 후
사과 배추	500원 2,000원	1,000원 4,000원
시장바구니 상품구매비용 사과(200개) 배추(100포기)	(200개×500원)+ (100포기×2,000원) = 30만 원	(200개×1,000원) +(100포기×4,000원) = 60만 원

염이 온 다음에는 60만 원으로 올랐다. 폭염이 계속되어 사과와 배추의 수확량이 줄어들면서 시장바구니 안의 상품구매비용은 폭염 전보다 2배(=60만 원/30만 원)가 되었다. 즉 구매비용이 100% 증가하였음을 의미한다. 가격변화를 측정하기 위해 사용한 폭염 전을 기준연도로 하면, 폭염으로 인해 사과와 배추의 평균가격은 기준연도에 비해 100% 상승했다고 할 수 있다.

경제학자는 전체 물가수준의 변화를 측정하기 위해 마찬가지로 시장바구니 상품의 구매비용변화를 계산하는 방법을 이용한다. 또 선택된 기준연도의 시장바구니 상품구매비용이 100이 되도록 전체 물가수준의 척도를 단순화하여 물가지수(price index)를 구하였다. 물가지수를 제시할 때는 해당연도와 기준연도의 물가지수로 나타낸다. 〈표 10-7〉에서 예로 든 시장바구니 상품구매비용은 기준연도(폭염 전)에는 30만 원이었지만, 다음 식에 대입하여 해당연도(폭염 후) 시장바구니 상품의 물가지수를 구하면

$$\text{해당연도 물가지수} = \frac{\text{해당연도 시장바구니 상품구매비용}}{\text{기준연도 시장바구니 상품구매비용}} \times 100$$
$$= (\text{60만 원}/\text{30만 원}) \times 100$$
$$= 200$$

으로 계산할 수 있다. 결국 물가지수는 폭염 전(기준연도)에는 100이고, 폭염 후(해당연도)에는 200이 된다. 기준연도 물가지수를 구하면

$$\text{기준연도의 물가지수} = \left(\frac{\text{기준연도 시장바구니 상품구매비용}}{\text{기준연도 시장바구니 상품구매비용}}\right) \times 100$$
$$= (\text{30만 원}/\text{30만 원}) \times 100$$
$$= 100$$

이 된다. 물가지수를 이용하면 폭염으로 인해 사과와 배추의 평균가격이 100% 상승하였다는 사실을 알 수 있다. 전체 물가수준을 측정하는 여러 가지 물가지수 가운데 가장 많이 사용되는 물가지수는 소비자물가지수이다. 소비자물가지수는 경제 전체 최종소비재의 종합적인 물가수준을 측정하여 구한다.

물가지수는 인플레이션수준을 측정하는 데도 사용된다. 인플레이션율(inflation rate)은 공식적인 물가수준의 연간 변화율로 나타낸다. 처음 연도와 다음 연도 사이의 인플레이션율은 다음 식을 이용하여 계산할 수 있다.

$$\text{인플레이션율} = \frac{\text{다음 연도 물가지수} - \text{처음 연도 물가지수}}{\text{처음 연도 물가지수}} \times 100$$

인플레이션율은 대개 백분율로 표시된 소비자물가지수의 연간 변화율을 의미한다.

소비자물가지수, 생산자물가지수 및 GDP디플레이터

한국에서 가장 많이 이용하는 물가지수는 소비자물가지수(Consumer Price Index : *CPI*)라고 할 수 있다.

소비자물가지수 한국의 소비자물가지수(*CPI*)는 도시가계가 일상생활을 영위하기 위해 구입하는 상품가격과 서비스요금의 변동을 종합적으로 측정하기 위해 작성하는 지수이다. 현재 소비자물가지수는 2015년을 기준(=100)으로 가계소비지출에서 차지하는 비중을 1,000분비로 산출하며, 38개 도시의 총소비지출 중 구입

■ **그림 10-3** 2017년도 CPI의 구성(총지수 1,000)

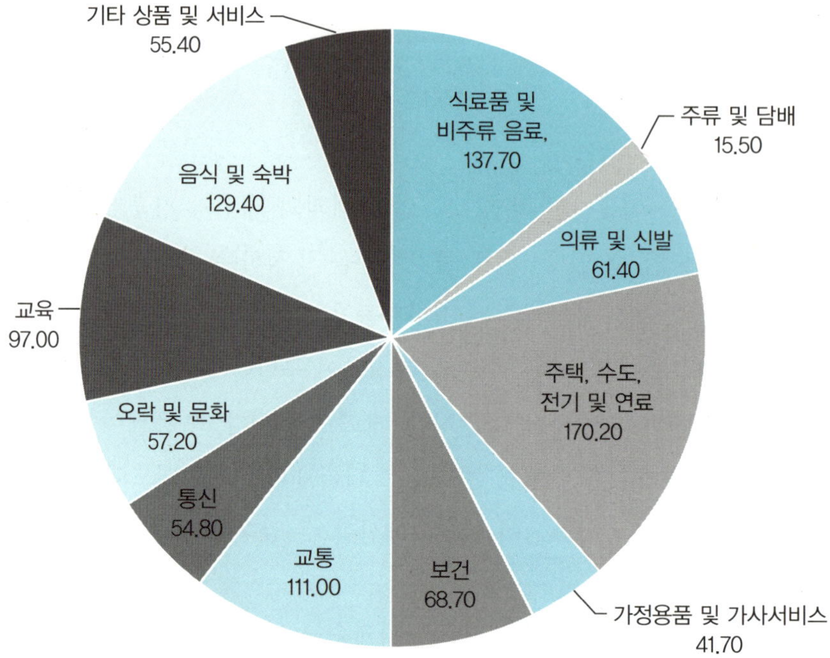

주 : 2015년 기준 가중치(2015=100)
자료 : 한국은행

비중이 큰 약 460개 품목(상품 308개, 서비스 152개)을 대상으로 소비자 구입가격을 기준으로 작성한다. 가구의 소비구조변화를 반영하기 위해 5년 주기로 지수를 개편한다. [그림 10-3]은 CPI 구성을 나타내고 있다. 주택, 수도, 전기 및 연료 약 17.0%로 가장 큰 비중을 차지하였다. 이어서 식료품 및 비주류음료(13.8%)와 음식 및 숙박(12.9%)이 뒤를 잇고 있다.

소비자물가지수는 매월 상품가격과 서비스요금의 변동률을 측정하여 물가상승에 따른 소비자부담, 구매력 등을 측정하는 데 활용된다. 한국의 소비자물가지수는 물가변동이 도시가구의 소비생활에 미치는 영향을 나타내는 지표로 어느 특정 가구나 계층을 대상으로 측정하는 것이 아니라 전체 도시가구의 평균적인 영향을 나타낸다. 체감물가는 소비자가 일상생활에서 자주 구입하는 품목의 가격변동을 느끼는 것이므로 개인별 또는 가구별로 차이가 있을 수 있다. [그림 10-4]는

1965~2017년 사이 한국의 소비자물가지수 변화율을 나타내고 있다. 1970년대 중반 이후 가파른 상승추세를 보여주고 있다. 한편 [그림 10-5]는 같은 기간 한국의 소비자물가상승률을 나타내고 있다. 한국의 소비자물가상승률은 1970년대 석유파

그림 10-4 소비자물가지수의 변화율(1965~2017년)

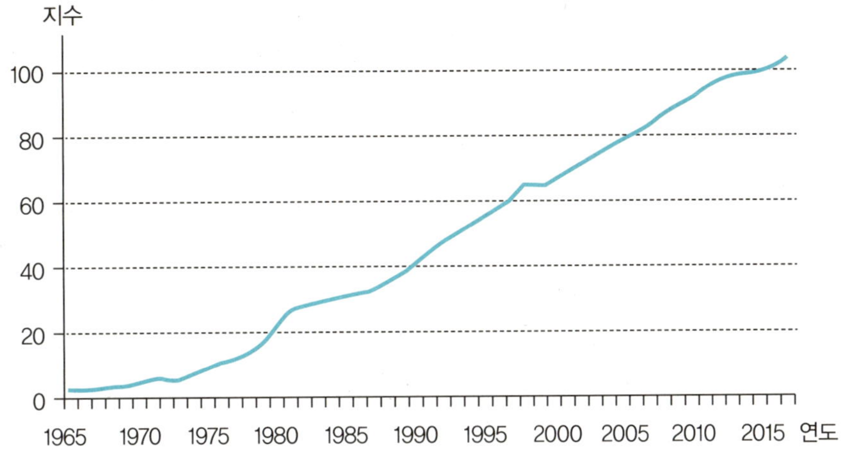

주 : 2015년 = 100
자료 : 한국은행

그림 10-5 소비자물가상승률(1966~2017년)

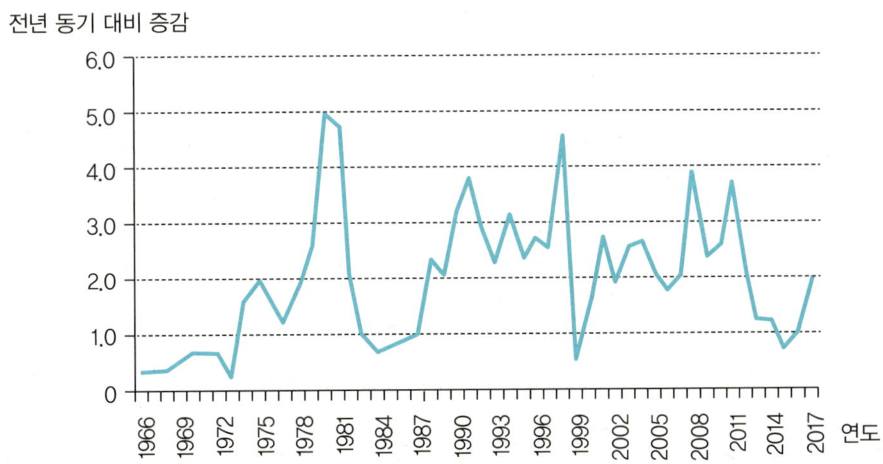

자료 : 한국은행

동을 맞아 급등하였으나, 2008년 세계금융위기 후에는 하락하는 모습을 보여주었다. 소비자물가상승률은 경기변동에 민감하게 반응하는 것을 알 수 있다.

소비자물가지수 외에도 경제 전체의 물가변화를 측정하기 위해 많이 사용되는 지수가 있는데, 생산자물가지수와 GDP디플레이터이다.

생산자물가지수 생산자물가지수(*PPI*)는 국내생산자가 국내시장에 출하하는 상품 및 서비스의 종합적인 가격수준을 측정한 지수이다. 철강, 전기, 석탄 등 원자재가 포함된다. 원자재 생산자는 수요증가에 비교적 신속하게 가격을 인상하기 때문에 생산자물가지수는 소비자물가지수에 비해 인플레이션이나 디플레이션 압력에 더욱 빠르게 반응하는 특성을 갖는다.

한국은행에 따르면 1995년=100 기준지수부터는 경제의 서비스화에 따라 운수, 통신, 금융, 부동산 등의 기업용 서비스를 포함한다. 2010=100 기준지수부터는 음식점, 교육, 문화 · 오락 등 일부 개인서비스도 추가하였다. 생산자물가지수의 조사대상은 총 867개 품목이다. 상품은 국내출하액이 모집단거래액의 1/10,000 이상인 765개를 대상으로 하고, 서비스는 1/2,000 이상 거래비중을 갖는 102개 품목을 대상으로 한다. 국내생산자가 국내시장에 공급하는 상품 및 서비스의 가격변동을 측정하는 통계로서 경기 동향 판단지표가 된다. 2018년 6월 생산자물가지수는 전월 대비 보합세를 보여주고 있으며, 전년 동월 대비 2.6% 상승하였다.

생 · 활 · 경 · 제 · 학

근원물가지수 및 생활물가지수란 무엇인가?

소비자물가지수와 관련된 용어도 생활물가지수와 근원물가지수(농산물 및 석유류 제외지수)가 있다. 생활물가지수는 소비자의 체감물가를 설명하기 위해 구입 빈도가 높고 지출비중이 높아 가격변동을 민감하게 느끼는 141개 품목으로 작성한 지수를 말한다. 근원물가지수는 전체 소비자물가를 측정하는 460개 품목 중에서 계절적으로 영향을 받는 농산물과 외부요인에 크게 영향을 받는 석유류 등 53개 품목을 제외하고 나머지 407개 품목을 별도로 집계한 지수이다. 물가변동의 장기적 추세를 파악하기 위한 것으로 근원인플레이션지수라고 할 수 있다.

통계청에 따르면 2018년 7월 소비자물가지수는 전월 대비 0.2% 상승하였으며, 전년 동월 대비 1.5% 상승하였다. 생활물가지수는 전월 대비 0.2% 상승하였고, 전년 동월 대비 1.5% 상승하였다. 근원물가지수(농산물 및 석유류 제외 지수)는 전월 대비 0.1% 상승하였고, 전년 동월 대비 1.1% 상승하였다.

GDP디플레이터 특정연도의 GDP디플레이터(GDP deflator)는 해당연도의 명목국내총생산을 같은 해의 실질국내총생산으로 나눈 비율에 100을 곱한 값이다. 소비자물가지수, 생산자물가지수, GDP디플레이터가 나타내는 인플레이션율은 서로 다른 방법으로 측정되지만 매우 유사한 움직임을 보인다. [그림 10-6]은 2007년 이후 한국의 소비자물가지수, 생산자물가지수, GDP디플레이터를 나타내고 있다. GDP디플레이터는 소비자물가지수보다 높은 수준을 유지하고 있다.

그림 10-6 소비자물가지수, 생산자물가지수, GDP디플레이터

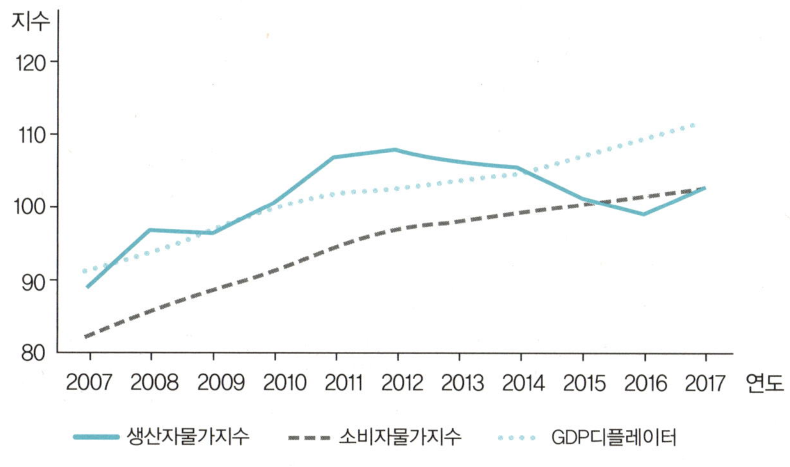

주 : 생산자물가지수 2010년=100, 소비자물가지수 2015년=100
자료 : 통계청, 한국은행

생·활·경·제·학

빅맥지수로 보는 세계물가

세계 각국의 통화가치와 물가를 알아보는 방법 가운데 빅맥지수가 있다. 전 세계 맥도날드 매장에서 팔리는 빅맥 햄버거의 가격을 달러로 환산해 물가수준을 비교한다. 한국의 2019년 초 빅맥지수는 4.1달러로 조사대상 국가들 가운데 26위를 기록했다. 스타벅스가 전 세계적으로 새로운 커피문화를 만들어내면서 스타벅스지수도 등장했다. 스타벅스 매장에서 판매되는 카페라테가격으로 구매력과 물가를 비교하는 방법이다. 시대가 변하면서 물가나 소득을 비교하는 방법도 점점 다양해지고 있다.

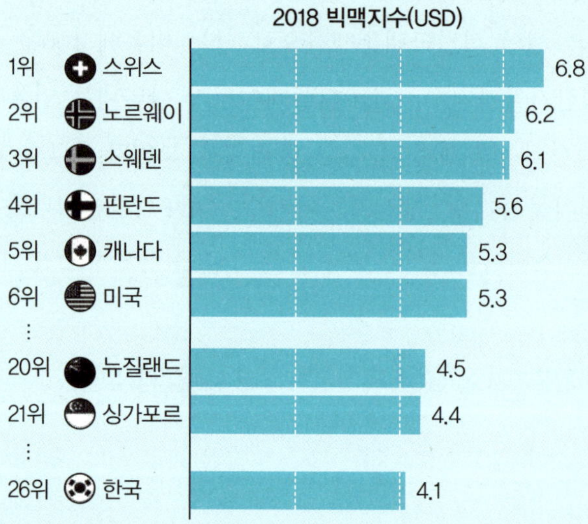

자료 : 이코노미스트

10.4 국민소득의 결정

한 국가경제에서 최종상품과 서비스의 생산과 공급은 기업부문에서 결정된다.

한편 상품과 서비스에 대한 지출은 폐쇄경제를 가정할 때 기업부문의 투자, 가계부문의 소비 및 정부부문의 지출에 의해 결정된다. 생산물의 총수요와 총공급이 어떻게 상호작용하고 균형국민소득을 결정하는지 이해할 필요가 있다.

1. 균형국민소득모형

총지출과 국민소득

케인즈의 균형국민소득모형은 유효수요이론이라고 불리며 단기적으로 물가수준이 일정하다는 가정 아래 국가경제의 총지출과 실질GDP 간의 관계를 설명하는 모형이다. 균형국민소득모형은 단기에는 실질GDP가 같은 기간의 총지출에 의해 결정된다는 점이 핵심이다. 경기불황기간에는 유휴자본과 노동이 많아서 총수요(총지출)가 늘어나는 만큼 언제든지 실질생산(GDP)을 확대할 수 있다는 것이다.

케인즈는 국가경제의 총지출(Aggregate Expenditure : AE)은 소비(C), 투자(I), 정부지출(G) 및 순수출(NX)로 구성된다고 주장하였다.

$$AE = C + I + G + NX$$

소비, 투자, 정부지출 및 순수출의 규모를 결정하는 요인을 살펴볼 필요가 있다.

국민소득 결정요인

소비 소비를 결정하는 요인은 무엇인가? 소비자가 일정기간 동안 얼마나 소비할지를 결정하는 요인은 가처분소득(disposable income), 재산(wealth), 미래기대소득, 물가, 이자율 등이다. 가처분소득은 소비자가 세금을 납부하고 처분할 수 있는 소득이다. 한 가계는 가처분소득이 많을수록 소비지출을 더 많이 할 수 있고, 가처분소득이 적을수록 소비지출을 더 적게 할 수 있다. 경제 전체의 총소비는 가계소비의 합이므로 가계의 가처분소득이 늘어나면 총소비가 증가하고, 가처분소득이 줄어들면 총소비는 감소하게 된다.

소득의 측정단위는 가처분소득(세금공제 후 소득)이다. [그림 10-7]은 소비함수를 나타내고 있다. 소득이 늘어나면 소비도 늘어난다. 소비함수의 기울기는 소득이 1원 증가할 때 소비가 얼마나 증가하는지를 보여준다.

그림 10-7 소비함수

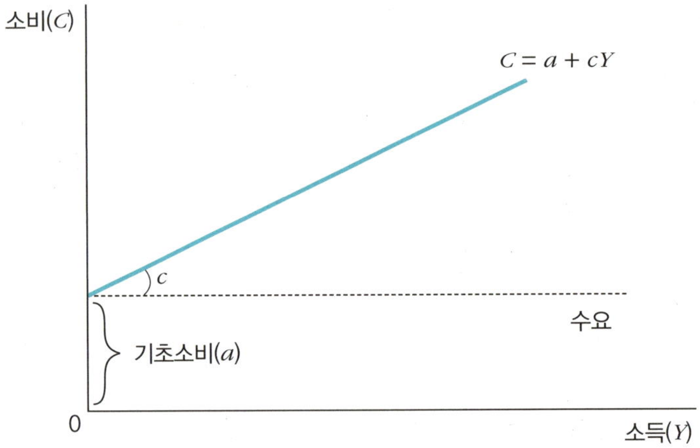

기초소비(autonomous consumption)는 소득이 0일 때도 기초생활을 위해 소비에 지출해야 하는 금액을 나타낸다. 즉 기초소비(a)는 소득에 의존하지 않는 소비부분이다. 소비함수의 기울기 c는 한계소비성향을 나타낸다.

재산(wealth)도 소비에 영향을 준다. 가계의 재산은 자산에서 부채를 차감한 순자산이다. 가계가 가지고 있는 주택, 주식이나 금, 은 등 동산의 가치가 오르면 소비도 늘어날 것이다. 하지만 자산의 가치가 떨어지거나 가계부채가 많아지면 소비는 줄어들게 된다. 일반적으로 소득 또는 재산의 영구적 증가는 일시적 증가보다 소비를 더 많이 증가시키므로, 현재소득과 마찬가지로 미래예상소득의 변화도 소비에 영향을 준다고 할 수 있다.

물가변화는 소비자 소득과 재산의 실질가치를 변화시켜 소비에 영향을 준다. 물가수준이 상승하면 소득이나 자산의 실질가치가 떨어지므로 소비도 감소하게 된다. 이자율도 소비에 영향을 미친다. 소비자가 재화구입을 위해 차입을 하며, 실질 이자율이 상승하여 금융비용을 증가시키고 결과적으로 소비가 위축되는 결과를 가져온다.

소비는 일반적으로 가처분소득에 가장 커다란 영향을 받는다. 소비함수(consumption function)는 가처분소득과 소비지출의 관계를 나타내는 직선이다. 소비함수의 기울기는 소비변화량(ΔC)을 가처분소득변화량(ΔY)으로 나눈 값($\Delta C/\Delta Y$)이며, 한계소비성향(Marginal Propensity to Consume : *MPC*)과 같다.

가처분소득이 100만 원 늘어났을 때 소비가 80만 원 증가하였다면 한계소비성향은 다음 식을 통해 0.8임을 알 수 있다.

$$\text{한계소비성향}(MPC) = \frac{\text{소비변화량}}{\text{가처분소득변화량}} = \frac{\Delta C}{\Delta Y} = \frac{80\text{만 원}}{100\text{만 원}} = 0.8$$

가처분소득과 소비 간의 관계를 국민소득(또는 실질GDP)과 소비 간의 관계로 일반화할 수 있다. 가처분소득은 국민소득에서 조세(=조세총액−정부이전지출)를 뺀 값이므로 국민소득(또는 실질GDP)은 가처분소득과 조세의 합으로 나타낼 수 있다. 조세가 일정하면 국민소득의 변화량과 가처분소득의 변화량은 언제나 동일하므로 한계소비성향도 같은 값을 가진다. 따라서 소비함수를 나타낼 때 가처분소득 대신 국민소득을 이용할 수 있다.

국민소득(Y)은 소비(C), 저축(S) 및 조세(T)로 나누어지므로 $Y = C + S + T$로 나타낼 수 있다. 조세가 불변이면 $\Delta T = 0$이므로

$$\text{국민소득변화량}(\Delta Y) = \text{소비변화량}(\Delta C) + \text{저축변화량}(\Delta S)$$

으로 나타낼 수 있다.

위 식의 양변을 ΔY로 나누면 한계소비성향과 한계저축성향(Marginal Propensity to Save : *MPS*)의 관계를 알 수 있다.

$$\Delta Y/\Delta Y = \Delta C/\Delta Y + \Delta C/\Delta Y$$

즉 $1 = MPC + MPS$의 관계가 성립한다. 한계저축성향은 저축증가분을 소득증가분으로 나눈 값이다. 조세가 불변일 경우 한계소비성향과 한계저축성향의 합은 언제나 1이다.

투자 투자를 결정하는 요인은 무엇인가? 투자의 주요 결정요인은 미래기대수익, 이자율, 조세, 유동성 또는 현금흐름(cash flow) 등을 들 수 있다. 기업이 미래경제에 대해 낙관적 전망을 하여 높은 미래기대수익을 예상하면 투자지출을 늘릴 것이다.

가계소비자의 신규주택 구입이나 기업의 공장이나 기계설비 구입 등을 위한 투자는 차입비용이나 투자의 기회비용을 결정하는 실질이자율에 영향을 받는다. 법인세는 기업이윤에 부과되므로 법인세증가는 납세 후 투자수익을 감소시켜 투자를 위축시킨다. 반면 법인세감면은 투자증가를 이끈다. 기업이 풍부한 내부자금을 바탕으로 높은 유동성을 가지면 상대적으로 커다란 투자여력을 갖게 된다.

정부지출 정부지출은 정부가 새로운 상품과 서비스를 구입하거나 공공사업을 수행하는 데 쓰는 지출을 의미한다. 정부지출이 늘어나면 GDP가 증가한다. 한편 이전지출(transfer payments)은 상품과 서비스의 대가를 지불하는 지출이 아니다. 단순히 특정 경제주체에게 자금을 분배해주는 것을 의미한다. 이전지출은 GDP에 포함되지 않는다.

순수출 순수출(=수출−수입)을 결정하는 주요 요인은 국내외 물가수준, 국내외 경제상황, 환율 및 이자율 등이다. 한국의 상품가격이 다른 국가들보다 높다면, 한국 상품에 비해 다른 국가 상품에 대한 수요가 증가한다. 결과적으로 한국의 수출은 감소하고 수입이 증가하여 순수출은 감소한다.

경제상황도 순수출에 영향을 준다. 한국의 GDP가 증가하면 가계소득이 늘어나서 국내생산품뿐만 아니라 외국생산품에 대한 수요가 증가하여 수입확대로 이어진다. 국가 간 자본이동이 자유로우면 국내외 이자율변동은 환율변화를 초래하여 순수출에도 영향을 준다. 국내이자율이 상승하면 국내외 투자자들이 상대적으로 수익이 높은 국내금융자산 구입을 늘리기 위해 해외통화에 비해 원화수요를 증가시킨다. 이는 원화가치를 상승시키고 순수출을 감소시키는 결과를 가져온다.

균형국민소득의 결정

거시경제의 균형은 총지출(AE)이 총생산인 실질GDP(Y)와 같아지는 수준에서 결정된다. 거시경제의 균형은 다음과 같은 식으로 나타낼 수 있다.

$$AE = C + I + G + NX = Y$$

[그림 10-8]은 실질GDP(Y)인 국민소득을 가로축에 나타내고 총지출을 세로축에 나타낸다. 거시경제균형은 총지출과 실질GDP가 같아지는 원점을 지나는 45도 선($Y=AE$)상에서 이루어진다. 원점을 지나는 45도 선은 케인즈법칙을 의미한다. 즉 수요가 증가하면 수요증가만큼 즉시 공급증가가 이루어지는 것을 뜻한다.

그림 10-8 총지출과 국민소득의 균형

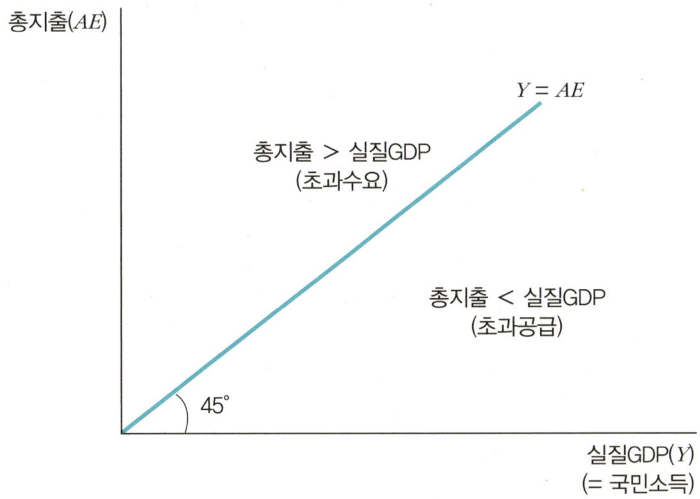

45도 선($Y=AE$) 위쪽의 모든 점은 총지출이 실질GDP보다 더 많은 초과수요상태를 나타낸다. $Y=AE$선 아래쪽의 모든 점은 총지출이 실질GDP보다 더 적은 초과공급상태를 나타낸다.

케인즈에 따르면 특정 기간의 균형국민소득은 총지출수준, 즉 유효수요에 의해서 결정된다. 국민소득(또는 실질GDP)과 총지출 간의 관계를 **총지출함수(aggregate expenditure function)**라고 한다. 보통 GDP의 변화는 총지출 가운데 투자, 정부지출, 순수출에 비해 상대적으로 소비에 더 큰 영향을 준다. 투자는 미래 소득을 증가시키기 위해 현재 생산설비나 재고를 늘리는 지출인데, 현재소득이 투자에 주는 영향은 크지 않은 편이다. 이유는 기업가가 미래 경제상황을 비관적으로 본다면 현재 GDP가 높더라도 투자를 늘리지 않을 것이기 때문이다.

[그림 10-9]에서 보면 소비함수(C)는 실질GDP에 영향을 받으므로 국민소득에 대해 우상향하는 직선으로 나타난다. 투자(I), 정부지출(G), 순수출(NX)은 국민소득에 영향을 받지 않으므로 일정한 수준으로 주어져 있다고 본다. 따라서 총지출함수를 나타내는 총지출곡선($AE=C+I+G+NX$)은 각 국민소득수준에서 소비함수(C)를 $I+G+NX$만큼 위로 평행 이동시킨 결과로 나타난다. 총지출과 국민소득이

그림 10-9 균형국민소득의 결정

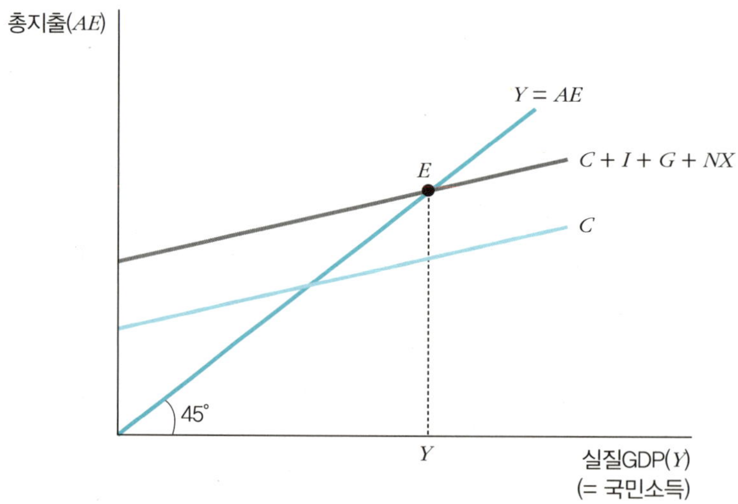

같아지는 거시경제균형은 총지출함수인 *AE*곡선이 45도 선과 만나는 점 *E*에서 성립한다. 이때 균형국민소득수준은 *Y*에 이른다.

[그림 10-10]에서 보면 실제 국민소득이 균형국민소득 2,000조 원보다 작다면(Y_1), 총지출이 총생산보다 크게 되어 재고가 줄어들면서 기업은 생산을 늘린다. 국민소득이 늘어나면서 소비가 증가하고 총지출은 *AE*곡선을 따라 증가한다. 재고감소와 생산증가는 실질GDP가 총지출과 같은 2,000조 원으로 증가할 때까지 계속된다. 반면 실제 국민소득이 균형국민소득 2,000조 원보다 크다면(Y_2), 총지출이 총생산보다 적으므로 재고가 증가하고 기업은 생산을 줄인다. 결과적으로 실질GDP가 감소하고 소비도 줄어들어 총지출은 *AE*곡선을 따라 감소한다. 재고증가와 생산감소는 실질GDP가 총지출과 같은 2,000조 원으로 감소할 때까지 계속된다. 총지출과 총생산이 일치하는 2,000조 원 수준에서 재고와 생산이 더 이상 변하지 않고 균형국민소득이 결정된다.

그림 10-10 균형국민소득의 조정

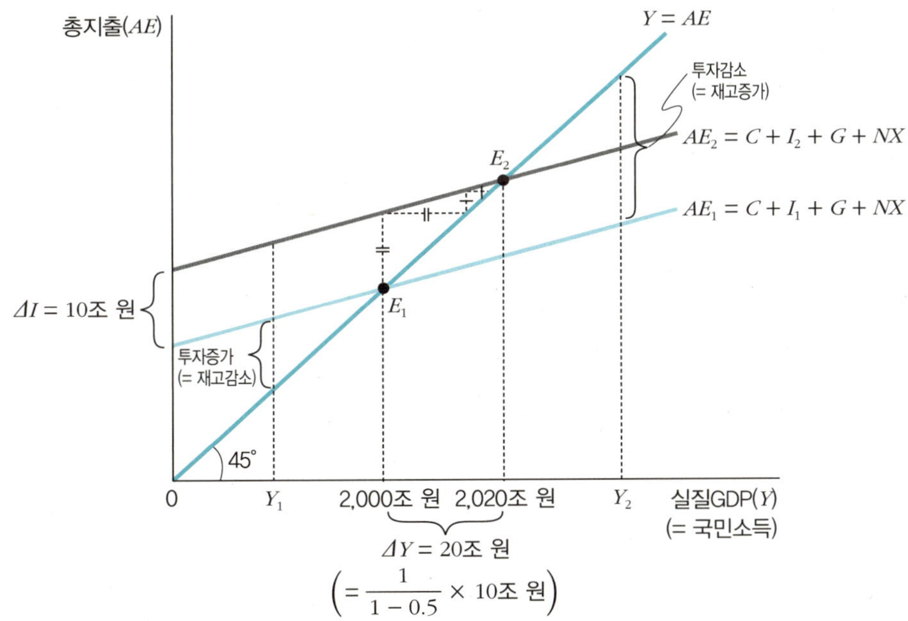

균형국민소득의 변화

총지출변화는 균형국민소득에 어떤 변화를 주는가? 만약 투자가 증가하면 기업의 생산과 소득이 투자증가만큼 늘어난다. 기업의 수입증가는 임금, 이자, 지대, 이윤 등으로 배분되어 가계수입증가에 기여하므로 가계소득도 늘어난다. 가계소득증가는 다시 소비증가로 이어지고, 기업은 소비증가에 대응하여 다시 생산을 늘린다. 결과적으로 기업의 생산과 수입이 증가하고, 이러한 과정이 반복되면서 국민소득은 처음의 투자액보다 훨씬 크게 증가한다. 균형국민소득이 2,000조 원일 때 투자가 10조 원 늘어나면 균형국민소득은 얼마나 증가하는가? 투자는 소득에 관계없이 기업이 미래수익을 기대하고 지출하였다고 하자.

[그림 10-10]에서처럼 총지출곡선은 AE_1에서 AE_2로 투자증가분(ΔI) 10조 원만큼 위로 이동한다. 투자가 증가하면 지출이 증가하여 국민소득이 늘어난다. 투자지출이 10조 원 늘어나면 국민소득도 일차적으로 10조 원 증가한다. 지출증가가 즉각 같은 금액의 소득증가로 이어지는 것은 경제 내에 유휴 생산능력이 존재하여 수요증가에 따라 생산이 바로 대응할 수 있다는 가정을 전제로 한다.

승수효과

투자가 소득을 증가시키는 조정과정은 1회에 그치지 않는다. 한계소비성향이 0.5라고 할 때, 국민소득이 10조 원 증가하면 소비지출은 5조 원 증가한다. 유휴 생산능력이 존재하면 지출증가만큼 생산이 늘어나 국민소득은 5조 원만큼 증가한다.

국민소득이 5조 원 증가하면 소비지출은 다시 2.5조 원(= 0.5×5조 원) 늘어난다. 늘어난 소비지출은 같은 금액의 국민소득을 증가시키고 다시 지출을 늘리는 과정을 반복한다. 국민소득은 E_2에서 균형을 이루고 균형국민소득은 2,020조 원이 된다. 최종적으로 10조 원의 투자지출증가는 국민소득을 20조 원 증가시키는 결과를 가져온다.

투자증가(ΔI)는 다음 식을 통해 투자증가액의 승수배만큼 국민소득증가(ΔY)를 가져온다.

$$\Delta Y = \left(\frac{1}{1-MPC}\right) \cdot \Delta I$$

위 식에서 $\left(\frac{1}{1-MPC}\right)$을 투자승수(multiplier)라고 부른다. 투자승수는 투자지출증가가 국민소득을 몇 배 증가시키는지를 나타낸다.

$$\text{투자승수} = \frac{\text{균형국민소득변화}}{\text{투자지출변화}} = \frac{\Delta Y}{\Delta I} = \frac{1}{1-MPC}$$

한계소비성향(MPC)은 0보다 크고 1보다 작으므로 ($1-MPC$)도 0보다 크고 1보다 작다. 따라서 승수$\left(\frac{1}{1-MPC}\right)$는 항상 1보다 크게 되며, MPC가 클수록 승수 $\left(\frac{1}{1-MPC}\right)$는 커진다. MPC가 0이면 투자증가로 인한 국민소득증가는 모두 저축되어 승수는 1이 된다. 즉 투자금액만큼만 국민소득이 증가한다. 반대로 MPC가 1이면 투자증가로 인한 국민소득증가가 모두 소비로 이어지며 승수는 무한대가 된다.

2. 저축과 투자

한 국가의 국내총생산(GDP)은 한 경제의 총소득을 나타내면서, 동시에 그 경제에서 생산되는 상품과 서비스에 대한 총지출을 나타낸다.

GDP(Y)는 소비(C), 투자(I), 정부지출(G), 순수출(NX) 등 네 가지 지출항목으로 구성된다. 따라서 다음과 같은 식이 성립된다.

$$Y = C + I + G + NX$$

분석을 단순화하기 위해 폐쇄경제를 가정한다. 폐쇄경제(closed economy)는 다른 나라와 교역을 하지 않는 경제를 말한다. 폐쇄경제에서는 국제무역이 일어나지 않으므로 수출과 수입은 각각 0이고, 순수출(NX)도 0이 된다. 국민소득 항등식은 다음과 같이 표현할 수 있다.

$$Y = C + I + G$$

폐쇄경제하에서는 각 산출물은 소비나 투자의 대상이 되거나 정부가 구입하게 된다. 이 항등식이 금융시장에서 갖는 의미가 무엇인지 살펴보기 위해 양변에서 C와 G를 빼면서 변형하면 다음과 같다.

$$Y - C - G = I$$

이 식의 좌변($Y-C-G$)은 한 경제의 총소득 중에서 소비와 정부지출에 사용하고 남은 금액이다. 이 금액은 국민저축(nation saving)이며, 저축(saving) S라고 표시할 수 있다. 즉 국민저축은 한 경제 내에서 소비와 정부지출에 쓰고 남은 금액을 의미한다. $Y-C-G$ 대신 저축 S를 대입하면 위 식은

$$S = I$$

로 나타내진다. 즉 저축은 투자와 동일하다.

저축에 대해 좀 더 깊이 이해하기 위해 위 식을 변형해보자. 정부가 가계로부터 징수하는 세금을 T라고 하면(이전지출 공제), 국민저축방정식은 다음과 같이 나타낼 수 있다.

$$S = Y - C - G$$
$$S = (Y - T - C) + (T - G)$$

위 식은 국민저축을 민간저축($Y-T-C$)과 정부저축($T-G$)으로 나누어 나타내고 있다. 민간저축(private saving)은 가계소득에서 국가에 세금을 납부하고 소비에 지출한 다음 남은 금액이다. 가계소득(Y)에서 세금(T)을 빼면 가처분소득이 되는데 다시 소비지출하고 남는 금액이 민간저축($Y-T-C$)이 된다.

정부저축(public saving)은 정부의 조세수입(T)에서 정부지출(G)을 빼고 남은 금액이다. 정부수입(T)이 정부지출(G)보다 크면 재정흑자(budget surplus)가 발생하는데, 이 흑자부분이 정부저축이다. 반면 정부가 거두어들인 세금보다 더 많은 지출을 하면, 즉 G가 T를 초과하면 재정적자(budget deficit)가 발생하고 정부저축($T-G$)은 마이너스가 된다.

질문의 답 찾기 QA

한국에서 1년간 생산되는 총생산물의 시장가치는 얼마인가?

정부는 매년 국내총생산(GDP)인 총산출의 시장가치를 측정한다. 한국은 한국은행과 통계청이 GDP를 측정한다. 한국은행은 GDP를 실제와 상당한 시차를 두고 분기와 연간 통계로 작성하며 발표하고 있다. 통계청은 GDP를 통해 파악할 수 없는 단기간 경제성과를 파악하기 위해서 월별로 산업활동 동향통계를 작성하여 발표하고 있다. 한국의 2017년 명목GDP는 1,730.4조 원으로 전년도보다 5.4% 증가하였다. 한편 실질GDP는 1,556.0조 원으로 전년 대비 3.1%가 늘어났다. 2017년 지출 측면 GDP는 가계, 기업, 정부, 국외 등 경제지출을 합한 것이다. GDP 가운데 민간최종소비지출은 48.1%(832.2조 원)로 가장 높은 비중을 차지하고 있다. 정부 최종소비지출은 15.3%(265.3조 원)이고, 투자지출에 해당하는 총고정자본형성과 재고증감은 각각 31.1%(538.5조 원)와 0%(0.8조 원)로 나타났다. 순수출(수출-수입)은 5.4%(93.4조 원)를 차지하였다.

시사경제용어

- 구축(Crowding out)효과 : 재정적자가 이자율을 상승시킴으로써 민간투자지출에 미치는 부정적인 영향을 말한다.
- 소비자신뢰지수(Consumer Confidence Index : CCI) : 소비자의 경기에 대한 인식이 경기 동향 파악 및 예측에 유용한 정보가 된다는 전제하에 소비자의 현재 및 장래 재정상태, 소비자가 보는 경제 전반의 물가, 구매조건 등에 대해 설문조사를 하고 지수화한 것이다.
- 거시건전성 : 개별금융사의 부실방지를 목적으로 하는 미시건전성정책과 달리 경제 전체의 금융안정을 위해 시스템 리스크를 억제하는 정책이다. 최근 금융당국은 건전성관리규제가 느슨했던 비은행권에 대해 시스템 리스크를 집중 점검하고 대응방안을 마련하기로 하였다.
- 세계잉여금 : 정부의 재정 집행결과 당초 목표 세수를 초과해 징수했거나 세출예산보다 적게 지출이 이루어진 경우 남는 금액이다. 즉 정부의 예산 초과세입과 세출 불용액을 합한 금액이다.

연·습·문·제

EXERCISE

01 미시경제학과 거시경제학의 차이점은 무엇인가?

02 GDP와 GNP의 차이점은 무엇인가?

03 물가지수의 종류를 제시하고 차이점을 설명하시오.

04 다음 식으로 나타낼 수 있는 경제를 가상하여보자.

$Y=C+I+G$, $Y=10{,}000$, $G=3{,}000$, $T=2{,}000$, $C=1{,}000+0.5(Y-T)$,

$I=4{,}000-200r$

① 위 경제의 개인저축, 공공저축, 총저축을 계산하시오.

② 균형이자율을 계산하시오.

05 가계의 소비함수가 $C=100+0.8(Y-T)$이고, 기업의 투자(I)가 100, 조세(T)는 100, 정부지출(G)은 180이라고 하자. C는 소비, Y는 국민소득이다. (단위 : 100억 원)

① 균형국민소득은 얼마인가? 한계소비성향과 한계저축성향은 얼마인가?

② 정부지출(G)이 100 증가하였다면, 균형국민소득은 얼마나 증가하는가?

06 균형국민소득결정모형을 이용하여 다음 정책이 미치는 영향을 계산하시오. (한계소비성향(MPC) = 0.8)

① 조세 200억 원을 증가시켜 같은 액수만큼 정부지출을 늘렸다면 국민소득은 얼마나 변화하는가?

② 조세 200억 원을 감소시키고 같은 액수만큼 정부지출을 늘렸다면 국민소득은 얼마나 변화하는가?

07 A국 경제가 오렌지와 카메라만을 생산한다고 하자. 2015년과 2018년의 가격과 생산량은 아래 표와 같다.

구분	가격 (2015년)	생산 (2015년)	가격 (2018년)	생산 (2018년)
오렌지	2달러	3,000개	3달러	2,000개
카메라	600달러	10대	500달러	20대

① 2015년을 기준연도로 하여 각 연도의 명목GDP, 실질GDP, GDP디플레이터와 CPI는 얼마인가?

② 2015년과 2018년 사이에 물가는 몇 % 상승하였는가? GDP디플레이터와 CPI를 이용하여 계산하고 차이를 설명하시오.

CHAPTER 11

통화와 통화정책

1920년대 초 독일의 하이퍼인플레이션이 발생한 요인은 무엇인가?

1923년 독일의 인플레이션율은 하이퍼인플레이션 기준치를 넘어서 폭발하였다. 물가는 3~4일마다 2배로 폭등하기도 했다. 달걀 한 개 값이 1923년 10월 1일 약 100만 독일 마르크였다면, 한 달 후에는 약 2억 5,600만 마르크가 되었다. 하이퍼인플레이션이 발생하는 원인과 하이퍼인플레이션을 피할 수 있는 대책에 대해 알아보자.

11.1 통화의 개념과 범위

1. 통화의 개념

사람들은 일상생활에서 돈(화폐)을 재산과 같은 의미로 사용한다. 돈이 많다고 하면 재산이 많은 것으로 인식한다. 어떤 사람이 소유하는 돈에는 주식, 채권, 부동산 등 모든 재산의 가치를 포함할 것이다. 하지만 경제학자가 내리는 화폐의 정의에는 모든 형태의 재산을 포함하지는 않는다. 지갑 속의 지폐는 화폐이지만, 자동차, 주택, 주식과 같은 자산은 화폐가 아니다. 그렇다면 화폐와 다른 형태의 재산을 어떻게 구분할 수 있는가?

화폐(money)는 상품과 서비스를 구매하기 위해 쉽게 사용할 수 있는 자산을 의미한다. 현금으로 쉽게 전환할 수 있는 자산일수록 유동성(liquidity)이 높다. 화폐는 현금 자체나 유동성이 높은 다른 자산으로 구성된다.

태훈이가 식료품가게에서 우유와 피자를 사고 대금을 지급하려 한다. 가게 점원은 대금으로 지폐를 받지만 주식이나 채권을 받지는 않을 것이다. 주식을 식료품으로 전환하기 위해서는 우선 주식을 팔아서 화폐로 교환한 다음 식료품을 구입해야 한다. 대부분 식료품가게에서는 체크카드, 신용카드나 수표로도 대금을 결제할 수 있다. 은행계좌는 아직 현금으로 전환되지 않았더라도 화폐로 간주될 수 있다. 유통 중인 현금(currency in circulation), 즉 사람들이 보유하고 있는 현금은 물론 화폐이다. 또 수표를 이용하여 잔고를 인출할 수 있는 은행예금인 당좌예금(checkable bank deposit)도 화폐로 간주된다.

현금과 당좌예금만 화폐라고 할 수 있는가? 통화공급(money supply)은 한 경제에서 화폐로 간주되는 모든 금융자산의 총가치를 의미한다. 화폐공급에 대한 정의는 두 가지로 나누어볼 수 있다. 먼저 협의의 정의는 유동성이 가장 높은 유통 중 현금, 여행자수표, 당좌예금만을 화폐라고 한다.

보다 광의의 정의는 앞에서 든 세 가지 자산에 더하여 자금이체가 쉬운 저축성 예금을 포함한다. 화폐는 간접적인 교환을 가능하게 하여 거래에서 이익이 발생하는 데 핵심기능을 담당한다. 물물교환경제에서는 거래상대가 서로 원하는 상품이나 서비스를 가지고 있을 때 거래가 성립할 수 있다. 이를 욕망의 이중일치(double coincidence of want)문제라고 한다. 화폐는 욕망의 이중일치문제를 해결해준다. 거래를 원하는 개인은 팔기 원하는 재화를 화폐로 교환한 다음 확보된 화폐를 이용하여 원하는 재화를 구입할 수 있다.

화폐는 거래에서 쉽게 이익을 얻도록 도와주기 때문에 직접 재화를 생산하지 않더라도 사회 전체의 후생수준을 높여준다.

2. 화폐의 기능

현대경제에서 화폐는 주로 세 가지 기능을 수행하는데, 교환의 매개수단, 가치저장수단, 계산의 단위이다.

교환 매개수단

화폐는 **교환의 매개수단(medium of exchange)**으로서의 기능을 한다. 화폐는 자체를 소비하기 위해서가 아니라 상품 또는 서비스와 교환하기 위해서 사용되는 자산이다. 사람들은 원화지폐를 직접 먹을 수는 없지만 음식과 교환할 수는 있다.

평상시에는 한 국가의 공식화폐가 해당 국가에서 일어나는 모든 거래를 위한 교환의 매개수단이 된다. 하지만 경제가 혼란스러운 시기에는 다른 국가의 화폐가 교환의 매개수단 역할을 하기도 한다. 중남미 국가나 아프리카 국가에서는 미국 달러화가 교환의 매개수단 역할을 수행한 적이 있으며, 동유럽에서는 유로화가 같은 역할을 수행한 적이 있다. 북한에서도 미국 달러화와 중국 위안화가 중요한 교환의 매개수단 역할을 하고 있다.

제2차 세계대전 중 포로수용소에서는 담배가 교환의 매개수단 역할을 하였다.

1923년 독일에서는 초인플레이션이 발생하였을 때 달걀이나 석탄 덩어리와 같은 재화가 한 동안 교환의 매개수단으로 이용되었다.

가치 저장수단

화폐가 교환의 매개수단 역할을 하기 위해서는 가치 저장수단기능을 해야 한다. 가치 저장수단(store of value)은 일정기간 동안 구매력을 보관할 수 있는 수단을 의미한다.

화폐가 가치 저장수단으로서의 기능을 원만하게 수행하기 위해서는 화폐가치가 안정적이어야 한다. 화폐가치가 안정적일 때 일정액의 화폐로 구입할 수 있는 실물자산의 크기를 알 수 있다. 물가상승이 예상되면 화폐보다는 토지나 다른 실물자산이 더욱 안정적인 가치 저장수단이 된다. 물가가 상승하면 화폐가치는 하락하기 때문에, 사람들은 더 이상 가치 저장을 위해 화폐를 보유하려고 하지 않을 것이다.

계산단위

화폐는 계산단위(unit of account)로서의 역할을 수행한다. 화폐는 가격을 정하고 경제적 계산을 하기 위한 척도로 사용된다.

중세시대 농부는 일주일 중 하루는 지주의 토지에서 일하고 수확 작물의 일부를 바쳤다. 농부는 지주에게 화폐로 지대를 지불하기보다는 재화와 노동을 제공하는 의무를 이행하였다. 오늘날 지대는 다른 가격과 마찬가지로 화폐단위로 표시되며, 화폐는 많은 거래가 더욱 정확하게 이루어지도록 돕는다. 외상거래와 같은 장부상 거래는 실제로 화폐를 주고받지 않지만, 계산은 화폐단위로 이루어진다.

3. 화폐의 종류

인류는 수천 년 동안 화폐를 사용해왔다. 현대적인 화폐가 출현하기 전까지 오랜 기간 동안 주로 물품화폐가 사용되었다.

물품화폐

물품화폐(commodity money)는 금이나 은처럼 다른 용도로 사용될 수 있는 내재적 가치를 가진 재화로서 교환의 매개수단으로도 사용되는 화폐를 의미한다. 물품화폐가 교환의 매개수단 역할과 상관없이 가치를 보유할 수 있는 이유도 화폐 이외의 다른 용도 때문이다.

제2차 세계대전 중 포로수용소에서는 담배가 화폐 역할을 하였다. 많은 포로들이 흡연자였기 때문에 담배는 물품 자체로도 상당한 가치가 있었다. 금이나 은도 동전으로 주조될 수 있지만 보석이나 장식품으로도 사용될 수 있으므로 물품으로서의 가치를 가지고 있다.

법정화폐

통화공급을 위해 금이나 은과 같은 귀금속에만 의존하는 것은 비효율적일 수 있다. 거래를 위해 매번 금이나 은을 운반해야 한다면 비용이 들 뿐만 아니라 도난위험을 감수해야 한다. 금이나 은과 같은 물품화폐를 교환의 매개수단으로 삼는 데 들어가는 비용과 비효율을 해결하기 위해 정부나 민간금융기관은 금을 보관하고 금과 교환할 수 있는 종이증서를 발행하기 시작했다. 현대경제에서 지폐는 일반적으로 통화공급을 관리하는 정부기관인 중앙은행(central bank)이 발행한다. 우리나라에서는 한국은행이 중앙은행의 역할을 한다. 지폐는 화폐로 사용되지 않으면 자체로 가치를 가지고 있지 않기 때문에 물품화폐가 아니라 법정화폐(fiat money)라고 한다. 지폐가 화폐로 사용될 때 외에는 가치를 가지지 않는데도 소비자나 기업이 지폐를 사용하는 이유는 무엇일까?

원화는 법정화폐이므로 한국은행은 원화지폐를 금이나 은으로 교환해줄 의무가 없다. 한국은행이 발행한 화폐는 한국의 법화(legal tender)이며, 한국은행이 채무상환 시 수용해야 하고, 세금납부 시에도 사용할 수 있어야 한다는 것을 의미한다. 원화지폐는 법정화폐이지만 만약 사람들이 일반적으로 원화지폐를 받아들이지 않으면, 교환의 매개수단이 될 수 없으며 화폐기능을 수행할 수 없다. 일반적으로 원화지폐가 교환의 매개수단으로 받아들여지기 위해서는 가계와 기업이 상품과 서비스의 대가로 원화지폐를 받아들여야 한다. 원화지폐를 보유하고 있는 동안 가치가 상실되지 않는다는 믿음도 주어야 한다. 그렇지 않으면 원화지폐는 교환의 매개수단기능을 할 수 없을 것이다.

생·활·경·제·학

신용카드와 비트코인은 통화인가?

사람들은 신용카드(credit card)를 이용하여 물건을 구입하고 식사대금을 지불하는 등 실생활에서 지갑 속의 현금과 같이 거래의 매개수단으로 사용하고 있다. 그렇다면 신용카드도 화폐로 보아야 하지 않을까? 언뜻 보면 그럴 듯해 보이지만 신용카드는 화폐가 아니다. 신용카드는 지불을 늦추는 수단에 불과하기 때문이다. 신용카드 주인이 신용카드를 이용하여 식사대금을 지급하면 신용카드를 발급한 은행 또는 신용카드회사가 우선 식사대금을 지급하고 신용카드 주인은 후에 동일금액의 신용카드 사용대금 청구서를 받고 본인의 예금계좌를 이용하여 은행이나 신용카드회사에 납부하게 된다.

신용카드를 화폐로 간주하는 것은 화폐의 기능 중 교환의 매개수단만을 염두에 두었기 때문이다. 그러나 화폐, 즉 돈은 교환의 매개수단 이외에 가치척도 및 가치저장의 수단으로도 사용되고 있는 점을 생각하면 신용카드를 화폐라고 할 수 없다.

중앙은행은 비트코인과 같은 가상화폐를 통화공급 계산에 포함해야 하는가? 지금까지 가상통화는 거래규모가 작아서 중요한 질문대상이 되지 못하였다. 현재 대부분 국가의 중앙은행은 가상통화를 현금통화나 당좌예금보다는 신용카드와 같다고 보고 M1(협의통화)이나 M2(광의통화)에 포함하지 않고 있다.

11.2 통화공급과 은행의 역할

1. 통화공급의 측정

총통화량(monetary aggregate)은 협의의 통화와 총통화로 나누어볼 수 있다. 한국은 1951년부터 한국은행에서 통화지표를 작성하고 있다. 2002년부터는 IMF의 「통화금융통계 매뉴얼」에 따라 M1(협의통화), M2(광의통화), Lf(금융기관유동성)를 매일 작성하고 있으며, 2006년 6월부터는 L(광의유동성)을 작성하여 발표하고 있다.

통화지표

M1(협의통화) M1(협의통화)은 화폐의 지급결제수단기능을 중시한 지표이다. 시중에 유통되는 현금에 예금취급기관의 결제성예금을 더하여 구한다. 현금은 가장 유동성이 높은 금융자산으로 교환의 직접 매개수단으로 사용된다. 현금에는 지폐와 동전이 포함된다. 결제성예금은 수표발행, 자동이체서비스 등 입출금이 자유로운 예금으로 현금과 비슷한 유동성을 갖는다. 결제성예금에는 예금취급기관의 당좌예금, 보통예금 등 요구불예금과 저축예금, 시장금리부 수시입출식예금(Money Market Deposit Account : MMDA) 등 수시입출식예금이 포함된다. M1은 유동성이 높은 결제성단기금융상품으로 구성되어서 단기금융시장의 유동성을 측정하는 데 적합한 지표이다.

M2(광의통화) M2(광의통화)는 M1에 예금취급기관의 각종 저축성예금, 시장형 금융상품, 실적배당형 금융상품, 금융채, 거주자 외화예금 등을 더하여 구한다. 유동성이 낮은 만기 2년 이상 장기금융상품은 포함하지 않는다. 단기저축성예금, 시장형 금융상품 등은 거래보다 자산증식 등 주요 저축수단으로 이용되고 있는데, 수시입출식예금에 비해 유동성이 낮지만 이자소득을 포기하면 언제든지 현금화가 가

능하다.

유동성지표

유동성지표는 통화지표 가운데 범위가 가장 넓은 지표이다. 화폐의 저장기능을 중시하며, Lf(금융기관유동성)와 L(광의유동성)로 구성된다. Lf(금융기관유동성)는 M2(광의통화)에 ① 예금취급기관 만기 2년 이상 정기예적금, 금융채, 금전신탁 등, ② 생명보험회사의 보험계약준비금, 증권금융회사의 예수금 등 유동성이 상대적으로 낮은 금융상품 등을 포함한다. L(광의유동성)은 Lf보다 금융상품 포괄 범위가 넓은 광의유동성지표이며, Lf에 기업 및 정부 등이 발행하는 기업어음, 회사채, 국공채 등 유가증권을 포함한다. 〈표 11-1〉은 한국의 통화 및 유동성지표의 규모와 구성을 보여준다.

| 표 11-1 | 통화 및 유동성지표 범위(2017년 말)[1]

(단위 : 조 원)

<table>
<tr><td>현금통화(96.8)</td><td rowspan="3">M1
(협의통화)
(849.9)</td><td rowspan="7">M2
(광의통화)
(2,530.4)</td><td rowspan="9">Lf
(금융기관
유동성)
(3,565.9)</td><td rowspan="12">L
(광의
유동성)
(4,530.8)</td></tr>
<tr><td>요구불예금(227.8)</td></tr>
<tr><td>수시입출식예금(525.2)</td></tr>
<tr><td>정기예적금(975.9)</td><td rowspan="4"></td></tr>
<tr><td>시장형 금융상품[2](30.5)</td></tr>
<tr><td>실적배당형 금융상품[3](484.9)</td></tr>
<tr><td>기타 예금 및 금융채(189.1)</td></tr>
<tr><td>2년 이상 장기금융상품 등(346.8)</td><td colspan="2" rowspan="2"></td></tr>
<tr><td>생명보험계약준비금 및 증권금융예수금(688.8)</td></tr>
<tr><td>기타금융기관상품(458.1)</td><td colspan="3" rowspan="3"></td></tr>
<tr><td>국채, 지방채(276.9)</td></tr>
<tr><td>회사채, CP(229.9)</td></tr>
</table>

주 : 1) 반올림 등으로 인해 일부 수치 간 불일치가 있을 수 있음
　　2) CD, RP, 매출어음
　　3) 만기 2년 미만 금전신탁, 수익증권, MMF, CMA
자료 : 한국은행 경제통계시스템(http://ecos.bok.or.kr)

■ **그림 11-1** 통화 및 유동성지표의 증가율 추이

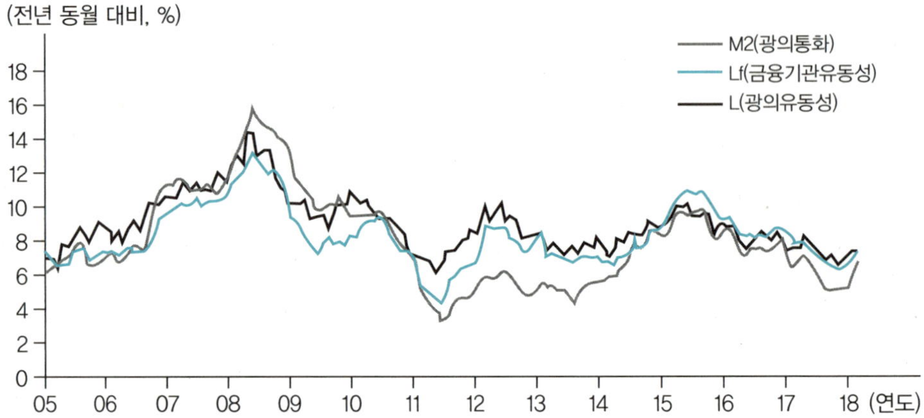

주 : M2 및 Lf는 평잔기준, L은 말잔기준
자료 : 한국은행 경제통계시스템(http://ecos.bok.or.kr)

[그림 11-1]은 2000년대 중반 이후 한국의 통화 및 유동성지표의 추세를 보여주고 있다. 2008년 글로벌 금융위기 이전까지는 실물경제성장률의 안정적인 성장세, 대외자금의 꾸준한 유입 및 부동산시장의 호황 등을 기초로 통화지표는 증가세를 확대해왔다. 하지만 2008년 금융위기 이후 2013년까지 경기성장세 둔화 및 부동산시장 약세 등으로 지속적으로 하락하였다. 2014년 이후에는 2000년대 중반 수준인 연 7% 증가율 수준으로 회복한 모습을 보여주고 있다.

2. 은행의 역할

M1(협의통화)은 민간보유현금과 일반은행 요구불예금의 합이다. 민간보유현금은 중앙은행이 공급하고, 요구불예금은 일반은행이 공급한다. 따라서 통화공급은 중앙은행과 일반은행이 업무를 수행하는 과정에서 이루어진다. 중앙은행과 일반은행을 합하여 통화제도(money system)라고 부른다.

중앙은행의 역할

중앙은행은 통화량을 조절하고 단기금융시장인 자금시장(money market)과 주식 · 채권이 거래되는 자본시장(capital market)에 영향을 준다. 중앙은행의 역할은 다음과 같다.

현금통화 발행 중앙은행은 현금통화를 발행하며, 현금통화량을 조정하거나 다른 정책수단을 통해 통화량을 통제한다. 명목화폐(fiat money)는 한계생산비가 0에 가까우므로 중앙은행은 현금통화를 독점적으로 공급하면서 통화가치를 유지한다.

은행의 은행 일반은행은 중앙은행에 예금을 하기도 하고, 차입을 하기도 한다. 일반은행이 중앙은행에 하는 예금을 중앙은행예치금이라고 한다. 민간은행은 보유한 유가증권 매각이나 다른 금융기관 차입으로 자금조달이 어려울 때 최종적인 수단으로 중앙은행 차입을 한다. 중앙은행 차입은 주로 어음을 재할인(rediscount)받아 이루어진다.

정부의 은행 정부는 조세 등으로 얻은 자금을 중앙은행에 예금하고, 필요할 때 인출한다. 정부는 국채를 발행한 다음 중앙은행이 인수하도록 하고 자금을 차입하기도 한다.

금융시스템 안정화 중앙은행은 화폐의 독점적 발권력과 통화공급능력을 가지고 최종대부자(lender of last resort)로서 자금시장 및 자본시장을 조정한다. 이자율이나 시중자금을 조절하거나 금융기관 업무수행을 통제하면서 불황이나 경기과열 현상이 일어나지 않도록 금융시스템을 안정적으로 작동한다.

일반은행의 통화공급

통화공급수단 일반은행은 부분지급준비제도(fractional reserve system)를 통해서 예금의 일부만을 지급준비금으로 보유하고 나머지 예금은 대출이나 투자에 이용한다. 부분지급준비제도는 은행수익을 높이는 데 기여했지만 불안정성도 증대시켰다. 예금액 일부만 지급준비금으로 남겨두면, 다수 예금주들이 동시에 예금인출을 원할 때 적절하게 대응할 수 없으므로 파산에 이를 수도 있다. 은행파산이 국가경제에 주는 영향은 매우 크다. 따라서 중앙은행도 일반은행이 안정성을 확보할 수 있도록 통제해야 한다.

법정지급준비금(legal reserves)제도는 일반은행이 보유해야 하는 최소한의 지급준비금수준을 법적으로 통제하는 수단이 된다. 은행이 실제로 보유하고 있는 지급준비금을 실제지급준비금(actual reserves)이라고 하며, 실제지급준비금과 법정지급준비금의 차이를 초과지급준비금(excess reserve)이라고 한다. 일반은행은 부분지급준비제도를 통해서 통화공급을 조절할 수 있다.

통화창조과정 은행이 존재하지 않는다면 통화공급은 시중에 유통 중인 현금의 양과 동일하다. 통화공급은 화폐발행을 통제하는 기관에 의해 결정될 것이다. 실제로는 은행이 존재하며, (당좌)예금 등을 통해 통화공급에 영향을 준다.

은행은 유통 중인 현금의 일부를 제외한다. 사람들의 지갑 속에 있는 현금은 통화공급의 일부가 되지만 은행금고 안에 보관된 현금은 통화공급의 일부에서 제외된다. 은행은 예금을 받고 대출을 하면서 통화를 창조한다. 즉 은행은 유통 중인 현금의 양보다 통화공급이 더 커지게 한다.

수영은 현금을 은행에 예치하고 필요할 때마다 인출해서 쓰면 안전하고 유리하다고 생각한다고 하자. 수영이 100만 원을 우리은행에 예금하였다면 통화공급에는 어떤 변화가 생기겠는가?

〈표 11-2〉 (a)는 수영의 예금이 일차적으로 주는 영향을 나타내고 있다. 우리은행이 수영의 계좌에 100만 원 입금을 기록하면, 은행 전체의 예금 잔고가 100만 원 증가한다. 한편 수영이 예금한 현금은 은행금고에 입금되므로 우리은행의 지불준비금은 100만 원 증가한다. 수영의 최초 은행거래는 화폐공급에 영향을 주지 못한다. 유통 중인 현금 100만 원이 줄어들었고, 같은 금액의 예금이 늘어나 화폐공급은 변화가 없다. 하지만 우리은행이 수영의 예금 중 일부를 대출하면 통화공급은 변화하게 된다. 우리은행이 예금의 10%인 10만 원을 지불준비금으로 보유하고 나머지를 영민에게 현금으로 대출한다고 하자.

〈표 11-2〉 (b)는 2단계 거래가 통화공급에 미치는 영향을 보여준다. 우리은행이 보유한 예금이나 자산의 가치에는 변화가 없지만 자산의 구성에는 변화가 생긴다. 은행이 대출을 하면 지불준비금은 대출 전에 비해 90만 원이 줄어들었고, 수영이 예금하기 전보다는 10만 원 증가하였다. 줄어든 지불준비금은 영민에 대한 90만 원 현금대출에 사용되었다. 수영의 예금 100만 원을 포함하여 은행 부채는 영향이 없다.

| 표 11-2 | 은행예금거래가 통화공급에 주는 영향

(a) 은행의 신규대출 전 영향		(b) 은행의 신규대출 후 영향	
자산	부채	자산	부채
대출 불변 지불준비금+100만 원	예금+100만 원	대출+90만 원 지불준비금−90만 원	불변

수영이 예금한 현금을 영민에게 대출해주면서 우리은행은 실제로 화폐공급을 증가시켰다. 즉 수영이 돈을 집에 보관하고 있을 때보다 화폐공급(현금과 예금의 합)은 90만 원이 증가한 셈이다. 수영은 여전히 100만 원을 보유하고 있지만 예금으로 바뀌었으며, 영민은 차입을 통해 90만 원의 현금을 사용할 수 있게 되었다.

영민이 대출받은 현금으로 삼성전자 대리점에서 컴퓨터를 구입했다고 하자. 삼성전자 대리점은 받은 현금을 그대로 보유하기만 하면 통화공급은 늘어나지 않을 것이다. 하지만 삼성전자 대리점이 컴퓨터 판매대금 90만 원을 부산은행에 예금했다고 하자. 부산은행은 예금 중 일부를 지불준비금으로 보유하고 나머지를 대출하면 더 많은 화폐가 창조될 것이다. 부산은행이 우리은행처럼 예금의 10%를 지불준비금으로 보유하고 나머지를 대출한다고 하자. 부산은행은 삼성전자 대리점의 예금 가운데 9만 원을 지불준비금으로 보유하고 81만 원을 다른 차입자에게 대출할 수 있으며, 통화공급도 그만큼 증가하게 된다.

〈표 11-3〉은 통화의 창조과정을 보여준다. 최초 통화공급은 수영이 보유한 현금 100만 원뿐이었다. 현금을 예금하고 은행이 대출하면서 통화공급은 190만 원으

로 늘어난다. 두 번째 예금과 대출이 이루어진 후에는 통화공급이 271만 원으로 늘어난다. 수영이 현금을 은행에 예금하지 않고 다른 형태의 준화폐로 전환하더라도 같은 결과를 얻게 된다.

| 표 11-3 | 은행의 통화창조과정

단계	현금	예금	화폐공급
1단계 : 수영이 현금을 집에 보관	100만 원	0 원	100만 원
2단계 : 수영이 현금을 우리은행에 예금 우리은행은 영민에게 90만 원 대출 영민은 삼성전자 대리점에 컴퓨터 구입대금 지급	90만 원	100만 원	190만 원
3단계 : 삼성전자 대리점은 90만 원을 부산은행에 예금 부산은행은 81만 원을 다른 차입자에게 대출	81만 원	190만 원	271만 원

3. 통화정책

거시경제정책은 통화정책과 재정정책으로 나눌 수 있다. 중앙은행은 통화량을 조정하고 금리에 영향을 줌으로써 물가, 금융, 고용 등에 대한 경제목표를 달성하려고 한다. 중앙은행은 공개시장 조작, 여수신제도, 지급준비제도 등을 정책수단으로 삼고 있다. 중앙은행은 보통 정책수단과 최종목표 사이에 운용목표와 명목기준지표를 두고 통화정책을 운영하고 있다.

명목기준지표(nominal anchor)는 최종목표 달성을 위해 중앙은행이 직접 영향을 주는 변수이다. 통화량, 환율, 물가상승률 등이 명목기준지표에 속하며, 국가는 금융경제상황에 맞게 설정한다. 한국은 현재 물가안정목표제(inflation targeting)를 채택하며 물가상승률을 명목기준지표로 하고 있다. 운용목표(operation target)는 명목기준지표를 달성하기 위해 중앙은행이 관리하고자 하는 지표이며, 단기시장금리, 지급준비금 등이 대상이다.

한국은행은 2008년 외환위기 이전까지 통화량을 명목기준지표로 선택하고 목표하는 통화량증가율을 달성하기 위한 통화량목표제를 시행하였다. 중심통화지표인 M2가 물가 등 실물경제변수들과 안정적인 관계를 유지하고 있다는 사실에 기반을 둔 것이다. 하지만 1990년대 중반 이후 금융시장이 발전하고 새로운 금융상품이 출현하면서 통화량과 실물변수 간의 안정적인 관계가 악화되면서, 새로운 통화정책운영체계(monetary policy regime)를 도입하였다.

1998년 「한국은행법」에 물가안정을 목적조항으로 명문화하면서 물가안정목표제를 도입하였다. 한국은행은 현재 정부와 협의하여 3년단위로 명시적 물가안정목표를 설정하고 있으며, 매달 정책금리수준을 결정하는 금리중심의 통화정책운영방식을 따르고 있다. 정책금리는 2008년 3월부터는 '콜금리'에서 '한국은행기준금리'로 변경하였다. 물가안정목표제가 도입되면서 과거 통화량목표제 아래에서 중간목표로 활용했던 통화량은 물가전망이나 인플레이션 압력을 평가하는 정보변수로 이용되고 있다.

11.3 화폐의 공급과 수요

1. 화폐공급

화폐가치는 화폐의 수요와 공급에 의해 결정된다. 재화에 대한 수요와 공급이 재화의 가격을 결정하는 것과 같다. 화폐공급과 물가수준의 관계는 고전학파 경제학자인 흄(David Hume) 등에 의해 화폐수량설(quantity theory of money)로 설명되고 있다. 화폐수량설에 따르면 통화량변화는 같은 비율로 총명목지출을 변화시키고 물가도 똑같이 변화시킨다. 즉 통화량변화는 물가변화를 가져온다.

화폐공급과 유통속도

화폐공급량인 통화량은 중앙은행과 은행시스템 전체가 결정한다. 중앙은행은 공개시장조작을 통해 통화량을 조정한다. 국채를 사면 시중에 현금이 늘어나 통화량이 증가하고, 반대로 국채를 팔면 현금이 회수되어 통화량이 줄어든다. 시중에 유통된 현금이 은행에 예금되어 지불준비금을 증가시키면 승수작용을 거쳐 화폐통화공급은 채권 판매액보다 크게 증가한다.

화폐의 유통속도는 한 경제에서 화폐가 순환하는 속도이며 통화정책에서 화폐공급 자체만큼 중요하다. 만약 사람들이 지급받은 화폐를 몇 달 동안 벽장에 넣어둔다면 화폐는 매우 느린 속도로 순환한다. 복잡한 도시에서는 화폐가 빠르게 순환하므로 화폐공급으로 더 많은 거래를 처리할 수 있다.

피셔(Irving Fisher)는 화폐수량설을 화폐수량방정식(quantity equation of money)으로 나타냈다.

$$M \times V = P \times Y$$

Y는 실질GDP(실질소득)를 의미하고 P는 물가수준이라면 PY는 명목GDP와 같다. V는 유통속도(velocity of money)이고 M은 화폐공급을 나타낸다. $M \times V$는 총화폐지출액이다. 모든 거래에 필요한 총화폐지출액은 화폐량에 유통속도를 곱하여 구한다. 화폐유통속도는 실제로 관측할 수 없지만, 사후적으로 다음과 같이 계산할 수 있다.

$$V = \frac{P \times Y}{M}$$

화폐유통속도는 화폐 1단위가 GDP를 구성하는 상품과 서비스를 구입하기 위해 사용되는 횟수를 나타낸다. 2017년 한국의 명목GDP(약 1,730조 원)를 M1통화량(약 850조 원)으로 나누면 유통속도는 약 2가 된다. 즉 2017년 협의통화량 M1이

GDP를 구성하는 상품과 서비스를 구입하기 위해 2번 정도 사용되었다는 것을 알 수 있다.

만약 M이 증가하면 물가가 고정되어 있을 경우에 V가 감소하거나 Y가 증가해야 한다. 개인이 화폐를 추가로 보유하면 유통속도가 감소하겠지만, 지출을 늘리면 Y가 증가할 수 있다.

통화량과 물가

피셔는 화폐유통속도(V)가 일정하다고 가정하면서 화폐수량방정식을 화폐수량설로 발전시켰다. 피셔는 화폐유통속도(화폐단위당 사용 횟수)는 거래습관 등 자주 변하지 않는 요인에 의해 결정된다고 생각했다. 피셔의 가정대로 화폐유통속도(V)가 일정하다고 놓고 화폐수량방정식을 물가수준(P)에 대해 다시 정리하면 다음과 같다.

$$P = \bar{V} \cdot \frac{M}{Y}$$

위 식은 통화량과 물가의 관계를 나타내고 있다. 통화량(M)이 실질GDP(Y)보다 빠르게 증가하면 물가는 상승하고, 실질GDP(Y)보다 느리게 증가하면 물가는 하락한다.

통화량이 화폐보유에만 영향을 준다면 통화정책은 총산출과 고용을 자극하는 데 거의 효과가 없을 것이다. 하지만 만약 산출에 일정한 효과를 준다면 통화정책은 경제를 자극하는 데에 유용한 도구가 될 수 있다. 일정한 목표를 달성하기 위해서는 상당한 규모의 화폐공급증가가 필요할 수 있다. 개인이 어느 경우에 화폐공급증가분을 보유하기 원하는지에 대해 답하려면 화폐수요의 결정요소를 이해해야 한다.

2. 화폐수요

화폐수량방정식을 통해 고전학파의 화폐수요에 대한 견해를 설명할 수 있다. 화폐수량방정식을 변형하면 다음 식과 같다.

$$M = \frac{1}{V} \cdot PY$$

위 식에서 좌변 M은 화폐공급(통화량)을 나타낸다. 화폐공급과 화폐수요가 균형을 이룬다면 우변은 화폐수요를 의미한다고 할 수 있다. 따라서 화폐수요는 명목 GDP, 즉 거래된 상품과 서비스의 시장가치에 비례한다고 볼 수 있다. 고전학파의 화폐수량설은 화폐가 갖는 교환매개 또는 지불수단을 강조하고 있다고 할 수 있다.

화폐의 유통속도는 사람들이 화폐를 얼마나 보관하기 원하는지에 달려있다. 화폐는 이자를 산출하지 않는 자산이기 때문에 보유하지 않으려는 강한 유인이 있다. 이자를 선호하는 사람들은 화폐를 다른 상품이나 국채와 같은 이자를 받을 수 있는 자산과 교환하려는 유인을 가진다. 화폐를 보유하려는 이유는 편리함 때문이다. 화폐로는 식료품을 살 수 있지만, 국채로는 화폐를 전환하기 전에는 식료품을 살 수 없다. 채권을 현금화하는 과정에는 비용(거래비용)이 발생한다.

11.4 화폐시장과 이자율

1. 유동성선호이론

케인즈는 고전학파 화폐수요이론과는 다른 유동성선호이론(liquidity preference theory)이라는 화폐수요이론을 주장하였다. 유동성(liquidity)은 어떤 자산을 가치하락 없이 화폐로 바꿀 수 있는 가능성을 의미한다. 예금은 부동산보다 유동성이 크다고 할 수 있다.

유동성이 가장 높은 자산은 화폐이므로 유동성선호이론에서 유동성은 화폐를 의미한다고 볼 수 있다. 케인즈는 화폐를 보유하면 이자를 포기해야 하고, 다른 수익자산 보유에 따른 수익도 기대할 수 없는데, 왜 개인이나 기업은 화폐를 보유하려고 하는지를 설명하였다. 케인즈는 개인이나 기업의 화폐보유 동기를 거래적 · 예비적 동기와 투기적 동기로 구분하였다.

거래적 · 예비적 동기 화폐수요

거래적 동기(transaction motive) 화폐수요는 개인이나 기업이 계획된 거래에 사용하기 위해 화폐를 보유하는 것이다. 개인이나 기업은 수입과 지출이 서로 다른 시기에 발생하고 액수도 정확하게 일치하지 않기 때문에 거래적 화폐수요를 필요로 한다. 케인즈는 거래적 동기 화폐수요가 주로 소득수준에 의해 결정된다고 생각했다. 소득이 많을수록 지출도 늘어나므로 거래적 화폐수요도 커진다.

예비적 동기(precautionary motive) 화폐수요는 예상 밖의 지출을 예비하기 위해 화폐를 보유하는 것을 의미한다. 개인과 기업은 예상하지 못한 지출과 자금부족을 겪을 수 있다. 따라서 언제나 일정한 정도의 예비적 화폐를 보유할 필요가 있다. 일반적으로 소득수준이 높을수록 예비적 동기 화폐수요수준도 높아진다.

케인즈는 거래적 · 예비적 동기 화폐수요가 이자율의 영향을 거의 받지 않는다고 생각했다. 따라서 거래적 · 예비적 동기 화폐수요는 거래수단으로서 소득수준에 비례한다. 거래적 동기 화폐수요 특성은 고전학파의 화폐수량설과 같다고 할 수 있다.

투기적 동기 화폐수요

투기적 동기(speculative motive) 화폐수요는 화폐를 자산으로 보유하는 것이다. 즉 다른 자산을 보유하는 것보다 이익이 된다고 생각하여 투자목적으로 화폐를 수요한다. 투기적 동기 화폐수요는 케인즈의 유동성이론의 핵심이라고 할 수 있다. 케인즈는 보유자산이 화폐와 채권만 있다고 가정한다. 화폐는 현금과 같이 이자를 얻을 수 없지만, 채권은 이자가 발생하는 금융자산으로서 다른 금융자산과 완전히 대체할 수 있다고 가정한다.

채권가격은 이자율과 역의 관계에 있다. 채권을 발행할 때 이자율이 i라고 하면, 1년 만기 후 1억 원을 지불하는 채권의 현재가치(present value)는 다음과 같다.

$$\text{채권의 현재가치} = 1\text{억 원}/1 + i$$

채권을 보유하는 동안 이자율이 내리면 채권가격이 상승하여 자본이익(capital gain)을 얻게 되고, 이자율이 상승하면 채권가격이 하락하여 자본손실(capital loss)을 보게 된다.

이자율이 높으면 개인은 이자율하락(채권가격상승)을 기대하고 채권을 매입한다. 이때는 화폐보유보다 채권보유가 유리하므로 투기적 화폐수요는 낮은 수준에 머무를 것이다. 이자율이 낮으면 반대현상이 일어날 것이다. 개인은 이자율이 오르면 은행에 예금하거나 채권을 구입하면서 화폐수요를 줄인다. 투기적 화폐수요는

그림 11-2 투기적 동기 화폐수요

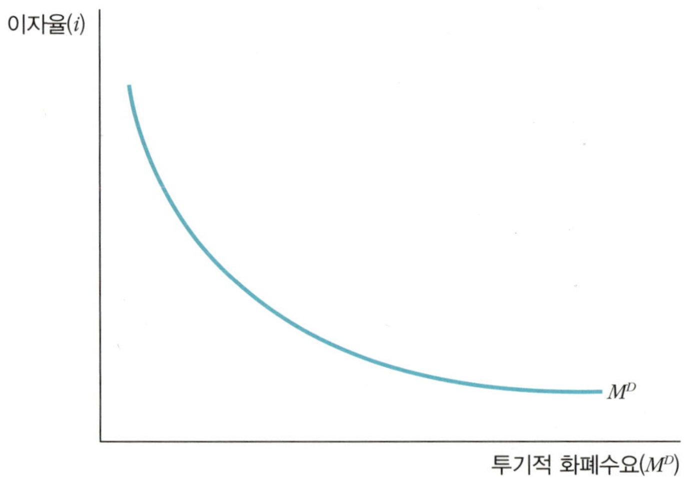

이자율(i)의 감소함수라고 할 수 있으며, 우하향하는 곡선으로 나타낼 수 있다.

총화폐수요를 거래적 · 예비적 화폐수요와 투기적 화폐수요로 나누어볼 수 있다. 거래적 · 예비적 화폐수요는 소득의 함수이고, 투기적 화폐수요는 이자율의 함수이다. 따라서 총화폐수요(M^D)는 소득(Y)과 이자율(i)의 함수로 나타낼 수 있다.

$$M^D = L(Y,\ i)$$

케인즈의 화폐수요함수는 소득이 증가하면 거래적 · 예비적 화폐수요는 증가하고, 이자율이 상승하면 투기적 화폐수요는 감소하는 것을 나타낸다.

2. 화폐수요와 공급의 균형

균형이자율에서 화폐수요와 공급은 일치한다. [그림 11-3]은 화폐의 공급곡선과 수요곡선을 보여준다. 정부가 공급하는 화폐의 총액은 이자율에 의존하지 않는다. 따라서 화폐의 공급곡선은 수직선이며, 화폐공급 M_0에서의 균형이자율은 i_0이

그림 11-3 균형이자율의 결정

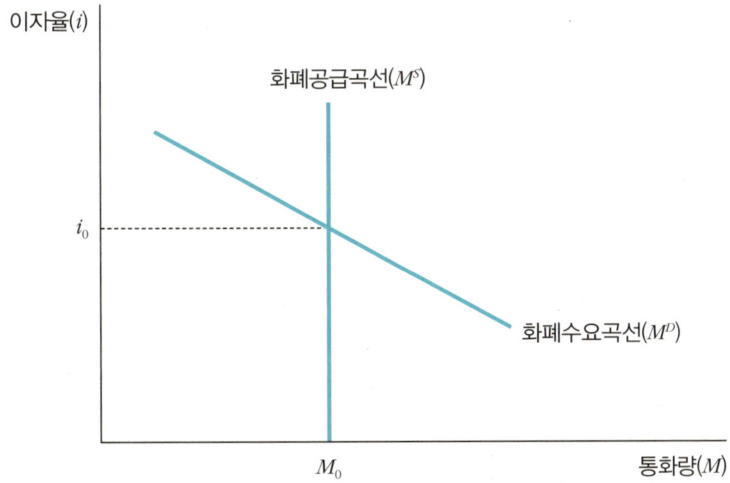

된다. 명목이자율이 화폐보유의 대가이므로 이자율이 상승하면 화폐수요는 감소한다.

케인즈의 화폐이론은 이자율이 화폐의 수요와 공급이 일치하는 점에서 결정된다는 원리를 기초로 하며, 유동성선호이론이라고 한다. 케인즈는 유동성선호이론을 이용하여 통화정책이 어떻게 작용하는지를 설명했다. 이를 위해 화폐공급변화가 이자율에 미치는 효과, 이자율변화가 투자에 미치는 효과, 그리고 투자변화가 국민소득수준에 주는 효과를 이해할 필요가 있다.

3. 통화정책과 이자율

중앙은행이 화폐를 추가로 인쇄하거나 국채를 매입하여 통화량을 증가시킨다면 어떤 결과를 가져올 것인가? [그림 11-4]는 화폐공급의 변화가 어떻게 이자율을 변화시키는지 보여주고 있다.

그림 11-4 통화정책의 효과

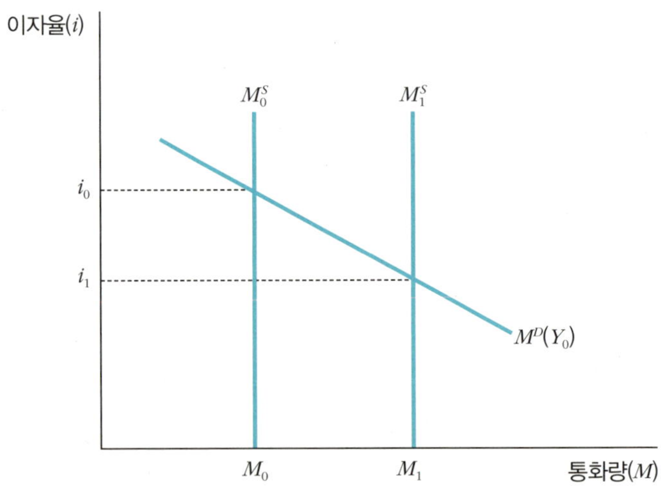

실질통화량이 M_0에서 M_1로 증가하면 화폐공급곡선은 M_0^S에서 M_1^S로 이동한다. 균형이자율은 i_0에서 화폐의 초과공급이 발생하므로 i_1로 하락한다. 이자율 하락은 투자를 증가시켜 국민소득을 향상시키는 효과를 가져오게 된다. 투자지출이 증가하면 소득(=산출)은 승수효과를 통해 증가한다. 실제로 투자는 명목이자율이 아닌 실질이자율에 따라 결정된다. 하지만 여기서는 물가수준이 고정되어 있으므로 명목이자율과 실질이자율은 같다.

[그림 11-5]에 따르면 투자가 I_0에서 I_1로 증가하면 총지출선이 위로 이동하고 균형소득수준이 증가한다. 산출(=균형소득)은 Y_0에서 Y_1로 증가한다. 소득이 증가하면 화폐수요곡선이 우측으로 이동하여 이자율을 증가시킨다. 물가가 일정하다고 가정하면, 각 물가수준에서 소득의 균형수준이 늘어나므로 총수요곡선은 우측으로 이동한다.

그림 11-5 투자증가의 효과

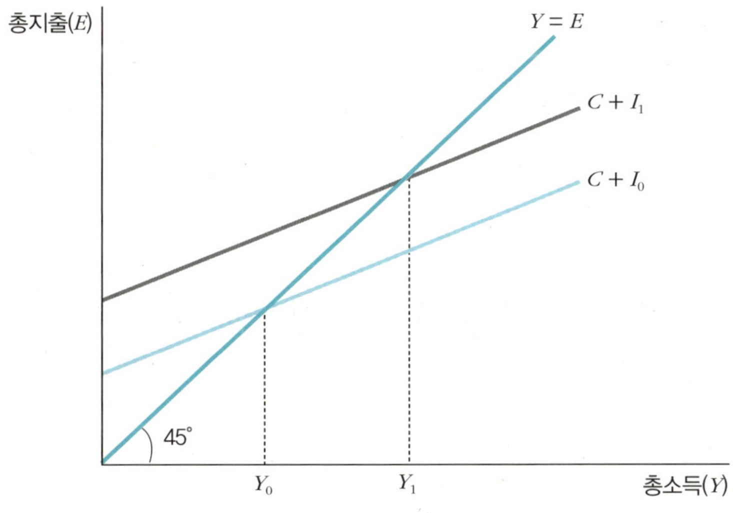

질문의 답 찾기 QA

1920년대 초 독일의 하이퍼인플레이션이 발생한 요인은 무엇인가?

제1차 세계대전이 끝나자 연합국은 독일을 비롯한 전쟁에서 패한 동맹국에게 막대한 배상금을 부과하였다. 독일은 배상금을 지불하지 못하였지만, 프랑스가 루르공업지역을 점령하여 보복을 가하자 경제상황은 크게 악화되었다. 독일 정부는 재정의 8%만을 세수로 충당하고 나머지는 대중들로부터 차입하거나 지폐를 인쇄하여 지불하였다. 독일의 현금통화는 폭발적으로 증가하였고, 통화량의 급속한 증가는 하이퍼인플레이션을 초래하였다. 독일경제의 붕괴는 부분적으로 나치가 약진하는 계기를 만들어주었다.

시사경제용어

- 에스크로(Escrow) : 결제대금 예치제도이다. 인터넷쇼핑몰이나 통신판매 등을 이용하여 물건을 거래할 때 구매자가 낸 대금을 금융기관 등 제3자에 예치한 뒤 배송이 확인된 뒤에 판매업체에게 지급하는 거래안전장치이다.
- 민스키 모멘트(Minstky monent) : 경제학자 민스키의 '금융 불안정성 가설'을 기반으로 한 개념이다. 과도한 부채로 이룬 경기호황이 끝난 뒤 잠복해 있던 위험요인이 갑작스럽게 현실화하면서 자산가격이 폭락하는 시점을 말한다.
- 코너스톤제도 : 주춧돌이라는 의미로 기업공개(IPO)시장에서 가격이 확정되기 전에 공모 물량 일부를 기관투자가에게 배정하는 제도이다. 한국거래소는 공모시장 안정성을 높이고자 도입하였다.
- ISA : 예금, 적금, 펀드, 주가연계증권(ELS) 등 여러 종류의 금융상품을 한 계좌에서 운용할 수 있는 만능 통장이다. 이 통장에서 발생하는 금융소득은 200만 원(총급여액이 5,000만 원 미만인 직장인이나 농어민은 400만 원)까지 비과세 혜택을 받을 수 있다. 최근 2018년 국회에서 조세특례제한법 개정안이 통과되면서 신규 가입 시한이 2021년까지 연장되었다.

연 · 습 · 문 · 제

EXERCISE

01 화폐의 종류와 기능을 설명하시오.

02 상하는 지정 상점에서 특정상품을 구매할 수 있는 상품권을 가지고 있다면, 이 상품권은 화폐인가?

03 다음 내용들이 현금보유 기회비용의 증감에 어떤 영향을 주는지 설명하시오.

① 상인들이 10만 원 미만 구매에 대하여 0.5%의 신용카드 및 체크카드 수수료를 부과

② 예금 유치를 위해 은행들이 1년 만기 CD의 이자율을 인상

③ 연말 쇼핑시즌을 맞아 소매상점들이 일시적으로 큰 폭 가격할인 실시

④ 식품가격의 큰 폭 상승

04 케인즈의 유효수요이론에 대하여 설명하시오.

05 경기불황문제를 해결하기 위해 중앙은행이 확장적 통화정책을 실시했다고 하자. 확장적 통화정책이 다음 변수에 미치는 영향을 설명하시오.

① 통화공급곡선

② 균형이자율

③ 소비지출 및 투자지출

④ 총생산

06 미래경기전망의 변화 때문에 투자지출의 감소가 소비지출의 감소를 유발할 수 있는 이유를 설명하시오.

CHAPTER 12

실업과 인플레이션

주 52시간 근무제 도입은 고용과 실업에 어떤 영향을 주는가?

2018년 2월, 주당 법정 근로시간을 현행 68시간에서 52시간(법정근로 40시간+연장근로 12시간)으로 단축하는 내용을 담은 '근로기준법 개정안'이 국회를 통과하였다. 2018년 7월 1일부터 종업원 300인 이상의 사업장과 공공기관은 '주당 근로시간 52시간'을 지켜야 한다. 법정근로시간 단축이 노동시장에 미치는 영향을 알아보자.

12.1 고용과 실업의 측정

국가경제에서 고용수준을 적절하게 유지하는 일은 매우 중요한 과제이다. 적절한 고용수준을 유지하기 위해서는 고용 및 실업에 관한 정확한 통계가 반드시 요구된다. 한국의 대표적인 고용통계는 통계청에서 매월 작성하는 경제활동인구조사이다. 경제활동인구조사는 고용정책 입안 · 평가, 경제분석 등에 활용되는 경제활동인구, 취업자, 실업자 등 고용 관련 통계를 생산한다.

1. 경제활동인구와 비경제활동인구

경제활동인구의 구성

경제활동인구조사의 대상은 매월 15일 현재 대한민국에 상주하는 만 15세 이상 인구 중 현역군인, 공익근무요원, 상근예비역, 전투 또는 의무경찰, 형이 확정된 교도소 수감자 등을 제외한 나머지 인구이다. 실제조사는 가구기준 표본조사를 통하여 이루어진다. 조사대상 표본은 '인구주택총조사'결과에 기초한 35,000가구(2018년 기준)이다.

한국에서는 노동이 가능한 인구를 만 15세 이상으로 정하고 있다. 만 15세 이상 인구 가운데 수입이 있는 일에 종사하거나 취업을 위해 구직활동 중인 자가 경제활동인구를 구성한다. 비경제활동인구는 만 15세 이상 인구 중에서 집안에서 가사나 육아를 전담하는 주부, 학교에 다니는 학생, 일을 할 수 없는 연로자 및 심신장애자, 자발적으로 자선사업이나 종교단체에 관여하는 자(전업은 제외), 구직단념자 등으로 구성된다.

그림 12-1 경제활동인구의 구성

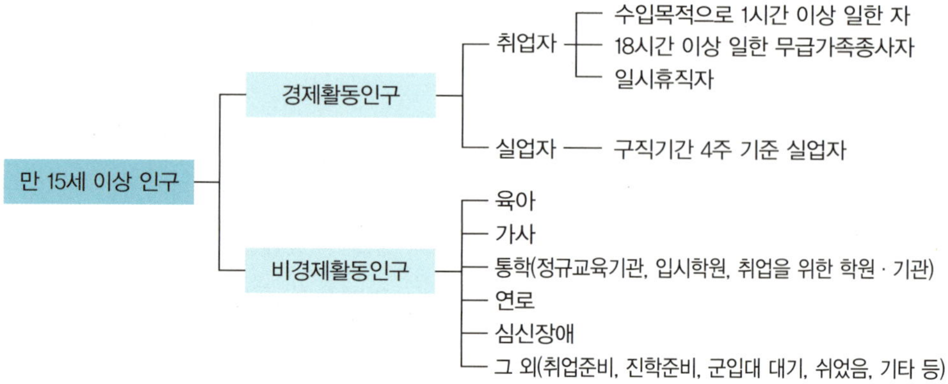

통계청은 경제활동인구조사를 바탕으로 여러 가지 고용지표를 제공하고 있다. 경제활동참가율은 만 15세 이상 인구 가운데 경제활동인구가 차지하는 비율이다. 실업률은 경제활동인구 중에서 실업자가 차지하는 비율이다. 그리고 고용률은 만 15세 이상 인구 가운데 취업자가 차지하는 비율이다. 세 지표를 식으로 나타내면 다음과 같다.

$$\text{경제활동참가율}(\%) = (\text{경제활동인구}/\text{만 15세 이상 인구}) \times 100$$

$$\text{고용률}(\%) = (\text{취업자}/\text{만 15세 이상 인구}) \times 100$$

$$\text{실업률}(\%) = (\text{실업자}/\text{경제활동인구}) \times 100$$

2017년 기준으로 한국의 전체 인구는 51,446천 명이고, 15세 이상 인구는 43,751천 명으로 나타났다. 경제활동인구는 27,580천 명 가운데 취업자는 26,552천 명, 실업자는 1,028천 명이었다. 같은 해 한국의 경제활동참가율은 63.0%이고, 실업률은 3.7%로 나타났다. 고용률은 60.7%를 기록하였다.

그림 12-2 한국의 경제활동인구 현황(2017년 기준)

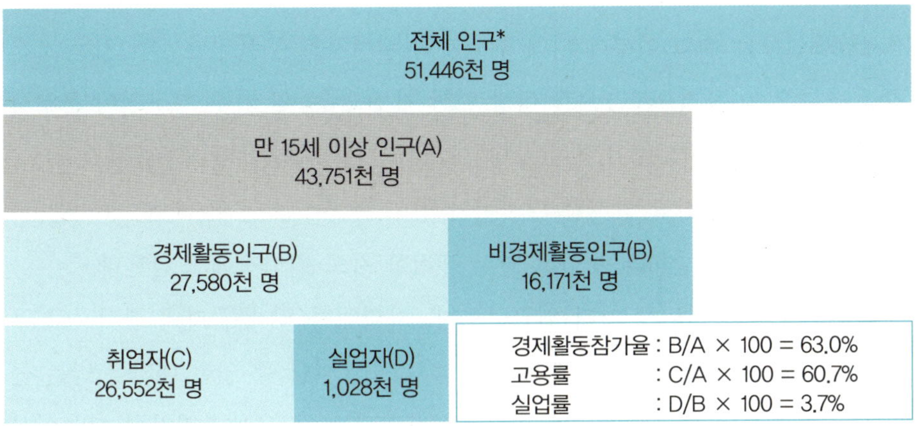

* 장래주거인구기준
자료 : 통계청, 경제활동인구조사

[그림 12-3]은 한국의 연령계층별 생산가능인구 추이를 나타내고 있다. 2020년까지는 생산가능인구가 증가하다가 그 이후 감소추세를 보일 전망이다. 24세 이하 청년층의 비중은 줄어들지만 50세 이상 고연령층의 비중은 늘어날 전망이다.

그림 12-3 한국의 연령계층별 생산가능인구 추이

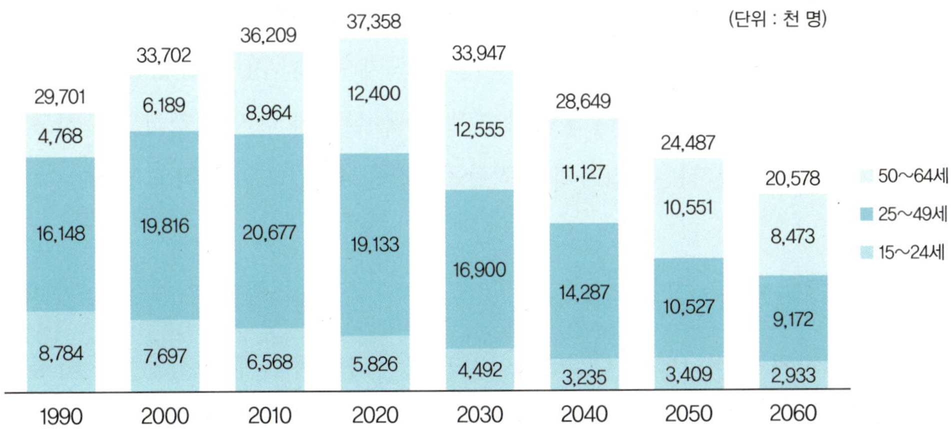

주 : 반올림 등으로 인해 일부 수치 간 불일치가 있을 수 있음
자료 : 통계청

취업자와 실업자

경제활동인구는 취업 여부에 따라 취업자와 실업자로 구분된다. 취업자는 조사대상 주간에 수입을 목적으로 1시간 이상 일한 자 또는 동일 가구 가구원이 운영하는 농장이나 사업체의 수입을 위하여 주당 18시간 이상 일한 무급가족종사자이다. 직업 또는 사업체를 가지고 있지만 일시적인 병 또는 사고, 연가, 교육, 노사분규 등과 같은 사유 때문에 일하지 못하고 일시 휴직한 자도 취업자에 포함된다.

취업자는 종사상 지위에 따라 임금근로자, 자영업자 및 무급가족 종사자로 구분된다. 임금근로자는 자신의 근로에 대해 임금, 봉급, 일당 등 일한 대가를 받는 근로자로 상용, 임시 및 일용으로 구분된다. 상용근로자는 고용계약기간이 1년 이상인 자와 고용계약을 하지 않았으나 채용절차에 따라 입사하여 인사관리규정을 적용받거나 상여금 및 퇴직금 등 각종 수혜를 받는 자이다. 임시근로자는 고용계약기간이 1개월 이상 1년 미만인 자 또는 고용계약 없이 일정한 사업(완료 1년 미만)의 필요에 의해 고용된 자이다. 일용근로자는 고용계약기간이 1개월 미만 또는 매일 고용되어 일급 또는 일당제 급여를 받는 자이다. 자영업자와 무급가족종사자는 비임금근로자로 분류된다.

실업자는 조사대상 주간에 수입이 있는 일을 하지 않았고, 지난 4주간 적극적으로 구직활동을 한 자로서 일자리가 주어지면 즉시 취업이 가능한 자를 의미한다. 실업자 분류에 적용되는 구직활동기간은 국제노동기구(International Labour Organization : ILO)도 특별히 정하지 않고 각국 실정에 따라 결정하도록 하고 있다. 대다수 OECD국가는 실업자의 구직활동기간을 4주간으로 정하고 있다.

비경제활동인구

취업준비자와 구직단념자는 실업자이지만 조사대상 주간에 구직활동을 하지 않으므로 실업자가 아닌 비경제활동인구에 포함된다. 취업준비자와 구직단념자가 늘어나면 실업률이 줄어들 수 있다. 구직활동을 하던 자가 일거리를 찾지 못하여 구직활동을 포기하거나 구직활동을 중지하고 취업준비에 들어가면, 실업자에서 비경제활동인구로 전환되어 실업자 수가 줄어들어 실업률이 감소하게 된다. 이는 체감 실업률과 통계 발표 실업률 간의 차이를 느끼게 하는 요인이다.

이와 같은 실업률 통계의 문제점을 해소하기 위해 고용률을 보조지표로 이용하기도 한다. 고용률은 만 15세 이상 인구를 기준으로 계산되기 때문에 실업자와 비경제활동인구 간의 이동에 따른 경제활동인구 변동의 영향을 받지 않는다.

부가조사

경제활동인구조사에서는 고용상황을 정확하게 파악하기 위해 월별 조사 이외에 목적별로 부가조사를 실시하고 있다. 여기에는 근로형태별 부가조사, 청년층 부가조사 및 고령층 부가조사, 비임금근로자(자영업자 및 무급가족종사자) 부가조사가 있다. 그리고 통계청은 1년단위로 노동력 수요자인 전국 사업체를 대상으로 취업자 현황을 조사하고 있다. 고용노동부는 사업체 노동력조사를 월별로 실시하여 결과를 발표하고 있는데, 노동수요자인 사업체 측면에서 사업체 규모별 · 산업별로 고용과 근로실태를 파악하고 있다.

2. 실업의 유형

실업률은 경기변동에 따라 변한다. 경기후퇴기에는 증가하고 경기확장기에는 감소한다. 하지만 실업률이 0수준으로 떨어지지는 않는다. 그 이유를 이해하기 위해 마찰적 실업, 구조적 실업, 경기적 실업과 같은 실업의 유형을 이해할 필요가 있다.

일자리 탐색과 실업

근로자들은 서로 다른 기술, 능력, 관심을 가지고 있고, 일자리도 다른 기술조건, 근무환경, 급여수준을 갖추고 있다. 따라서 경제활동인구에 새롭게 진입하는 근로자나 일자리를 잃은 근로자는 즉시 받아줄 일자리를 발견하지 못할 수 있다.

대부분 기업들이 직무에 알맞은 새로운 사람을 찾는 데 시간이 필요하듯이, 근로자들도 직업탐색(job search)을 위한 상당한 시간을 투입한다.

마찰적 실업(frictional unemployment)은 근로자와 일자리를 연결하는 과정에서 발생하는 단기실업이다. 한국경제는 매년 수십만 개의 일자리를 만들기도 하고 없애기도 한다. 직업탐색과정은 시간이 걸리기 때문에 언제나 일부 근로자들은 기존 직업과 새로운 직업 사이에 머무르는 마찰적 실업상태에 놓이게 된다.

마찰적 실업 가운데 일부는 날씨나 수요변동 같은 계절적 요인에 의해 발생한다. 해안 리조트들은 겨울 동안 고용을 줄이고, 스키 리조트는 여름 동안 고용을 감소시킨다. 또 건설노동자들은 여름보다 겨울에 더 많은 실업을 경험한다. 이처럼 날씨, 관광수요 변화, 기타 계절 관련 이벤트와 같은 계절적 요인 때문에 발생하는 실업을 계절적 실업(seasonal unemployment)이라고 한다.

그렇다면 마찰적 실업을 없애는 것이 경제에 좋은가? 반드시 그렇지 않다. 일부 마찰적 실업은 경제적 효율성을 증가시키기도 하기 때문이다. 마찰적 실업은 근로자와 기업이 근로자 특성과 직업 특성을 잘 연결하기 위해서 시간을 필요로 하기 때문에 발생한다. 근로자는 직업탐색에 시간을 투입함으로써 더욱 생산적이고 만족스러운 일자리를 발견할 수 있다. 기업 또한 보다 더 생산적이고 만족스러운 근로자를 고용하기 위해 많은 시간을 필요로 한다.

구조적 실업과 경기적 실업

새로운 기술이 개발되면 전통적인 기술에 의존하는 일자리는 사라지게 된다. 컴퓨터를 이용하여 제작하는 3차원 애니메이션이 인기를 끌면서 전통적인 수작업에 의존해온 2차원 애니메이션 제작 인력은 일자리를 잃게 되었다. 애니메이션 작업자들은 구조적으로 실업상태에 놓이게 되었다고 할 수 있다. 구조적 실업(structural unemployment)은 직업기술, 근로자 특성, 직업조건 간의 불일치 때문에 발생한다. 마찰적 실업은 단기간 발생하는 데 비해, 구조적 실업은 근로자들이 새로운 기술을 배우는 데 상당한 시간을 필요로 하기 때문에 더 오랜 기간 지속될 수 있다.

경기적 실업(cyclical unemployment)은 자연실업률과 실업률의 차이로 정의된다. 경기적 실업은 경기변동과정에서 수요부족으로 생기는 실업으로 보통 경기침체기에 상승하고 호황기에는 하락한다.

자연실업률(natural rate of unemployment)은 실제로 실업률 변동의 중심이 되는 실업률이다. 즉 노동시장이 정상적으로 기능을 하는 상태에서 정부의 고용안정화 정책과는 별개로 장기적으로 변하지 않는 실업률을 의미한다. 자연실업률은 일정기간의 실업률을 평균하는 방식으로 계산한다. 한국은행에 따르면 한국이 2017년 1분기 자연실업률이 3.70%로 사상 처음 3% 후반대에 진입하였다. 자연실업률은 경기변동에 거의 영향을 받지 않으므로 글로벌 금융위기 이후 경제구조변화가 자연실업률을 끌어올린 것으로 추정된다.

3. 임금경직성과 구조적 실업

일자리 탐색과정에서 발생하는 마찰적 실업은 모든 노동시장에서 발견할 수 있는 정상적이고 필연적인 현상이라고 할 수 있다. 하지만 임금수준이 시장균형임금수준을 넘어서면, 노동공급량이 노동수요량보다 커지면서 실업(노동의 초과공급)이 발생한다. 노동시장 초과공급이 해소되지 않고 임금이 균형수준보다 높은 수준에서 고정되어 있는 현상을 임금경직성(wage rigidity)이라고 부른다. 임금경직성은 시장임금이 균형임금보다 높은 수준에서 머물도록 하여 낮은 임금을 받고 일하기를 원하는 노동자가 실업상태에 놓이도록 한다. 임금경직성의 원인은 최저임금법, 노동조합 및 효율성임금에서 찾아볼 수 있다. 이는 구조적 실업의 원인이 된다.

최저임금법

많은 국가는 최저임금법(minimum wage law)에 의해 시간당 임금의 최저수준을 정해놓고 있다. 미국은 1938년부터 시행하였고 프랑스는 1950년에 도입하였다. 뉴질랜드 정부는 1984년 최초로 최저임금제를 시행하였다. 한국은 1986년 12월 31

일 도입하여 시행하고 있다. 한국의 2019년 최저임금은 2018년 시급 7,530원에서 10.9% 오른 8,350원이 되었다. 지금까지 지급하지 않았던 주휴수당(일하지 않은 시간에 대한 임금)을 지급해야 하는 소상공인과 영세중소기업으로서는 실질최저임금이 한꺼번에 10,030원 수준으로 뛰어서 인건비부담이 갑자기 33%나 급등하였다. 산업현장에서는 최저임금 위반사태가 무더기로 발생할 전망이다.

[그림 12-4]는 최저임금제와 실업의 관계를 나타내고 있다. 최저임금제는 최저임금(Wm) 이하로 임금이 하락하지 못하도록 막고 있어서 노동공급량과 노동수요량이 일치할 수 없도록 한다. 최저임금은 노동시장 균형임금수준보다 높기 때문에 취업희망노동자(L_2)는 균형고용량(L^*)보다 많고, 기업이 원하는 노동자(취업노동자)(L_1)는 균형고용량(L^*)보다 적다. 따라서 초과공급(L_1L_2), 즉 실업이 발생하게 된다. 일부 실업노동자는 최저임금(Wm) 이하를 받으면서도 일하기를 원할 수 있다. 실업자 L_1L_2 가운데 실업자 L_1L^*은 기존 취업되어 있던 노동자가 최저임금제 때문에 실업상태에 놓이게 된 노동자이다. 실업자 L^*L_2는 시장균형임금보다 높은 최저임금 때문에 노동시장에 새롭게 진입하였지만 실업상태에 놓이게 된 노동자이다.

그림 12-4 최저임금과 실업

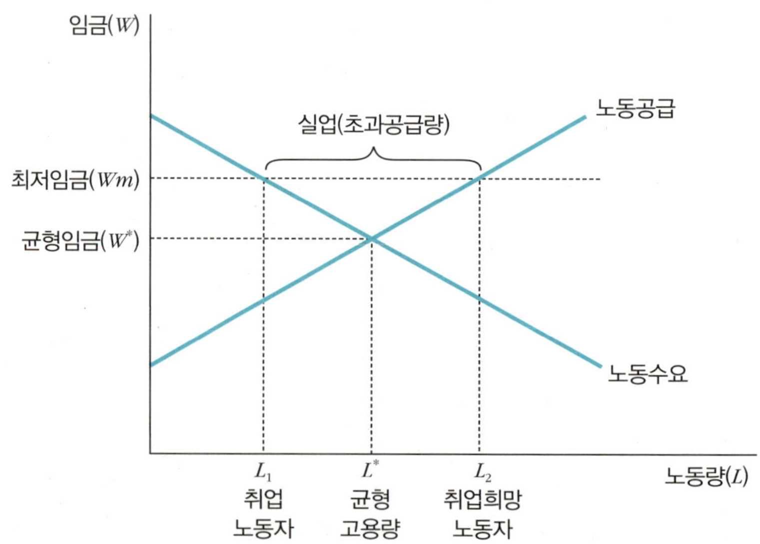

최저임금제는 승자와 패자를 낳는 정책이다. 승자인 취업자(L_1)는 최저임금에도 불구하고 취업노동자로 남아있게 되고, 종전보다 더 높은 임금($Wm - W^*$)을 받게 되어 임금소득이 개선된다. 하지만 패자로 노동시장에서 퇴출된 실업자(L_1L_2)는 일할 수 있는 기회를 잃게 된다. 최저임금법으로 인한 실업자에는 상대적으로 사회적 약자인 청소년, 노인, 여성, 장애인 등이 포함될 가능성이 높다.

노동조합

단체교섭(collective bargaining)은 임금경직성의 다른 원인이다. 노동조합은 단체교섭을 통해서 조합원이 더 나은 근로조건과 보수를 얻도록 협상한다. 노동조합은 협상수단으로 파업을 내세우며 시장균형임금 이상으로 임금수준을 유지하려고 할 것이다. 결과적으로 노동공급량이 노동수요량을 초과하도록 하여 구조적 실업을 발생시킨다. 조합원은 균형임금보다 높은 수준의 임금을 받을 수 있는 혜택을 누리지만, 비조합원과 실업자는 낮은 임금과 실업상태를 감수해야 한다. 고용노동부에 따르면 한국의 2017년 노동조합 조직률은 10.7%로 2016년보다 0.4% 늘어났으며, 2008년 이후 가장 높은 수준이다. 같은 해 한국의 노동조합 전체 조합원은 208만 8천 명으로 2016년보다 12만 1천 명(6.2%)이 늘어났다.

효율성임금

1914년 포드자동차의 창업자인 헨리 포드는 대부분 사원의 일당을 2.34달러에서 다른 기업 사원임금의 3배 수준인 5달러로 인상하였다. 왜 이윤극대화를 추구하는 고용주가 자발적으로 사원의 보수를 2배나 인상하였을까? 노동자가 원하는 임금수준보다 더 높은 임금을 지불하는 임금정책이 기업에 이로울 수 있다. 포드의 임금 프리미엄은 효율성임금(efficiency wages)의 한 예이다. 포드는 노동자가 기꺼이 받아들이려고 하는 임금보다 더 높은 임금(실제로 시장임금보다 더 높은)을 지불함으로써 기업의 생산성과 수익성을 증가시킬 수 있었다.

효율성임금이 생산성과 수익성을 증가시킬 수 있는 여러 가지 원인이 있다. 첫째, 노동자의 이직을 줄인다. 노동자가 이직하여 새로운 노동자를 충원하게 되면, 채용과 훈련과정에서 많은 비용이 발생한다. 노동자가 일반적인 시장임금보다 더 많은 보수를 받는다면, 현재 일자리를 계속 유지하려는 동기를 더욱 크게 갖게 된다. 둘째, 높은 임금을 받는 일자리를 잃지 않기 위해 사원은 더욱 열심히 일하려고 하는 동기부여를 받게 되고 생산성을 향상시킬 수 있다. 셋째, 사원이 시장임금보다 더 높은 임금을 받게 되면 감사하는 마음을 갖게 되고 보답으로 더욱 열심히 일하게 되어 생산성을 높일 수 있다. 마지막으로, 효율성임금은 높은 임금을 주는 일자리에 지원하려는 우수한 노동자를 유인하는 효과를 제공한다. 이는 지원하는 노동자 풀의 질을 개선해줄 수 있다. 삼성전자가 한국에서 가장 높은 임금을 준다는 신호(signal)를 보내면, 가장 우수한 인재가 몰려드는 것과 같은 원리이다. 삼성전자는 우수한 지원자들 가운데서 최고의 인재들을 선발할 수 있을 것이다.

12.2 인플레이션과 필립스곡선

1. 인플레이션의 원인과 영향

인플레이션(inflation)은 지속적으로 물가상승이 이루어지는 것을 의미한다. 인플레이션은 총수요곡선과 총공급곡선이 교차하는 균형점에서 결정되는 물가수준이 상승하는 경우이다. 따라서 인플레이션은 총수요곡선이 오른쪽으로 이동하거나 총공급곡선이 왼쪽으로 이동하면서 발생할 수 있다.

총수요의 증가, 즉 총수요곡선이 오른쪽으로 이동하는 이유는 다음과 같다. 먼저 소비가 크게 증가하는 경우, 둘째, 기업이 투자를 확대하는 경우, 셋째, 세계경제가 호황으로 수출이 늘어나는 경우, 넷째, 소비자 등 수요자들이 인플레이션이 발생할 것으로 예상하고 구매를 늘리는 경우, 다섯째, 정부가 정부지출을 늘리든가 통화량을 증가시키는 정책을 사용할 경우이다.

총공급의 감소, 즉 총공급곡선이 왼쪽으로 이동하는 이유는 다음과 같다. 먼저 임금이나 원자재가격 등 생산요소의 가격이 상승하는 경우, 둘째, 노사분규로 노동생산성이 떨어지는 경우, 셋째, 기업 등 공급자들이 물가가 상승할 것으로 예상하고 공급을 줄이는 경우이다. 인플레이션은 수요 측 요인과 공급 측 요인이 혼합되어 발생될 수 있으며, 이 경우 물가상승폭은 더욱 확대되거나 축소될 수 있다.

인플레이션이 발생하면 화폐가치가 떨어지므로 소득수준이 일정할 경우 생활수준이 낮아질 수 있다. 한편 인플레이션이 진행되면 상품의 가격수준이 오르고 노동서비스와 자본서비스 등 생산요소의 가격도 상승하여 명목소득도 오르게 된다. 인플레이션은 화폐가치를 감소시켜 채권자에게서 채무자에게로 부를 이전시키는 등 사회구성원 간의 소득과 부를 재분배시켜준다. 이외에도 경제적 효율성을 저해하여 생산과 고용에 영향을 주게 된다.

2. 실업과 인플레이션의 관계 : 필립스곡선

실업과 인플레이션은 단기에 역의 관계를 갖는다. 단기에 인플레이션을 완화하려면 어느 정도의 실업증가를 감수해야 한다. 이들 실업과 인플레이션 간에는 단기에 상충관계(trade-off)가 존재한다고 말한다. 실업률과 인플레이션율 간의 상충관계를 나타내는 곡선을 필립스곡선(Phillips curve)이라고 한다. 단기에 필립스곡선은 우하향하는 모양을 갖는다.

[그림 12-5]에서 PC_1은 단기의 필립스곡선을 나타낸다. 단기에 실업률을 낮추기 위해서는 인플레이션율 상승을 감수해야 한다. 이는 PC_1곡선 내 이동으로 나타난다. 하지만 장기에는 필립스곡선 자체가 우상향으로 이동하여 PC_2에 이를 수 있다. 인플레이션율과 실업률의 조합이 a점에서 b점으로 이동하면 인플레이션율과 실업률이 동시에 상승하는 스태그플레이션(stagflation)현상이 나타나게 되는 경우를 의미한다.

그림 12-5 필립스곡선의 이동

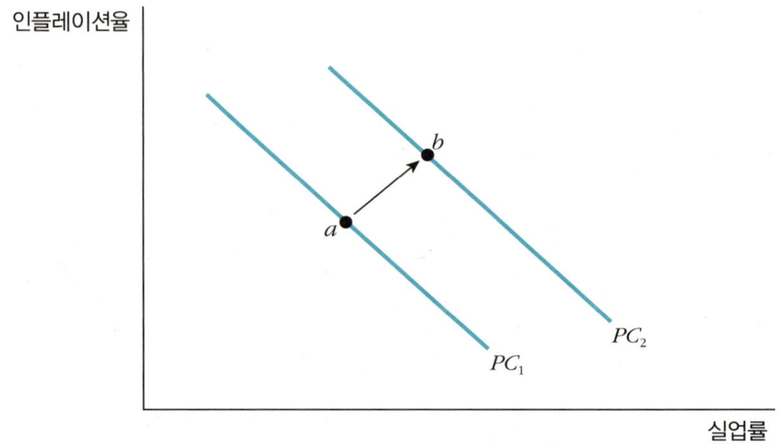

질문의 답 찾기 QA

주 52시간 근무제 도입은 고용과 실업에 어떤 영향을 주는가?

2018년 7월 문재인 정부는 300인 이상 사업장 약 3,500곳을 시작으로 주 52시간 근로제를 단계적으로 의무 도입했다. '워라벨(일과 개인 삶의 균형)'과 '저녁 있는 삶'을 약속한 지 1년이 지난 지금 현장에서는 어떤 변화가 일어나고 있는가? 한 마디로 어떤 직장에서 어떤 일을 하느냐에 따라 근로자의 삶은 달라지고 있다. 우선 주 52시간제 효과는 회사규모에 따라 다르게 나타났다.

한국노동연구원이 조사한 바에 따르면 대기업(24개 기업조사)에서는 근로자가 '정시퇴근'을 하였다고 응답한 비율이 약 75%로 나타났지만 중소기업(23개 기업조사)에서는 21.7%로 대기업의 3분의 1 수준에 그쳤다. 한편, 중견기업(36개 업체)에서는 약 38.9%만이 '정시퇴근'한다고 밝혀 대기업의 절반수준에 그쳤다. 대기업에서는 주 52시간제가 빠르게 정착되고 있다. 정시퇴근 분위기가 정착되었으며, "업무집중도가 향상되었다"는 응답도 50%에 이르렀다.

수혜계층은 주로 사무직이다. 부정적인 측면은 '잔업수당' 비중이 큰 생산직 근로자나 중견·중소기업에서 두드러진다. 생산직 근로자는 기본급은 올랐지만 수당이 줄어 작년 대비 1년에 한 달 치 수입이 줄어들었다고 한다. 지금까지는 양극화를 해소하기 위해 도입한 근로시간 단축제가 양극화를 확대하는 분위기이다. 업종과 직무에 따라 유연하게 적용할 필요가 있다.

시사경제용어

- 실망노동자(Discouraged Workers) : 일을 할 능력은 있지만 일자리가 없기 때문에 일자리를 구하는 자체를 포기한 사람을 말한다.
- 확장실업률 : 공식실업률과 체감실업률 간 괴리를 줄이기 위해 마련된 지표이다. '시간 관련 추가 취업가능자와 실업자, 잠재경제활동인구'의 합을 '경제활동인구와 잠재경제활동인구'의 합으로 나누어 구한다. 시간 관련 추가 취업가능자란 근로시간이 주당 36시간 이하인 추가 취업을 원하는 사람, 잠재경제활동인구란 구직활동 여부와 관계없이 취업하려는 사람을 의미한다.
- 고용탄성치 : 고용탄성치는 '취업자증가율÷국내총생산율'로 산출한다. 한 산업의 성장이 창출하는 고용의 양을 측정하는 지표로 고용탄성치가 높을(낮을)수록 산업성장에 비해 취업자 수가 많다(적다)는 의미이다. 최근 우리나라는 고용탄성치가 지속적으로 낮아지고 있는 추세이다.

연 · 습 · 문 · 제

EXERCISE

01 경제활동인구와 비경제활동인구를 설명하시오.

02 실업의 유형을 설명하시오.

03 임금경직성의 원인을 설명하고, 임금경직성이 구조적 실업에 주는 영향을 설명하시오.

04 어떤 경제는 다음과 같은 고용그룹으로 나누어진다고 하자. 즉 상근근무 전일제 일자리 25명, 시간제 근무 한 개 일자리 20명, 시간제 두 개 일자리 5명, 구직자 10명, 낙담구직포기자 10명, 자영업자 10명, 은퇴자 10명, 15세 미만 어린이 10명으로 구성되어 있다고 하자.

① 경제활동인구 및 경제활동참가율을 구하시오.

② 실업자 및 실업률을 구하시오.

③ 가계표본조사 측정값과 기업체표본조사 측정값으로 각각 총고용을 구하시오.

④ 고용률과 전체 인구를 구하시오.

CHAPTER 13

총수요와 총공급

세계금융위기의 원인은 무엇인가?

미국경제는 1982부터 2007년 사이에 매우 빠르게 성장하여, 작은 경기침체를 겪으면서도 실질 GDP 성장률은 연평균 3.4%에 이르렀다. 하지만 2007년 후반부터 세계경제는 크게 위축되기 시작하였다. 미국에서만도 실업자 수는 약 740만 명이 증가하였다. 주택가격은 3분의 1이나 하락하였고, 주가는 반 토막이 났다. 미국의 경기침체는 세계경제위기로 발전하였다. 한국에서도 세계경제위기 여파로 2009년 취업자는 8.7% 감소하였고, 실업률은 3.6% 증가하였다. 청년실업자는 같은 해 약 35만 명으로 늘어났다. 그렇다면 무엇이 2007~2008년 세계경제침체를 유발하였는가? 경기침체를 유발하는 다양한 요인을 알아보자.

13.1 경기변동

경기는 넓은 의미에서 국민경제의 총체적인 활동수준을 의미한다. 경기가 좋으면 생산, 소비, 투자 등 경제활동이 평균수준 이상으로 활발하고, 경기가 나쁘면 경제활동이 위축될 것이다. 경기는 보통 확장 · 후퇴 · 수축 · 회복과정을 반복하면서 변동한다. 국민경제가 안정적 성장을 유지하려면 경기변화를 보다 빠르고 정확하게 예측할 필요가 있다.

1. 경기변동이란?

경기변동(business cycle)은 경기가 상승과 하락을 반복하는 현상이다. 즉 실질 GDP, 소비, 투자, 고용 등 거시총량변수(macroeconomic aggregate)가 장기추세선을 중심으로 상승과 하락을 반복하는 현상이다. 경기변동 원인은 경제 전체 충격(aggregate shock)에 대하여 가계, 기업, 정부 등 경제주체가 반응하는 결과에서 찾을 수 있다. 경기변동을 초래하는 충격은 총수요 충격(기업투자지출변화 등), 화폐적 충격(통화량변화 등), 총공급 충격(기술 · 생산성변화 등)이 있다. 이외에도 해외부문 충격이나 정치적 변수도 경기변동 원인으로 이해되고 있다. 현실적으로 다양한 원인이 복합적으로 작용하여 경기변동을 가져온다고 알려져 있다.

2. 경기변동과정

경기변동은 회복(recovery), 호황(boom), 후퇴 또는 침체(recession)와 수축(contraction) 등 4개 국면으로 나누어진다. [그림 13-1]은 일반적인 경기변동 국면을 나타내고 있다. 중앙의 가로선은 경제활동의 평균적인 장기추세선이다. 경기저점에서 경기상승 충격이 발생하면 경기가 회복되기 시작하고, 장기적으로 호황 국면(boom)으로 접어든다. 호황 국면에서는 경제활동이 전반적으로 활기를 띠고, 소비와 투자가 늘어나고, 고용과 소득도 증가한다. 판매는 늘고 재고는 줄어들어 기업이윤이 증가한다. 물가가 오르고 이자율과 주식가격도 상승한다.

호황이 지속되면 경기가 정점(peak)에 이른 다음, 둔화하기 시작한다. 후퇴기(recession)에는 경제활동의 활기가 약해지면서, 소비, 투자, 고용, 소득이 모두 둔화되고 판매와 기업이윤도 줄어들게 된다. 경기가 후퇴를 계속하여 장기추세선 아래로 내려가면 불황(depression)에 들어가게 된다. 소비와 투자가 크게 줄어들고 실업자가 증가하며 소득은 크게 감소한다. 기업은 이윤이 크게 줄어들거나 손실이 발생하여 도산하는 기업이 증가한다. 주가는 떨어지고 물가상승률과 이자율은 대체로 감소추세를 보인다. 시간이 지나면 경기가 밑바닥인 저점(trough)에 도달한다. 저점을 지나면 다시 회복기(recovery)에 접어들게 된다. 경기는 이와 같은 순환을 반복하며 변동한다.

경기의 저점에서 다음 저점까지 기간을 경기주기(cycle)라고 하고, 저점에서 정점까지 높이를 경기진폭(amplitude)이라고 한다.

그림 13-1 경기변동과정

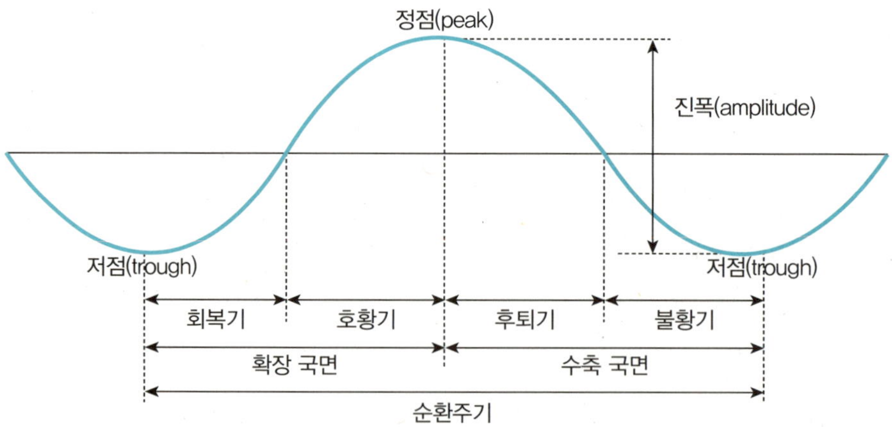

3. 경기변동주기

경기변동을 파악하고 대책을 마련하기 위해서는 경기정점과 저점이 결정되어야 한다. 경기 국면이 바뀌는 정점과 저점이 발생한 시점을 기준순환일(reference date)이라고 한다. 한국에서는 통계청이 기준순환일을 결정하여 발표한다. 이 과정에서 경기종합지수(Composite Index : *CI*)를 작성하며, 동행지수 순환변동치, 생산 · 소비 등 주요 경기지표와 경제총량지표인 GDP, 관련 전문가 의견 등을 반영한다.

[그림 13-2]는 한국의 경기변동주기를 나타내고 있다. 한국의 기준순환일은 1970년 이후 기간을 대상으로 설정되고 있다. 현재 2013년 3월 경기저점까지 설정되어 있다. 한국의 경기변동주기는 평균 49개월이다. 확장기는 평균 31개월이고, 수축기는 평균 18개월로 나타났다. 한국의 변동주기는 미국 77개월이나 일본 55개월에 비해 짧은 편이다.

그림 13-2 한국의 경기변동주기

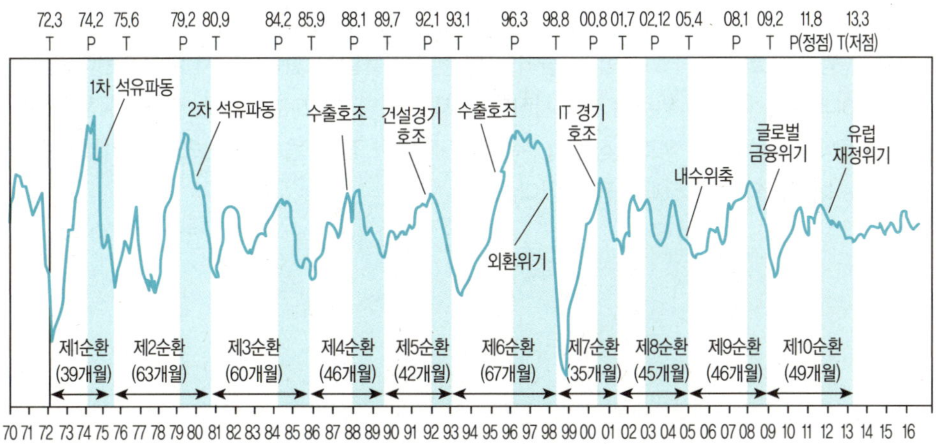

주 : P－정점(Peak), T－저점(Trough)
자료 : 통계청

생·활·경·제·학

불황의 징후는 무엇일까? : 빨간 립스틱과 로또 광풍

빨간 립스틱이 불티나게 팔리고, 인생역전을 노린 로또복권 구매가 줄을 잇고 있다. 불황의 시그널이 고개를 들었다. 2018년 대한민국의 경제성장률은 6년 만에 최저수준으로 미끄러졌고, 최대 수출국인 중국마저 28년 만에 가장 낮은 성장률을 기록했다.

2019년 1월 22일 기획재정부와 복권 수탁사업자인 동행복권에 따르면 지난 1년간(2018년 1월 1일~12월 31일) 로또복권 판매액은 3조 9,658억 원으로 잠정 집계됐다. 한 게임당 1,000원으로 계산하면 판매량은 약 39억 6,500게임에 이른다. 지난해 로또 판매액과 판매량은 역대 사상 최고기록이다. 로또 판매액의 종전 최고기록은 한 게임에 2,000원이던 2003년의 3조 8,242억 원이었다. 지난해엔 이보다 1,416억 원 어치 더 팔린 셈이다. 통계청 인구추계(5,164만 명)로 판매량을 나눠보면 1명당 로또 76.8게임을 산 꼴이다. 금액으로 환산하면 1인당 7만 6,800원가량을 복권 구입에 쓴 것이다. 하루 평균 로또 판매액은 108억 7,000만 원 수준이다.

립스틱효과도 뚜렷하다. 소비자들이 최저비용으로 최대만족을 찾고 있다는 이야기다. 립스틱효과는 경기불황 시기에 나타나는 특이한 소비패턴이다. 립스틱 등 색조화장품의 판매 증가세가 눈에 띄게 가파르다. 올리브영이 지난해 매출을 분석한 결과, 색조화장품의 매출액은 2017년 대비 35% 신장했다. 1년간 가장 많이 팔린 제품 100가지 중에서도 립스틱 등 색조화장품이 15개였다. 올리브영은 “경기불황이 지속되면서 자기표현이 강한 20~30대 젊은 여성들 위주로 색조시장이 커지고 있다”라고 분석했다. 색조화장품의 수출 실적까지 급증세다. 색조화장품의 수출액은 지난달 전년 동기 대비 23% 증가했고, 입술과 눈 화장품의 경우 50%가량 늘었다.

자료 : 한국경제(2019. 1.)

13.2 총수요와 총공급

케인즈의 거시경제학은 불황에 대한 해결방안을 제시하고 있다. 총수요를 촉진하여 국민소득을 견인하는 케인즈이론은 균형국민소득모형과 유동성선호이론으로 구성되어 있다. 균형국민소득모형은 실물시장을 설명하고 있으며, 유동성선호이론은 화폐시장을 설명하고 있다.

1. 총수요

대부분 경제학자는 1930년대 대공황이 대규모 부정적인 수요충격 때문에 발생했다고 생각한다. 미시경제학에서는 동일가격에서 한 상품과 서비스에 대한 수요감소는 수요곡선의 왼쪽 이동을 의미한다고 설명했다. 마찬가지로 거시경제학에서는 경제 전체에서 부정적인 충격이 발생하면 총수요곡선(Aggregate Demand Curve : *AD*)이 왼쪽으로 이동한다고 설명한다.

총수요곡선의 기울기

총수요곡선(*AD*)은 물가와 가계, 기업, 정부, 해외부문의 총생산물수요량 간의 관계를 보여주는 곡선이다. 총수요곡선은 우하향하는 모양을 보인다. 경제의 전반적인 물가수준이 상승하면 다른 조건이 동일하다면 상품과 서비스의 수요량은 감소한다. 반면 물가수준이 하락하면 상품과 서비스의 수요량은 증가한다.

[그림 13-3]은 총수요곡선의 모양을 나타내고 있다. 물가수준이 P_1에서 P_2로 떨어지면 상품과 서비스의 수요량은 Y_1에서 Y_2로 늘어나게 된다. 결과적으로 총수요곡선은 마이너스(−) 기울기를 갖는다. 물가수준과 상품 및 서비스수요량이 서로 마이너스 상관관계를 갖는 이유는 무엇인가? 크게 실물시장, 화폐시장, 해외시장으로 나누어 설명할 수 있다.

■ **그림 13-3** 총수요곡선

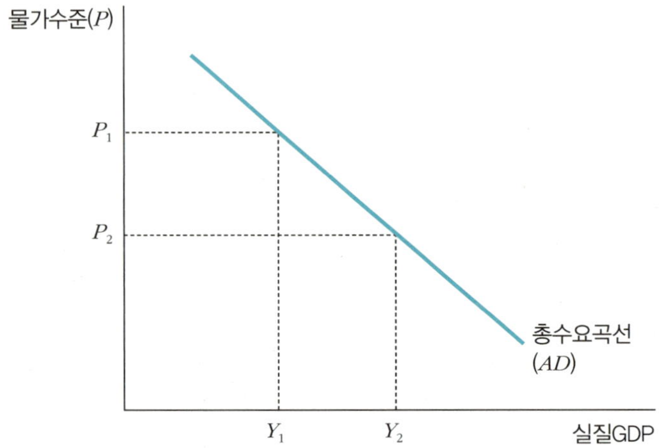

실물시장(재산효과와 이자율효과) 실물시장에서 물가와 실질GDP(국민소득)의 관계는 재산효과와 이자율효과로 나눌 수 있다. 물가가 하락하면 소비자들은 재산의 실질가치가 늘어나고 더욱 부자가 되었다고 생각하여 소비를 늘리게 된다. 결국 소비자는 물가하락으로 구매력이 높아져 소비재에 대한 수요가 늘어남에 따라 총수요량이 증가하게 된다. 이를 재산효과(wealth effect)라고 부른다.

물가가 상승하면 개인과 기업이 가지고 있는 화폐보유액의 구매력은 감소한다. 물가상승 이전과 같은 양의 상품과 서비스를 구입하기 위해서는 더 많은 금액의 화폐를 보유해야 한다. 따라서 물가가 상승하면 사람들은 더 많은 화폐를 보유하려고 하므로 다른 사람들에게 빌려줄 수 있는 자금이 줄어들고 이자율이 상승하게 된다. 이자율이 상승하면 자금조달비용이 상승하므로 투자지출이 감소한다. 또 가계는 저축을 증가시키므로 소비지출이 감소하게 된다. 물가상승은 화폐구매력을 떨어뜨려 투자지출(I)과 소비지출(C)을 줄이고 국민소득을 감소시키는 결과를 가져온다. 이를 이자율효과(interest rate effect)라고 부른다.

화폐시장 화폐시장에서는 물가수준이 떨어지면 실질통화량이 증가하므로 이자율을 하락시키게 된다. 이자율하락은 투자재수요를 증가시켜 총수요량은 늘어나게 된다.

해외시장(국제무역효과) 해외시장에서는 국내물가가 하락하면 순수출이 증가한다. 한국의 상품가격이 다른 국가보다 낮다면, 한국 상품에 대한 수요가 늘어날 것이다. 통화량이 고정되어 있다면 환율이 상승하여 한국 상품의 수출은 증가하고, 수입은 감소하므로 순수출이 늘어난다. 반대로 한국의 상품가격이 다른 국가보다 높다면 한국 상품가격에 대한 수요가 줄어들고, 환율이 하락하여 순수출이 감소할 것이다. 이를 국제무역효과(international trade effect)라고 한다.

총수요곡선의 이동

총수요곡선이 우하향한다는 것은 물가가 하락하면 상품과 서비스의 수요량이 증가한다는 뜻이다. 하지만 물가 이외에도 상품과 서비스의 수요량에 영향을 주는 다른 요인들이 있다. 물가 외 다른 요인들이 변하면 총수요곡선 전체가 이동하게 된다. 총수요곡선을 이동시키는 요인은 소비지출변화, 투자지출변화, 정부구입변화, 순수출변화이다. 소비지출변화에는 기대변화와 재산변화가 영향을 주고 투자지출변동에는 실물자본량이 영향을 준다.

소비 주어진 물가수준에서 소비지출변화는 총수요곡선을 이동시킨다. 한국인들은 불황이 올 것에 대비해 저축을 늘리기 위해 소비를 줄인다고 하자. 각 물가수준에서 상품과 서비스의 수요량이 줄어들므로 총수요곡선은 왼쪽으로 이동한다. 반면 농산물의 생산량과 가격이 크게 증가하여 농가수입이 늘어날 것으로 보여 소비를 늘리고 저축을 줄인다고 하자. 소비지출이 늘어나 주어진 물가수준에서 상품과 서비스의 수요량이 증가하므로 총수요곡선은 오른쪽으로 이동한다.

소비지출은 부분적으로 가계 보유 자산가치에 의해 결정된다. 자산실질가치가 상승하면 자산구매력이 증가하여 총수요가 증가한다. 주가가 상승하면 구매력이 증가하며 총수요를 증가시키는 것과 같다. 소비지출은 부분적으로 미래에 대한 개인의 기대에 의해 영향을 받는다. 소비자들은 현재소득뿐만 아니라 미래예상소득에 의해서도 영향을 받는다. 소비자는 미래에 대해 낙관적인 기대를 가지면 소비지출을 늘리고, 비관적인 기대를 가지면 소비지출을 줄일 것이다.

투자 주어진 물가수준에서 기업들의 투자수준을 변경하면 총수요곡선을 이동시킨다. 호황이 예상되어 많은 기업들이 공장을 새로 건설하고 새로운 설비를 구입한다고 하자. 각 물가수준에서 상품과 서비스의 수요량이 증가하므로 총수요곡선은 오른쪽으로 이동한다. 반면 기업들이 투자를 줄이면 총수요곡선은 왼쪽으로 이동한다.

기업은 주로 실물자본을 늘리기 위해 계획된 투자지출을 한다. 기업이 투자지출 규모를 결정할 때는 현재 보유하고 있는 실물자본량을 고려한다. 보유 실물자본량이 많을수록 자본추가 투자유인은 적을 것이다. 최근 주택 과잉공급과 부동산시장 위축으로 미분양 주택이 남아돈다면, 기업은 새로운 주택건설에 대한 투자를 감소시킬 것이다.

기업의 계획된 투자지출은 부분적으로 미래에 대한 기업의 기대에 의해 영향을

그림 13-4 총수요곡선의 이동

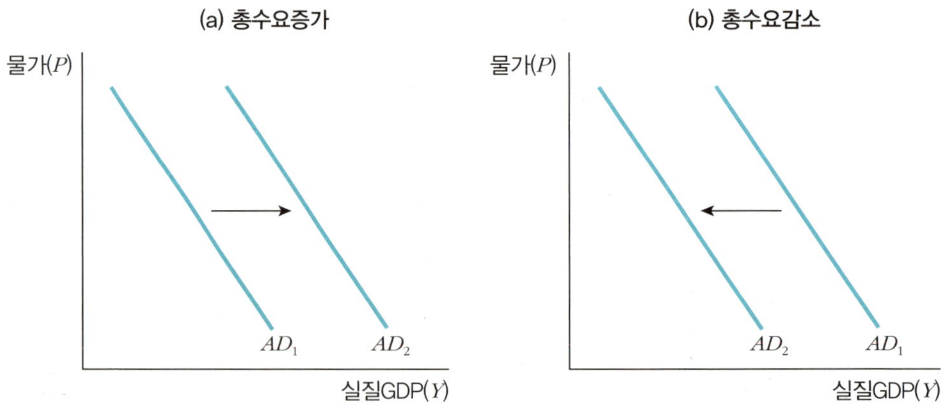

낙관적	소비자 · 기업의 미래기대	비관적
증가	가계보유 실질자산가치	감소
과소	보유 실물자본량	과다
정부지출증가 · 조세감소	정부지출 · 조세(재정정책)	정부지출감소 · 조세증가
증가	통화량(금융정책)	감소

받는다. 기업은 현재 기업환경은 물론 미래예상매출액을 근거로 계획된 투자지출을 결정한다. 기업은 미래에 대해 낙관적인 기대를 하면 투자지출을 늘리고, 비관적인 기대를 하면 투자지출을 줄일 것이다.

순수출 물가수준이 일정할 경우 순수출의 변동은 총수요를 이동시킨다. 중국의 경기가 호황이 되면 한국제품의 중국 수출이 늘어난다. 한국의 순수출은 증가하고 총수요곡선은 오른쪽으로 이동한다. 중국경제가 침체되면 한국의 순수출은 감소하고 총수요곡선은 왼쪽으로 이동한다.

재정정책과 금융정책

정부는 재정정책과 금융정책을 통해 물가수준과 국민소득수준을 조절할 수 있다. 재정정책의 주요수단은 조세와 정부지출이며, 금융정책의 주요수단은 통화량이다.

재정정책 조세는 주어진 물가수준에서 개인의 소비수준을 변동시켜 총수요곡선을 이동시킨다. 정부가 세금을 내리면 가처분소득이 늘어나고 소비지출이 증가하여 총수요곡선은 오른쪽으로 이동한다. 반대로 정부가 세금을 올리면 가처분소득이 줄어들고 소비지출이 감소하여 총수요곡선은 왼쪽으로 이동한다.

정부는 정부지출의 변화를 통해 직접 총수요곡선을 이동시킬 수 있다. 정부가 고속철도를 건설하면 각 물가수준에서 상품과 서비스의 수요량이 증가하여 총수요곡선은 오른쪽으로 이동한다. 반면 국방비 지출을 줄이기로 결정했다면, 각 물가수준에서 상품과 서비스의 수요량이 감소하므로 총수요곡선은 왼쪽으로 이동한다.

금융정책 통화량의 변화로 투자와 총수요에 영향을 줄 수 있다. 통화량이 증가하면 단기적으로 이자율이 하락한다. 자금의 차입비용이 낮아지므로 투자지출이 늘어나고, 총수요곡선은 오른쪽으로 이동한다. 반대로 통화량이 감소하면 이자율이 상승하여 투자가 감소하게 되고, 총수요곡선은 왼쪽으로 이동한다.

2. 총공급

단기총공급곡선

단기공급곡선(Short-Run Aggregate Supply Curve : *SRAS*)은 플러스의 기울기를 가지며 우상향하는 모양을 보인다. 단기 1~2년 정도의 기간에는 물가수준이 상승하면 상품과 서비스의 공급량이 늘고, 물가수준이 하락하면 상품과 서비스의 공급량이 줄어든다.

[그림 13-5]는 단기총공급곡선을 나타내고 있다. 단기에는 물가수준이 P_1에서 P_2로 상승하면 상품과 서비스의 총공급량은 Y_1에서 Y_2로 늘어난다. 왜 기업은 물가수준이 상승할 때 생산량을 늘리는가? 첫째, 물가가 상승하면 최종상품과 서비스 가격이 임금 등 생산요소가격보다 더 빨리 오르기 때문이다. 따라서 물가가 오르면 기업이윤이 증가하고, 기업은 공급을 늘리려고 할 것이다. 둘째, 물가가 상승하면 일부 기업은 상품가격을 느리게 올리려고 한다. 결과적으로 매출이 증가하면서 생산량도 늘어나기 때문이다. 단기적으로 물가수준과 총공급 사이에 플러스(+)의 상관관계가 존재하는 것은 정보의 불완전성이나 임금과 가격의 경직성 때문이다. 시

그림 13-5 단기총공급곡선

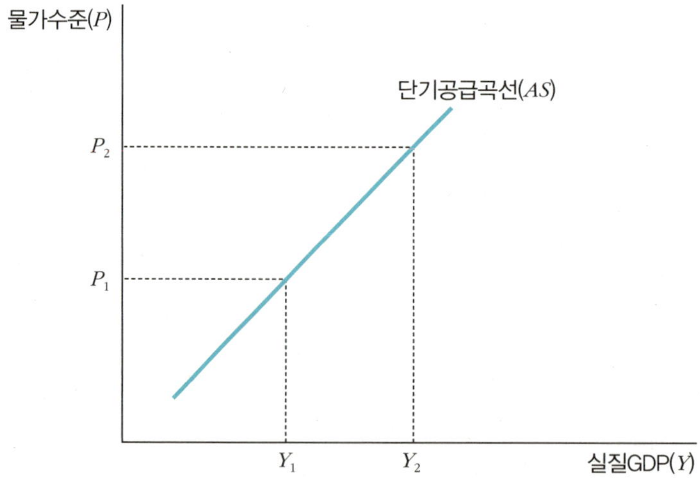

간이 흐름에 따라 경제주체들의 인식, 임금, 물가는 변하므로 물가수준과 총공급 사이의 플러스(+) 상관관계는 일시적으로만 성립한다.

거시경제학자들은 여러 이론을 통해 총공급곡선이 우상향하는 이유들을 설명하고 있다. 총공급곡선이 우상향하는 이유는 임금이 재화가격보다 느리게 변하고, 일부 기업이 가격을 늦게 조정하기 때문이라는 것이다. 그 이유는 일부 노동자와 기업이 물가수준과 경제여건의 변화를 정확하게 예측하지 못하기 때문이라고 생각한다. 즉 시장 불완전성 때문에 단기총공급이 장기총공급과 일치하지 않는다는 것이다. 물가수준이 사람들이 예상한 수준에서 벗어나면 산출량도 장기자연산출량에서 벗어난다는 것이다. 즉 물가가 예상한 수준보다 높으면 산출량이 자연산출량을 초과하고, 물가가 예상한 수준보다 낮으면 산출량이 자연산출량에 미달한다.

단기총공급곡선의 이동

[그림 13-6]은 단기총공급곡선의 이동을 나타내고 있다. 총수요곡선이 일정할 때 총공급곡선이 오른쪽으로 이동하면, 기존의 물가수준에서 초과공급이 발생하므로 물가는 하락하고 국민소득은 증가한다. 반면 총공급곡선이 왼쪽으로 이동하면 물가가 상승하고 국민소득은 감소한다. 총공급곡선을 이동시키는 원인은 무엇인가?

첫째, 생산요소의 양적 변동을 들 수 있다. 다른 조건이 동일할 때 노동과 자본의 양이 증가하면 총공급곡선은 오른쪽으로 이동한다.

둘째, 기술지식의 변동이다. 기술향상이 일어나면, 총공급곡선은 오른쪽으로 이동한다. 반면 정부가 법으로 기술사용을 제한하면 총공급곡선은 왼쪽으로 이동한다.

셋째, 예상인플레이션의 변동을 들 수 있다. 장래에 물가가 오르리라고 예상하면 기업은 나중에 오른 가격으로 제품을 파는 것이 유리하므로 현재의 공급을 줄이고 총공급도 감소한다. 결국 인플레이션이 예상되면 총공급곡선이 왼쪽으로 이동한다.

그림 13-6 단기총공급곡선의 이동

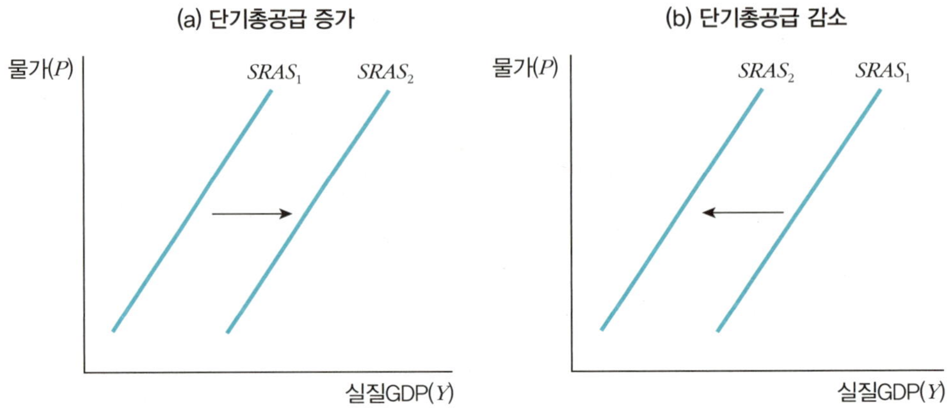

증가	생산요소량	감소
기술향상	기술지식	기술제한
하락	예상인플레이션	상승

장기총공급곡선

장기공급곡선(Long-Run Aggregate Supply Curve : *LRAS*)은 명목임금을 비롯한 모든 가격이 완전히 신축적일 때 물가와 총생산물의 공급량 간에 존재하는 관계를 보여준다. 장기에는 물가의 변화가 총생산량에 영향을 주지 못하기 때문에 장기총공급곡선은 수직선의 모양을 가진다. [그림 13-7]에서 *LRAS*가 가로축과 만나는 점이 경제의 잠재생산량(potential output) 또는 완전고용 실질GDP라고 한다. 즉 명목임금을 비롯한 모든 가격이 완전히 신축적일 때 경제가 생산할 수 있는 총산출량수준을 나타낸다.

그림 13-7 장기총공급곡선

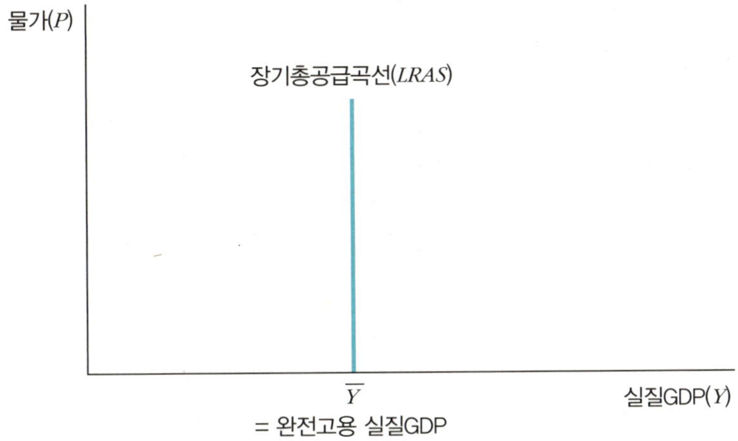

총수요와 총공급의 균형

[그림 13-8]은 장기거시균형을 나타내고 있다. 총수요와 총공급모형에서 장기거시균형은 총수요(*AD*)와 단기총공급곡선(*SRAS*)이 장기총공급곡선(*LRAS*)상에서 만나는 점이 된다. 국가경제의 균형 실질GDP는 완전고용 실질GDP(또는 잠재적 실질GDP)수준에서 결정된다.

그림 13-8 장기거시균형

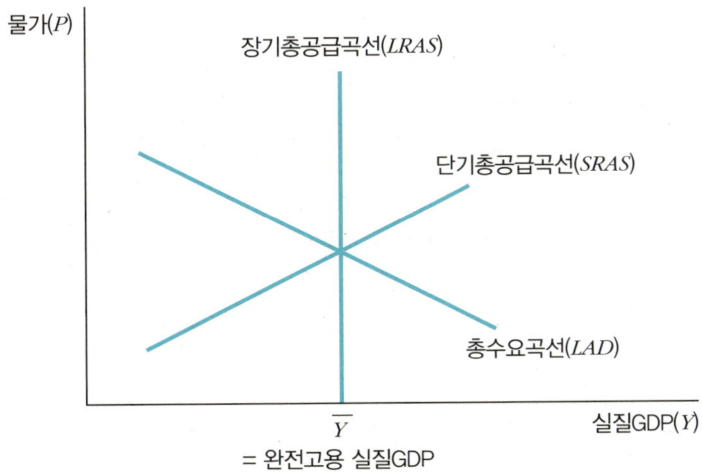

질문의 답 찾기 QA

세계금융위기의 원인은 무엇인가?

2007~2009년 경기침체는 부정적인 충격들이 연쇄적으로 연결되면서 미국과 세계경제 전반을 위기로 몰아넣었다. 경제위기의 원인은 다음 세 가지가 중심적인 역할을 한 것으로 보인다. 첫째, 주택가격 하락에 따른 신규주택 건설 위축 및 주택시장 붕괴, 둘째 급격한 소비감소, 셋째 급격한 담보대출 부도증가로 인한 은행파산 유발 및 금융시스템 붕괴 등이다.

미국의 실질주택가격은 2000~2006년까지 90% 상승하였으나 이후 2000년 수준으로 떨어졌다. 주택가격 하락은 주택건설산업 붕괴, 실질소비의 급격한 감소, 주택담보대출 부도의 급격한 증가를 가져왔다. 2007~2012년까지 약 천만 개 주택에 은행 담보권 행사가 발생하였으며, 400개 은행의 파산으로 이어졌다. 이외에도 여러 가지 요소가 금융위기를 초래하였다고 보이지만, 무엇이 가장 중요한 요소인지는 명확하지 않다.

시사경제용어

- 경기조정주가수익비율(CAPE) : 노벨경제학상을 수상한 로버트 실러 교수가 창안한 주식가치 평가지표로 S&P500지수와 주당순이익 10년 치의 평균값으로 산출한 주가수익비율이다. 주가가 지난 10년간 평균 주당순이익의 몇 배인지를 보여주며 이 지표가 높을수록 주식시장이 과열됐다고 할 수 있다.
- 립스틱효과(Lipstick effect) : 경기불황기에 가성비가 좋은 기호품 · 사치품 판매량이 늘어나는 현상이다. 1930년대 미국 대공황 시기 경제가 어려운데도 불구하고 립스틱 매출이 오르는 현상에서 비롯되었다. '소비자의 형편에 맞는 작은 사치'로 해석된다.
- 코픽스(Cost of Fund Index) : 은행의 자본조달비용을 반영한 주택담보대출 기준금리이다. 2010년 2월에 도입되었다. 기존 주택담보대출 기준금리 역할을 했던 양도성예금증서(CD) 금리가 실제 시장금리를 반영하지 못한다는 비판이 일면서 매달 8개 주요 시중은행의 자본조달상품 관련 비용을 취합해 산출한다.
- 베어마켓랠리 : 베어마켓랠리는 약세장을 뜻하는 '베어마켓'과 상승장을 의미하는 '랠리'의 합성어로 전반적인 약세장 속에서 일시적으로 주가가 반등하는 현상이다.

연 · 습 · 문 · 제

EXERCISE

01 총수요곡선이 우하향하는 이유는 무엇인가?

02 총수요곡선을 이동시키는 원인을 제시하고, 물가와 국민소득에 미치는 영향을 분석하시오.

03 단기총공급곡선이 우상향하는 모양을 가지는 이유는 무엇인가? 단기총공급곡선을 이동시키는 원인은 무엇인가?

04 장기적으로 총공급곡선은 어떤 모양을 가질까? 이유는 무엇인가?

CHAPTER 14

국제무역과 환율

삼성전자는 베트남 노동자들에게 너무 적은 임금을 주고 있는가?

삼성전자는 2016년 약 4.2억만 대 스마트폰을 생산하여 세계시장에 판매하였다. 삼성전자는 베트남의 낮은 임금을 이용하여 1.7억만 대(41.7%)를 생산하였다. 베트남 고졸 여자 생산직에게 초과 근무수당을 포함하여 월급 약 35달러를 지급하는데, 한국(약 3,700달러)의 10분의 1도 안 되는 수준이다. 그렇다면 삼성전자는 헐값에 베트남 노동자를 고용하여 노동을 착취한다고 볼 수 있는가?

14.1 국제무역과 국제수지

1. 수출과 수입

오늘날 세계 모든 국가는 외국과 교역하고 있다. 통신과 수송수단이 발달함에 따라 외국과의 교역에 드는 비용이 점점 낮아지고 있으며, 교역을 통해 교역당사국들이 누리는 이익도 점점 커지고 있다. 오늘날 국제무역량은 크게 증가하고 있다. 1990년대에 이루어진 세계교역량은 일본과 독일의 경제규모를 합친 양보다 더 크다. 세계 각국은 무역에 매우 큰 비중을 두고 있으며, 외국과의 교역을 어떻게 어느 정도 해야 하느냐가 국가의 주요 경제정책 중 하나가 되고 있다.

외국과 교역을 하는 국가경제를 개방경제(open economy)라고 한다. 오늘날 모든 나라는 규모의 차이가 있을 뿐 모두 개방경제를 취하고 있다. 반대로 외국과 교역을 하지 않고 자급자족체제로 유지되는 국가경제를 폐쇄경제(closed economy)라고 한다. 과거에는 국가 간에 교역이 있긴 했어도 그 비중이 매우 미미했기 때문에 대부분의 나라가 폐쇄경제였다.

외국과의 교역은 여러 가지 형태로 이루어진다. 직접 물건을 사고파는 형태도 있고, 외국에 나가서 그곳에서 직접 생산하여 판매하는 형태도 있다. 다국적기업들은 현지법인을 만들어 교역을 한다. 또한 단순부품을 외국에 보내 완제품을 생산한 후 자국으로 도로 가져오는 교역도 하고 있다. 상품과 서비스가 자국에서 만들어져 외국에서 소비될 때 수출(exports)이라고 하고, 반대로 외국에서 만들어져 자국에서 소비될 때 수입(imports)이라고 한다.

상품의 수출과 수입은 국가 간의 실물흐름을 나타낸다. 실물흐름에는 반드시 반대 방향으로의 화폐흐름이 수반된다. 한국이 미국에 자동차를 판매하면 한국에서 미국으로는 자동차라는 실물이 흐르고, 반대로 미국에서 한국으로는 달러라는 화폐가 흐른다. 모든 거래는 국가 간 거래이든, 국내에서의 거래이든 실물흐름과 반대 방향으로 화폐흐름이 동시에 발생한다.

[그림 14-1]은 1965~2018년 사이 한국의 수입과 수출변화를 보여주고 있다. 수출과 수입 모두 1970년대 중반 이후 증가하기 시작하여 2000년대 들어와 급격하게 늘어났다. 2008년 금융위기와 2013년 이후 경기침체로 위축되는 모습을 보였으나 2017년부터 회복세로 돌아섰다.

[그림 14-2]는 2017년 OECD 주요국의 수입과 수출규모를 보여주고 있다. 미국, 인도 및 독일이 비교적 큰 수출입규모를 보여주고 있다. 미국은 큰 무역적자를 보여주고 있는 반면, 독일은 비교적 큰 무역흑자를 보여주고 있다. 한국은 일본, 영국, 이탈리아보다 상대적으로 큰 무역규모를 기록하고 있다.

그림 14-1 한국의 수입과 수출(1965~2018년)

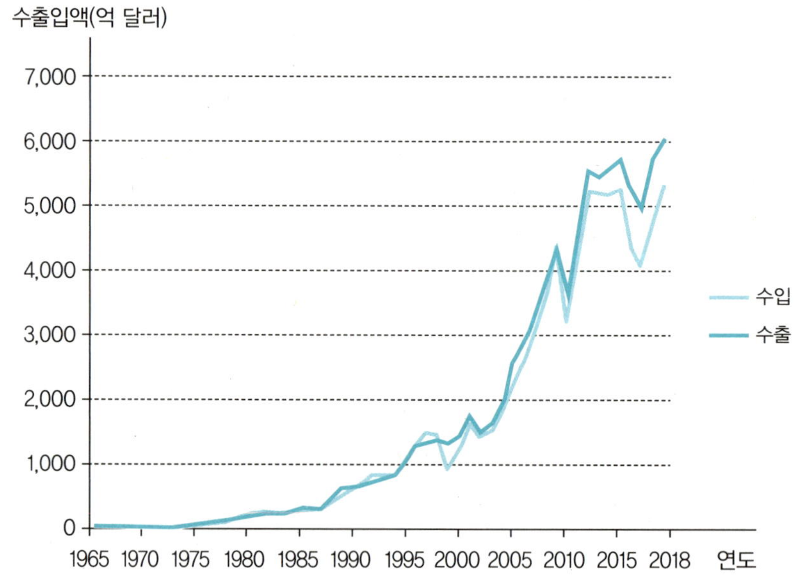

자료 : 한국은행

그림 14-2 주요국의 수입과 수출(2017년)

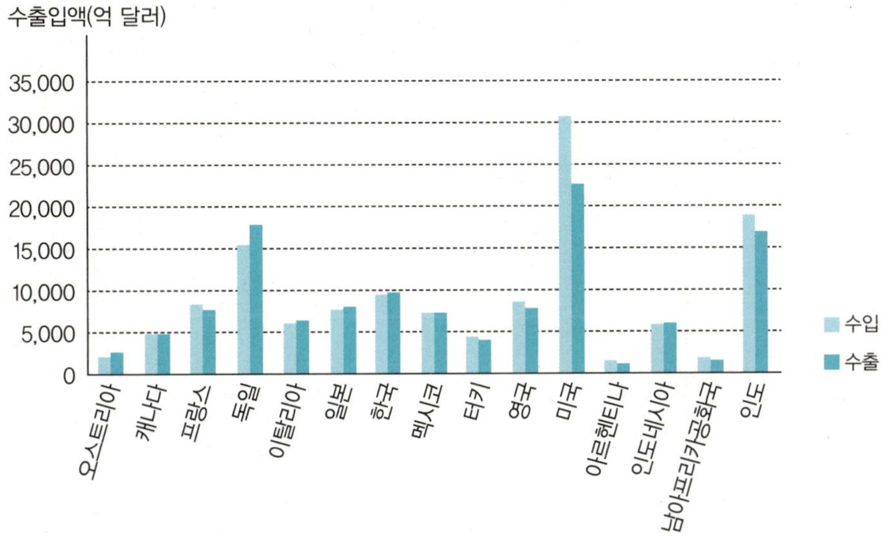

자료 : OECD

2. 국제수지

국제수지의 구성

어떤 나라든 외국과 교역을 하면 교역비용을 금액으로 표시해야 한다. 국제수지(balance of payments)란 외국과 거래한 상품(goods), 서비스(services), 자산(assets)의 수입과 지출을 종합적으로 기록한 것을 말한다. [그림 14-3]은 한국의 국제수지표 구성을 나타내고 있다.

그림 14-3 국제수지표의 구성

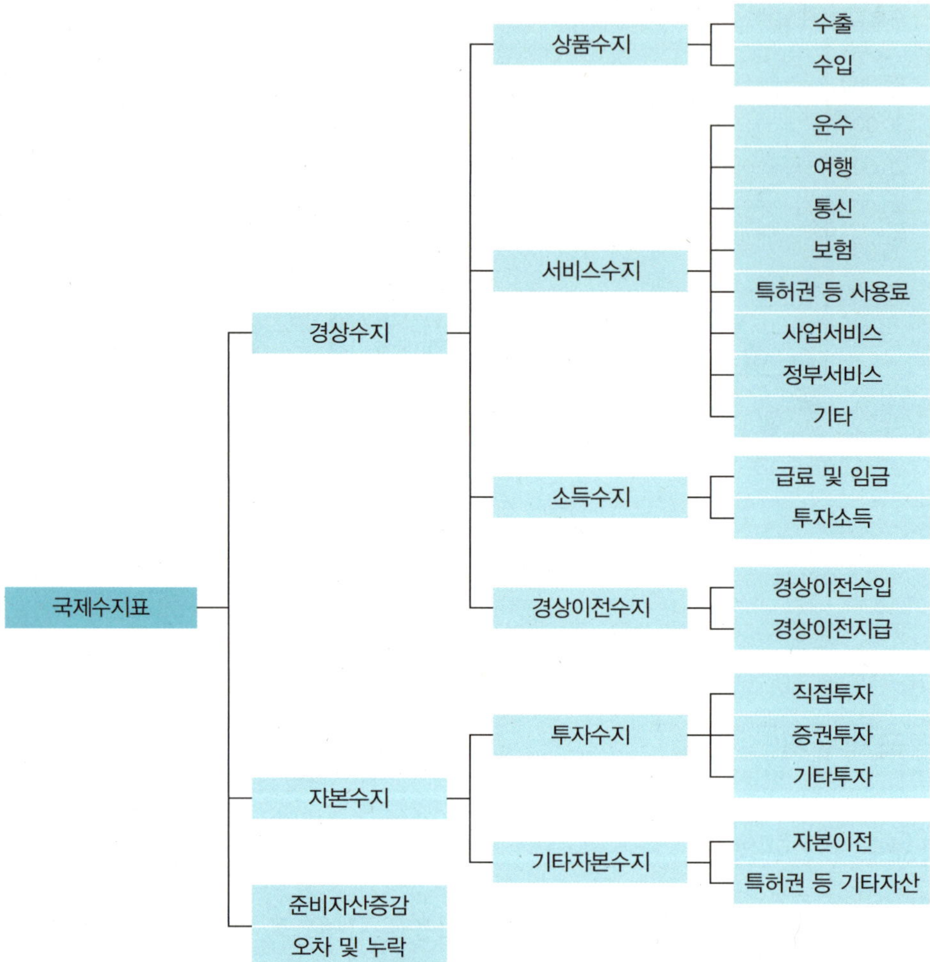

자료 : 한국은행(2019)

국제수지는 크게 경상수지(current account)와 자본수지(capital account)로 나누어진다. 경상수지계정에는 주로 실물거래에 수반된 금액들이 기록되고 있다. 반면에 자본수지계정에는 투자목적으로 국가 간에 자본이 이동된 내용들을 기록하고 있다.

표 14-1 | 한국의 국제수지(2017년도)

(단위 : 백만 달러)

항목		
경상수지		78,460.2
상품 및 서비스수지	85,415.5	
상품수지	119,888.7	
수출	577,381.4	
수입	457,492.7	
서비스수지	−34,472.2	
수입	87,496.6	
지급	121,968.8	
소득수지	122.0	
경상이전수지	−7,078.3	
자본수지		−31.3
자본이전	60.3	
비생산비금융자산	−91.6	
금융계정		87,100.4
준비자산증감	4,360.0	
오차 및 누락	8,671.5	

자료 : 한국은행

〈표 14-1〉에 따르면 2017년도 한국의 국제수지는 경상수지가 약 784.6억 달러 흑자를 보이고 있다. 상품의 수출입 차이를 나타내는 상품수지(balance of goods)는 약 1,200억 달러 흑자인 데 비해, 서비스수지는 약 345억 달러 적자를 기록하였다. 국제수지에서 가장 중요한 것은 상품수지이다. 상품수지가 흑자(surplus)이냐 적자(deficit)이냐에 따라 국제교역의 성과가 결정된다.

상품수지의 흑자와 적자

한국이 어떤 상품을 외국으로 수출하면 달러가 들어오고 수입하면 달러가 나간다. 한국이 수출할 때는 외국사람들이 자국 화폐를 달러로 바꾸어 한국상품을 구입하고, 반대로 한국이 수입할 때는 달러를 지불하면서 외국상품을 구입하기 때문이다.

표 14-2 한국의 상품수지

(단위 : 백만 달러)

연도	수출	수입	상품수지
1991	67,400.8	74,113.9	−6,713.1
1992	73,489.0	74,447.8	−958.8
1993	80,789.6	77,758.2	3,031.4
1994	91,980.1	95,511.5	−3,531.4
1995	119,577.7	126,096.0	−6,518.3
1996	124,427.4	141,126.3	−16,698.9
1997	132,366.7	138,583.5	−6,216.8
1998	127,539.0	87,993.3	39,545.7
1999	136,030.6	110,776.2	25,254.4
2000	169,523.6	153,892.7	15,630.9
2001	146,417.1	136,578.4	9,838.7
2002	160,952.2	146,047.7	14,904.5
2003	194,908.3	172,431.4	22,476.9
2004	256,049.9	216,772.4	39,277.5
2005	285,254.1	252,941.6	32,312.5
2006	329,102.5	303,928.4	25,174.1
2007	382,789.0	349,951.4	32,837.6
2008	432,894.0	420,696.5	12,197.5
2009	363,900.9	316,086.9	47,814.0
2010	463,769.6	415,854.2	47,915.4
2011	587,099.7	558,009.8	29,089.9
2012	603,509.2	554,103.2	49,406.0
2013	618,156.9	535,375.9	82,781.0
2014	613,020.6	524,135.2	88,885.4
2015	542,881.2	420,612.0	122,269.2
2016	511,947.3	393,051.9	118,895.4
2017	577,381.4	457,492.7	119,888.7

자료 : 한국은행

한국이 수출하는 상품과 수입하는 상품가치를 모두 달러로 환산하여 차이를 살펴보면 일정기간에 한국이 수출을 많이 했는지 수입을 많이 했는지 알 수 있다. 수출액에서 수입액을 뺀 수치를 상품수지(balance of goods)라고 한다. 상품수지가 플러스(+)이면 상품수지 흑자(surplus), 마이너스(−)이면 상품수지 적자(deficits)라고 한다. 즉 상품수출액이 수입액보다 크면 상품수지 흑자이고 반대이면 상품수지 적자이다.

〈표 14−2〉에는 한국의 수출액, 수입액 및 차이가 연도별로 정리되어 있다. 한국의 무역규모는 2002년 이후 빠른 증가추세를 보여왔으며, 상품수지도 흑자규모를 확대해왔다. 1998년 이후 상품수지는 계속해서 흑자를 보이고 있으며, 2007년 약 328억 달러의 상품수지 흑자를 나타냈다. 2008년에는 세계금융위기 여파로 약 122억 달러로 감소하였다. 2014년 이후 수출입규모는 줄어들었으나 상품수지는 개선되었다. 2017년 한국의 수출은 약 5,774억 달러이고 수입은 약 4,575억 달러로 나타났다. 상품수지는 120억 달러를 기록하였다.

14.2 국제무역이론과 무역이익

1. 국제무역의 발생원인

절대우위와 비교우위

한국은 소고기와 영화 외에도 많은 상품과 서비스를 다른 나라들로부터 수입한다. 그리고 다양한 상품과 서비스를 다른 나라에 수출한다. 국제무역이 발생하는 원인은 무엇일까? 전통적인 무역이론은 절대우위와 비교우위를 바탕으로 산업 간 무역(inter−industry trade)원리를 설명한다. 한편 새로운 무역이론은 산업 내 무역(intra−industry trade)원리를 이용하여 국제무역 발생요인에 대한 설명 범위를 넓히고 있다. 절대우위와 비교우위원리를 이용하여 국가 간 무역발생의 원인을 설명할 수 있다.

국가 간의 자유무역은 무역당사국의 이익을 극대화할 수 있다. 〈표 14-3〉과 같이 포르투갈은 포도주만을 생산하고, 영국은 직물만을 생산한다고 하자. 생산요소는 오직 노동만 존재한다고 하자. 포르투갈에서는 포도주를 생산하는 데 노동 5단위가 필요하고, 직물을 생산하는 데 노동 10단위가 필요하다고 한다. 영국은 포도주를 생산하는 데 노동 10단위가 필요하고, 직물을 생산하는 데 노동 5단위가 필요하다고 한다. 포르투갈은 영국보다 적은 노동투입으로 포도주를 생산하고 영국은 포르투갈보다 적은 노동투입으로 직물을 생산할 수 있다. 포르투갈은 포도주생산에 절대우위(absolute advantage)를 가지고, 영국은 직물생산에 절대우위를 가지고 있다고 할 수 있다.

표 14-3 | 포르투갈과 영국의 절대우위와 비교우위

상품 \ 국가	포르투갈	영국
포도주	5	10
직물	10	5

* 숫자는 노동단위임.

포르투갈과 영국 간에 무역이 성립하여 포도주와 직물이 1대 1로 교환된다고 하자. 운송비가 없다고 가정하면 포르투갈은 노동 10단위를 투입하여 포도주 2단위를 생산하여 영국에 수출하면 직물 2단위를 얻을 수 있다. 영국은 무역이 성립하기 전에는 포도주 2단위를 얻기 위해 노동 20단위를 투입하였는데, 무역이 성립한 후에는 노동 10단위만 투입하면 된다. 무역이 이루어지고 나면 포르투갈과 영국 모두 노동투입을 줄이고도 같은 상품을 얻을 수 있게 되었다. 애덤 스미스(A. Smith)는 절대우위모형으로 무역을 통해 무역당사국 모두가 이득을 얻을 수 있다고 주장하였다.

포르투갈이 포도주와 직물생산에 모두 영국보다 적은 노동을 투입하고 동일한 생산량을 얻는다고 가정하자. 포르투갈이 포도주와 직물을 생산하는 데 모두 영국에 비해 절대우위를 가진다면 무역이 일어날 수 있는가? 무역당사국은 모두 이익을 얻을 수 있는가? 애덤 스미스에 의하면 무역이 일어날 수 없지만, 리카르도(D. Ricardo)는 비교우위론(theory of comparative advantage)을 통해 답을 제시하고 있다.

산업 내 무역이론

절대우위와 비교우위이론은 산업 간 무역(inter-industry trade)을 기초로 하고 있다. 즉 서로 다른 두 산업에서 생산된 제품 간 무역을 의미하며, 빵과 철강을 예로 들 수 있다. 최근 산업 내 무역의 중요성이 커지고 있다. 산업 내 무역(intra-industry trade)은 동일한 산업 내에서 만들어진 제품 간 무역을 의미하는데, 예를 들면 자동차와 자동차 또는 빵과 빵을 서로 교환하는 무역이다. 산업 내 무역은 산업국가 간 무역에서 점점 일반화되고 있다. 실증적으로 보면 산업 내 무역은 제품차별화 경향이 큰 첨단기술산업에서 더 활발하게 이루어지고 있다. 또 무역에 더욱 개방적인 국가와 해외직접투자를 더 많이 받는 국가에서 더 활발한 것으로 나타났다.

2. 비교우위와 국제무역

비교우위의 원리

한 국가가 특정 상품을 생산하는 기회비용이 다른 국가보다 낮으면, 그 국가는 해당 상품생산에 비교우위를 가진다고 할 수 있다. 한국이 반도체를 생산하는 기회비용이 낮고, 소고기를 생산하는 비용은 높다고 하자. 반면 미국은 소고기생산의 기회비용이 낮고, 반도체생산의 기회비용은 높다고 하자. 이때 한국은 반도체생산에 비교우위가 있고, 미국은 소고기생산에 비교우위가 있다고 할 수 있다.

모든 국가가 비교우위를 갖는 상품에 특화하여 생산한 다음, 서로 상품을 교환한다면 전 세계의 모든 상품생산량은 증가할 것이다. 한국이 반도체생산에 특화하고 미국이 소고기생산에 특화한다고 하자. 한국과 미국은 각각 특화상품을 생산한 다음, 서로 무역을 통해 교환할 수 있다. 즉 한국은 반도체를 미국에 판매하고, 미국으로부터 소고기를 구입하면 더 많은 이익을 얻을 수 있다. 두 국가는 무역을 통해 더 많은 반도체와 소고기를 소비할 수 있다. 특화생산과 무역은 무역당사국들이 이전보다 더 많은 이익을 실현하도록 해준다.

한국과 미국이 반도체와 소고기생산에 대해 〈표 14-4〉와 같은 생산조건을 가졌다고 가정해보자. 한국은 한 사람이 하루에 반도체는 6개 생산할 수 있고, 소고기는 2kg 생산할 수 있다고 하자. 한편 미국은 한 사람이 하루에 반도체 1개를 생산할 수 있으며, 소고기는 1kg을 생산할 수 있다고 가정하자.

| 표 14-4 | 한국과 미국의 비교우위

상품 \ 국가	한국	미국
반도체생산량(개)	6	1
소고기생산량(kg)	2	1

한국에서는 15명이 반도체와 소고기생산에 종사하고, 미국에서는 50명이 반도체와 소고기생산에 종사한다고 가정한다. 만약 한국에서 반도체만 생산하면 90개(=6×15명) 생산할 수 있고 소고기만 생산하면 30kg(=2×15명) 생산할 수 있다. 그래프로 그리면 [그림 14-4] (a)와 같다. 한국은 반도체와 소고기의 생산량이 직선 $K_{반도체}K_{소고기}$ 선상에서 정해지는데, 이 선을 생산가능곡선(Production Possibility Frontier)이라고 한다. 한국은 생산가능곡선상 모든 점에서도 생산이 가능하다.

미국에서는 50명이 반도체와 소고기생산에 종사하는데 만약 반도체만 생산하면 50개(=1×50명), 소고기만 생산하면 50kg(=1×50명)을 생산할 수 있다. 그래프로 그리면 [그림 14-4] (b)와 같다. 직선 $A_{반도체}A_{소고기}$는 미국의 생산가능곡선이다. 미국은 생산가능곡선 $A_{반도체}A_{소고기}$ 선상의 모든 점에서 생산이 가능하다.

그림 14-4 한국과 미국의 생산가능곡선

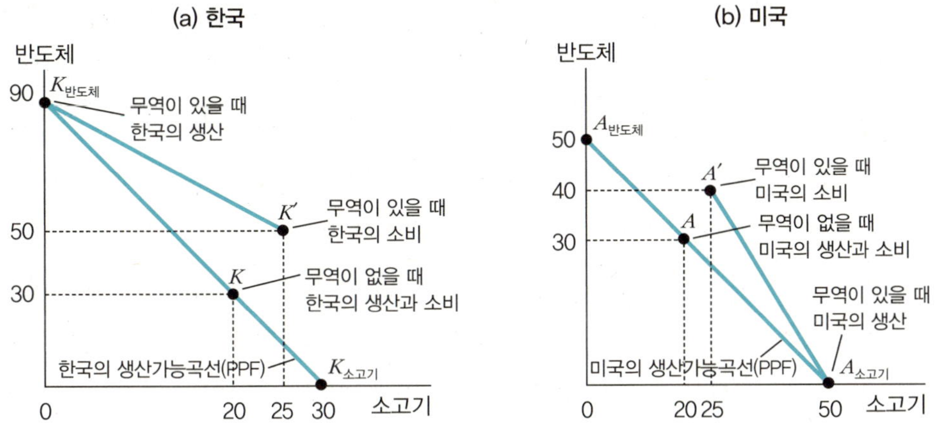

반도체생산은 6 : 1로 한국이 미국보다 생산에 유리하다. 소고기생산도 2 : 1로 한국이 미국보다 유리하다. 절대적인 관점에서 보면 한국이 반도체와 소고기 모두에서 생산우위를 가지고 있다. 즉 한국이 반도체와 소고기 모두에서 절대적 우위를 가지고 있다.

상대적 관점에서 보면 한국은 반도체에 비교적 더 큰 생산우위를 가지고 있다. 즉 한국은 반도체 1개를 생산하기 위해 소고기 1/3kg을 포기해야 하지만 미국은 반도체 1개를 위해 소고기 1kg을 포기해야 한다. 따라서 반도체생산의 기회비용은 미국이 한국보다 크다. 한편 한국은 소고기 1kg 생산을 위해 반도체 3개를 포기해야 하지만 미국은 같은 양의 소고기생산을 위해 반도체 1개를 포기하면 된다. 즉 소고기생산의 기회비용은 한국이 미국보다 크다. 그러므로 각 나라에서 한 가지씩 생산해야 한다면 한국은 반도체를 생산하고 미국은 소고기를 생산하는 것이 유리하다. 한국은 반도체에 비교우위를 가졌고 미국은 소고기에 비교우위를 가졌기 때문이다.

국제무역이 성립하는 이유는 어떤 국가든지 비교우위를 가지고 있는 상품을 생산하여 다른 나라와 교역하면 두 국가 모두가 혜택을 보기 때문이다. 각 국가가 이와 같이 상대적으로 우위에 있는 상품을 생산하여 서로 교역한다는 이론을 비교우위론이라고 한다.

〈표 14-4〉와 같은 상황에서는 한국은 반도체생산에 비교우위를 가지고 미국은 소고기생산에 비교우위를 가지고 있기 때문에 비교우위론에 따르면 한국은 반도체를 미국에 수출하고 미국은 소고기를 한국에 수출함으로써 서로 혜택을 누릴 수 있다. 만약 두 나라가 무역을 하지 않으면 한국은 [그림 14-4] (a)의 K점에서 두 상품을 모두 생산하고 소비한다. 즉 한국은 반도체 30개와 소고기 20kg을 생산하여 소비할 수 있다. 반면 미국은 [그림 14-4] (b)의 A점에서 생산하고 소비한다. 즉 반도체 30개와 소고기 20kg을 생산하여 소비할 수 있다. 무역을 하지 않으면 두 나라 모두 각자 생산한 만큼만 소비하게 되는데 이때 두 나라의 소비량을 모두 합쳐 보면 반도체 60개(=30+30)와 소고기 40kg(=20+20)이 된다.

한국이 비교우위를 가지는 반도체만 생산하면 [그림 14-4] (a)의 $K_{반도체}$점에서 반도체 90개를 생산할 수 있고, 미국은 비교우위에 있는 소고기만 생산하면 [그림 14-4] (b)의 $A_{소고기}$점에서 소고기 50kg을 생산할 수 있다. 두 국가가 서로 교역을 하면 두 국가는 모두 합쳐 반도체 90개와 소고기 50kg을 소비할 수 있다. 즉 교역 전에는 두 국가가 모두 합쳐 반도체 60개와 소고기 40kg만 소비할 수 있었는데 교역 후에는 반도체 90개와 소고기 50kg을 소비할 수 있다. 반도체 소비량이 30개, 소고기 소비량이 10kg 증가하였다. 두 국가가 증가분을 적절히 나누어 가지면 교역 전에 비해 두 국가는 모두 더욱 많은 반도체와 소고기를 소비할 수 있다.

교역을 통해 반도체는 한국과 미국이 각각 50개(교역 전은 30개)와 40개(교역 전은 30개)씩 소비할 수 있고, 소고기는 한국이 25kg(교역 전은 20kg), 미국이 25kg(교역 전은 20kg)을 소비할 수 있다. 두 국가 모두 교역 전보다 두 상품을 모두 더 많이 소비할 수 있다. 각 국가가 비교우위에 있는 상품을 전문적으로 생산하여 서로 교환하면 두 나라 모두가 이득을 볼 수 있는데, 이를 비교우위론이라고 한다. [그림 14-4]에서 보면 한국은 교역 전에는 K점에서 소비했으나 교역 후에는 두 상품 모두 K점보다 더 많은 K'점에서 소비할 수 있다. 미국도 교역 전에는 A점에서 소비했으나 교역 후에는 두 상품 모두 A점보다 더 많은 A'점에서 소비할 수 있다.

교역조건과 무역이익

교역을 하면 교역당사국 모두가 혜택을 누릴 수 있다. 각 국가가 누리는 혜택의 정도는 교역조건에 달려 있다. 교역조건(terms of trade)이란 두 상품의 교역비율을 의미한다.

비교우위론에 따라 한국은 반도체를 90개 생산하여 일부를 미국에 판매하고 대신 미국으로부터 소고기를 사오는 것이 유리하다. 미국은 반대로 소고기만 50kg을 생산하여 일부를 한국에 판매하고 대신 한국으로부터 반도체를 사오는 것이 더 유리하다. 이때 반도체 몇 개와 소고기 몇 kg을 서로 어떤 비율로 교환하느냐를 교역조건이라고 한다. 교역조건(교환비율)이 어떻게 정해지느냐에 따라 두 국가가 누리는 무역이득의 크기는 달라진다.

한국은 반도체만 생산하여 수출하고 소고기를 수입하기 때문에 생산점은 [그림 14-4] (a)의 $K_{반도체}$점이 된다. 한편 미국은 소고기만 생산하여 수출하고 반도체를 수입하기 때문에 생산점은 [그림 14-4] (b)의 $A_{소고기}$점이 된다.

[그림 14-4]에서 교역 후에 한국은 K'점에서 소비하고, 미국은 A'점에서 소비한다면 반도체와 소고기의 교환비율(교역조건)은 8 : 5이다. 즉 반도체 8개와 소고기 5kg을 서로 교환하고 있다. [그림 14-4] (a)에서 한국은 $K_{반도체}$점에서 생산하여 K'점에서 소비하고 있기 때문에 반도체 40개를 미국에 주고(수출) 소고기 25kg을 받는(수입) 교역을 하고 있다(반도체 : 소고기 = 8 : 5). [그림 14-4] (b)에서 미국은 $A_{소고기}$점에서 생산하여 A'점에서 소비하고 있기 때문에 소고기 25kg을 주고(수출) 반도체 40개를 받는(수입) 교역을 하고 있다(반도체 : 소고기 = 8 : 5).

한국은 소고기를 많이 받고 반도체를 적게 줄수록 더 많은 혜택을 누릴 수 있다. 그러므로 반도체와 소고기로 표시되는 교역조건(교환비율)이 더 커지면 한국은 더욱 손해보고 미국은 이익을 얻게 된다. 반대로 교환비율이 작아지면 한국은 더욱 이익을 얻게 되고 미국은 손해를 보게 된다.

비교우위의 결정요인

국제무역이 발생하는 원인은 비교우위에 있다. 그렇다면 비교우위를 결정하는 요인은 무엇인가? 국제무역을 연구하는 경제학자는 비교우위를 결정하는 세 가지 요인을 찾아냈다. 즉 국가 간 기후와 천연자원의 차이, 국가 간 생산요소 부존 정도의 차이, 국가 간 기술의 차이 등이다.

3. 국제무역의 경제적 효과

국제무역정책의 효과를 분석하고 이해하기 위해서는 수요와 공급모형을 사용할 필요가 있다. 여기에서는 수입과 수출이 국내생산자와 소비자에게 주는 영향을 살펴본다.

수입효과

국제무역이 없을 때 한국의 자동차시장 균형은 국내수요곡선과 국내공급곡선이 일치하는 점에서 이루어진다. [그림 14-5] (a)에서는 E점으로 나타낼 수 있다. 이 때 자동차의 균형가격은 P_K이고 자동차 생산량과 소비량을 나타내는 균형거래량은 Q_K가 된다. 국내시장이 존재하면 국내소비자와 생산자는 이득을 얻게 된다. [그림 14-5] (a)에서 무역이 없을 때 소비자잉여는 수요곡선 아래와 가격 위 영역으로 나타낸 삼각형 면적과 같다. 생산자잉여는 공급곡선 위와 가격 아래로 나타낼 수 있는 삼각형 면적과 같다. 시장잉여 또는 총잉여는 두 삼각형의 면적을 합한 크기와 같다.

무역이 성립할 때, 즉 시장을 개방하여 수입을 허용할 때를 고려해보자. 해외시장에서 국제가격으로 자동차를 구입할 수 있으므로 자동차의 국내시장가격은 하락하게 된다. [그림 14-5] (b)는 수입으로 인해 국내 자동차가격은 P_K에서 P_W로 떨어진 것을 보여주고 있다. 국내소비자의 자동차수요량은 Q_K에서 Q_D로 증가하고, 국내생산자의 자동차공급량은 Q_K에서 Q_S로 하락한다. 국내수요량과 국내공급량의 차이인 Q_DQ_S는 수입량이다. 자동차수입은 국내 소비자잉여와 생산자잉여에 어떤

그림 14-5 수입의 경제적 효과

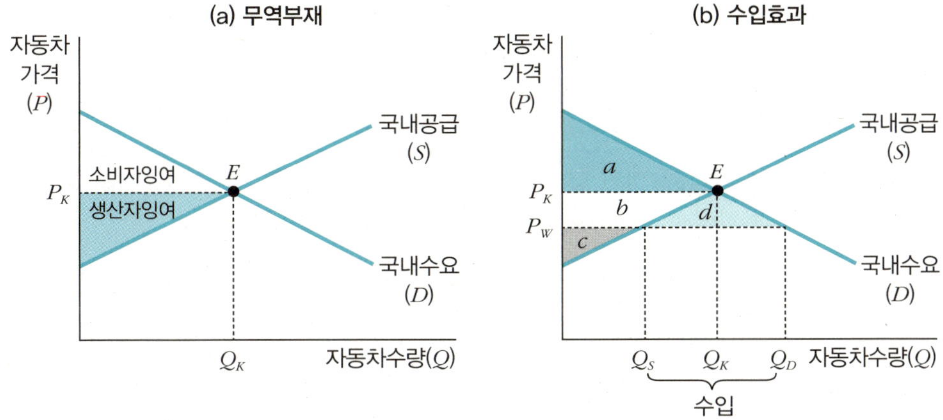

영향을 미치는가? 수입으로 인해 자동차 국내가격이 하락하면 소비자잉여는 증가하고 생산자잉여는 감소한다.

[그림 14-5] (b)에서 보면 무역이 없을 때 소비자잉여는 *a*와 같고 생산자잉여는 *b*와 *c*를 합한 면적과 같다. 국내가격이 국제가격수준으로 하락하면 소비자잉여는 *b*와 *d*를 합한 만큼 증가하여 *a*, *b*, *d*를 합한 면적과 같아진다. 생산자잉여는 *b*만큼 감소하여 *c*면적과 같아진다.

자동차시장이 개방되고 자동차수입이 늘어나면 소비자잉여는 증가하고 생산자잉여는 감소한다. 무역이 성립하면 소비자는 이득을 보고 생산자는 손실을 본다. 이때 소비자 이득증가는 생산자 손실증가보다 더 크게 나타나는 것을 알 수 있다. 국제무역은 국가 전체로서는 이득이 된다. 어떤 집단(자동차소비자)의 이익이 다른 집단(자동차생산자)의 손해보다 크기 때문이다. 국제무역을 통해 이득을 보는 집단과 손실을 보는 집단이 발생한다는 사실은 무역정책과 관련된 정치를 이해하는 것도 중요하다는 것을 의미한다.

수출효과

한 국가가 한 재화를 수출하면 어떤 변화가 발생할까? [그림 14-6]과 같이 한국은 무역이 없을 때 국내가격 P_K보다 높은 수준인 국제가격 P_W에서 반도체를 원하는 만큼 판매할 수 있다고 하자. 반도체 수출업자는 높은 국제가격으로 인해 국내에서 반도체를 구입하여 해외에 판매하여 이윤을 얻을 수 있다. 수출업자가 국내 반도체를 구매하면 국내가격은 상승하여 국제가격과 같아지게 된다. 결과적으로 국내소비자의 수요량은 Q_K에서 Q_D로 감소하고, 국내생산자의 공급량은 Q_K에서 Q_S로 증가한다. 국내생산과 국내소비의 차이인 Q_SQ_D는 수출량이다.

수입과 마찬가지로 수출로 인해 수출국의 총잉여는 증가하지만, 수출 때문에 이득을 보는 사람도 있지만 손실을 보는 사람도 생긴다. [그림 14-6]은 반도체수출이 소비자잉여와 생산자잉여에 주는 영향을 나타내고 있다. 무역이 없을 때 반도체 가격은 P_K이며, 소비자잉여는 a와 b를 합한 면적과 같고 생산자잉여는 C면적과 같다. 무역이 성립하면 가격은 P_K에서 P_W로 상승하고, 소비자잉여는 a수준으로 줄어들고 생산자잉여는 $b+c+d$ 수준으로 늘어난다. 따라서 무역으로 인해 생산자는 $b+d$만큼 이득을 보고, 소비자는 b만큼 손실을 보며, 경제 전체로 보면 총잉여가 d만큼 늘어난다.

그림 14-6 수출의 경제적 효과

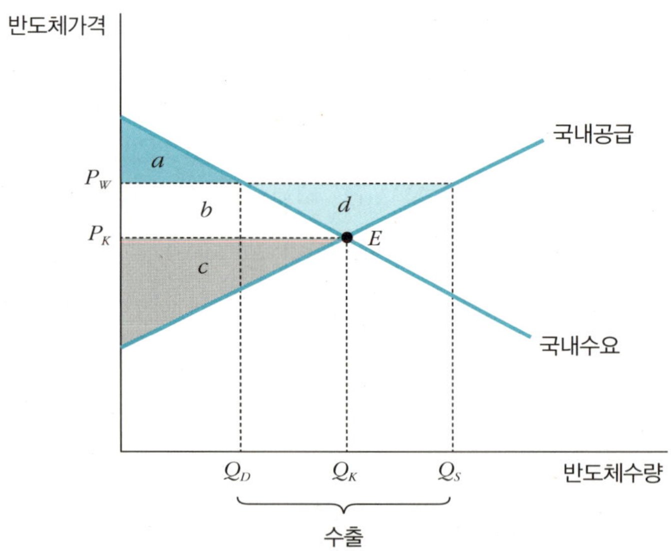

어떤 상품을 수입하면 국내생산자는 피해를 입지만, 국내소비자는 이득을 본다. 또 어떤 상품을 수출하면 국내소비자는 손해를 보지만 국내생산자는 이득을 얻는다. 수입과 수출 모두 이득이 손해보다 더 크다는 것을 알 수 있다.

4. 관세의 경제적 효과

관세(tariff)는 수입상품의 판매에 대해서 부과되는 물품세의 일종이다. 한국 정부는 미국에서 소형 자동차를 수입하는 업자에게 소형자동차 1대당 t원의 관세를 부과할 수 있다. 관세는 오래전부터 정부가 선호하는 중요한 수입원이었는데, 징수가 상대적으로 쉬운 데 원인이 있었다. 오늘날에는 관세가 수입을 억제하여 국내수입 경쟁산업 생산자를 보호할 목적으로 더 많이 이용되고 있다. 관세는 국내생산자가 받는 가격과 국내소비자가 지불하는 가격을 모두 상승시키는 효과를 발생시킨다.

한국이 소형 자동차를 수입하는 국제시장가격이 P_W라고 하자. 자유무역 아래에서는 국내가격도 P_W이지만, 대당 t만큼 관세가 부과되면 국내가격은 $P_T(=P_W+t)$로 상승할 것이다. 수입업자들이 관세를 지불할 수 있을 만큼 국내시장가격이 높지 않으면 자동차수입으로 손해를 보기 때문이다. 관세는 자유무역에 비해 국내가격을 상승시키므로 국내생산을 증가하고 국내소비는 감소하게 된다.

[그림 14-7]은 관세가 소비자잉여와 생산자잉여에 주는 영향을 나타낸다. 먼저 소형 자동차의 국내가격 상승은 생산자잉여를 a만큼 늘여준다. 둘째, 국내가격 상승은 소비자잉여를 $a+b+c+d$ 면적만큼 감소시킨다. 셋째, 관세부과는 정부의 수입을 발생시킨다. 정부의 관세수입은 소형 자동차당 관세 P_TP_W와 소형 자동차수입량 $Q_{DT}Q_{ST}$를 곱한 면적 c와 같다.

수입관세를 부과하면 소비자는 손해를 보고, 생산자와 정부는 이득을 보게 된다. 하지만 소비자의 손실은 생산자와 정부 이득의 합보다 크다. 따라서 총잉여는 $b+d$ 면적만큼 감소하게 된다.

관세는 거래당사자에게 이득을 주는 거래의 성사를 방해하여 비효율을 발생시키는데, 이를 사중손실(deadweight loss)이라고 한다. 관세가 유발하는 사회적 비효율인 사중손실은 $b+d$ 면적만큼의 총잉여 감소분이다. 관세가 사중손실을 발생하는 이유는 두 가지 측면에서 비효율을 발생시키기 때문이다. 먼저 사중손실은 소비자가 가격상승으로 소비량을 줄이면서 발생한다. 국제가격 P_W가 상품 한 단위를 얻는 실제 비용이지만 관세가 부과되어 가격이 P_T로 인상되면 높은 가격을 지불하지 않으려는 소비자는 Q_DQ_{DT}만큼 소비를 줄인다. 소비자는 소비량 감소 때문에 소비자잉여 d만큼을 잃게 되는데, 소비자가 가격상승으로 소비를 줄이기 때문에 발생하는 사중손실이라고 할 수 있다.

둘째, 사중손실은 자원이 생산활동에 비효율적으로 생산되기 때문에 발생한다. 해외에서 국제가격 P_W를 지불하고 상품 한 단위를 추가로 구입할 수 있지만, 관세 부과로 국내가격이 P_T로 상승하면서 일부 생산자는 국내시장에서 P_W를 초과하는 비용을 들여서 재화를 생산하게 된다. [그림 14-7]에서는 P_W 이상의 비용으로 생산하는 생산량은 $Q_{ST}Q_S$가 된다. 따라서 b만큼 비효율이 발생하게 되는데 생산자가 높은 비용으로 생산하기 때문에 발생하는 사중손실이라고 할 수 있다.

그림 14-7 관세의 후생효과

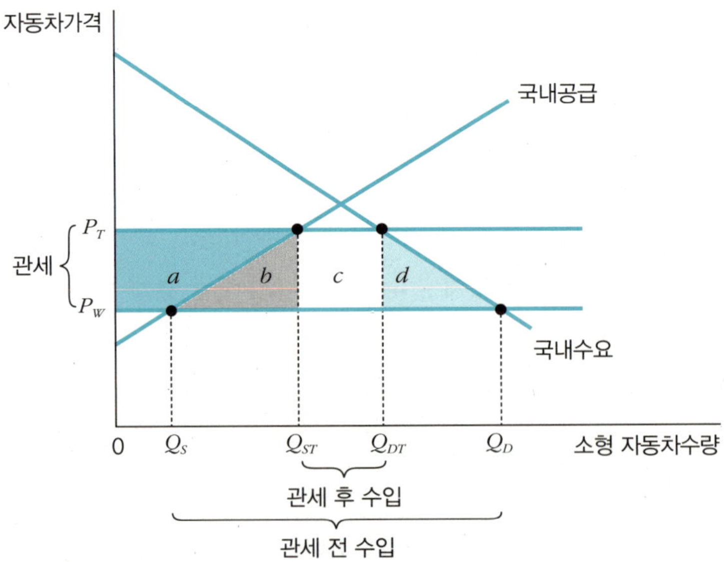

14.3 환율과 무역

1. 환율의 의미와 역할

환율의 의미

환율(exchange rate)이란 자국화폐와 외국화폐의 교환비율을 말한다. 세계 모든 나라의 화폐는 미국 달러와의 교환비율을 정하고 있다. 〈표 14-5〉에는 미국 달러($)와 우리나라 원(₩)과의 환율, 달러($)와 유로(€), 미국 달러와 일본 엔(￥) 및 중국 위안(元)과 달러($)의 환율이 비교되어 있다. 한국의 원은 1997년 말의 IMF 금융위기 시에 1달러당 1,700원까지 올라갔다. 그 후 감소추세를 보인 끝에 2008년 1,257원까지 상승하였는데, 2015년 약 1,170원 수준을 보여주고 있다.

한국의 원이 미국의 1달러당 얼마로 교환되느냐는 한국경제에 매우 중요한 의미를 갖는다. 특히 원/달러 환율은 모든 대외거래에 영향을 미치면서 한국경제 전반에 영향을 미친다. 1달러당 원화 환율이 점점 올라가는 것은 원화가치가 점점 떨어진다는 의미이고, 반대로 1달러당 원화 환율이 점점 내려가는 것은 원화가치가 점점 높아진다는 의미이다.

유로는 2009년 1유로당 1.43달러로 화폐가치가 상승하였으나, 2015년 1.09달러 수준으로 하락하였다. 일본의 엔은 달러 대비 환율이 2011년 약 78엔까지 떨어졌으나 약 120엔으로 상승하였다. 중국은 고정환율제를 채택하고 있었으나, 무역상대국들의 요구를 받아들여 2005년 중반 평가절상을 단행하였다. 위안화가치는 2005년 달러당 8.07위안에서 2012년 약 6위안으로 절상되었다가 2015년 약 6.5위안으로 절하된 상태이다.

| 표 14-5 | 환율의 변화추세

연도	원화환율 ₩/$	유로 $/EURO	일본 ¥/$	중국 元/$
2004	1,038.5	1.3632	103.13	8.2765
2005	1,013.2	1.1839	117.80	8.0709
2006	929.0	1.3148	118.90	7.8135
2007	939.0	1.4722	112.58	7.3041
2008	1,246.0	1.4125	90.22	6.8307
2009	1,170.0	1.4339	92.46	6.8255
2010	1,142.0	1.3290	81.52	6.6025
2011	1,157.0	1.2955	77.66	6.3190
2012	1,071.3	1.3222	85.86	6.2317
2013	1,055.0	1.3799	105.04	6.0617
2014	1,100.0	1.2159	119.46	6.2020
2015	1,169.7	1.0926	120.58	6.4911

* 말일기준자료
자료 : 한국은행(2018), 『경제통계연보』

환율의 역할

보통 한 국가에서 생산한 상품, 서비스, 자산 등을 얻기 위해서는 해당 국가의 화폐로 지불해야 한다. 한국생산품은 원화로 지불해야 하며, 미국생산품은 달러화로 값을 치러야 하고, 유럽생산품은 유로화로 지불해야 한다. 판매자가 외화를 받고 생산품을 판매할 수도 있지만, 받은 외화는 자국 화폐로 교환해야 한다.

국제거래가 원만하게 이루어지기 위해서는 화폐를 교환할 수 있는 외환시장이 필요하다. 외환시장은 화폐의 거래가격인 환율을 결정한다.

2. 환율결정의 원리와 요인

환율결정 원리

환율은 외환시장(foreign exchange market)에서 외환의 수요와 공급에 의해 정해진다. 외환은 어떤 장소에 모여서 거래되는 것이 아니라 통신을 통해 시간과 장소를 가리지 않고 거래되고 있다. 따라서 외환시장이란 외환거래행위 자체를 의미한다고 할 수 있다.

한국상품을 구매하려고 하는 외국사람, 한국에 투자하려고 하는 외국사람, 한국을 여행하려고 하는 외국사람 등은 원화가 필요하다. 따라서 이들은 외환시장에 달러($)를 내놓고 대신 원화를 원한다. 즉 이들은 달러를 공급하고 원화를 수요한다. 반대로 미국상품을 구매하려고 하는 한국사람, 미국에 투자하려고 하는 한국사람, 미국을 여행하려고 하는 한국사람 등은 달러가 필요하다. 따라서 이들은 외환시장에 원을 내놓고 대신 달러를 원하므로 원화를 공급하고 달러를 수요한다.

외환시장에는 달러와 원화에 대한 수요와 공급이 발생한다. 달러를 기준으로 외환시장에서의 수요와 공급을 살펴보면 [그림 14-8]에서처럼 우하향하는 달러의 수요곡선과 우상향하는 달러의 공급곡선이 도출된다. 환율(₩/$)이 내려가면 달러는 싸지고 원화는 비싸진다. 그러므로 환율이 내려가면 외환시장에서 원화와 교환하려고 하는 달러에 대한 수요는 늘어나게 된다(원화에 대한 수요는 줄어든다). 즉 달러에 대한 수요곡선은 우하향한다. 반대로 환율(₩/$)이 올라가면 달러는 비싸지고 원화는 싸진다. 그러므로 환율이 올라가면 외환시장에서 원화와 교환하려고 하는 달러에 대한 공급은 증가한다(원화에 대한 공급은 감소한다). 즉 달러에 대한 공급곡선은 우상향한다.

[그림 14-8]에서와 같이 외환(달러)에 대한 수요곡선과 공급곡선이 도출되면 두 곡선이 교차하는 점에서 균형환율이 정해진다. E점에서는 원화 대신 가지려고 하는 달러의 양(달러에 대한 수요)과 원화를 위해 내놓으려고 하는 달러의 양(달러의 공급)이 서로 일치한다. 즉 환율 e^*로 계산하면 거래되는 달러의 양과 원화의 양이

■ **그림 14-8** 외환시장의 균형

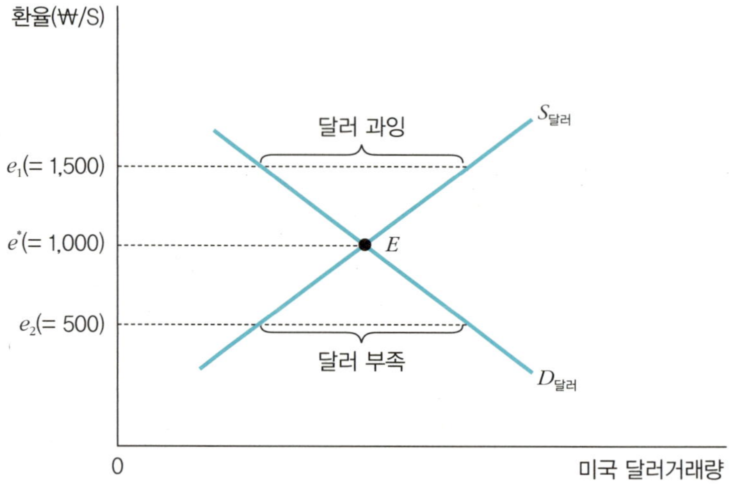

정확히 일치한다. 이러한 환율 e^*을 균형환율이라고 한다.

환율결정 요인

환율을 결정하는 요인은 무엇일까? 환율은 외환시장의 수요와 공급에 의해 결정된다. [그림 14-8]은 한국 원과 교환하기 위한 미국 달러의 수요곡선($D_{달러}$)과 공급곡선($S_{달러}$)을 나타내고 있다. 세로축에서 위로 이동할수록 원가치에 비해 상대적으로 달러가치가 상승한다.

환율이 ₩1,500=$1일 때는 ₩500=$1일 때보다 달러는 원에 대해 상대적으로 3배의 가치가 있다. 달러의 수요곡선($D_{달러}$)은 우하향하는 모양을 갖는다. 달러가치가 높으면 원과 교환하기 위한 달러수요량은 적을 것이다. 환율이 ₩500=$1일 때 한국인 투자자는 미국 재무부가 발행한 $1,000 채권을 구매하려면 ₩500,000을 지불해야 한다. 환율이 ₩1,500이면 한국인 투자자는 $1,000 채권을 매입하기 위해 ₩1,500,000을 지불해야 한다. 마찬가지로 환율이 ₩500=$1일 때 한국기업이 미국기업에서 $2억어치 소프트웨어를 구매한다면 ₩1,000억을 지불해야 한다. 환율이 ₩1,500=$1가 되면 소프트웨어 구매비용은 ₩3,000억이 된다.

달러의 공급곡선은 우상향하는 모양을 갖는다. 달러가치가 높아지면 원과 교환하기 위해 공급되는 달러 양은 증가할 것이다. 환율이 ₩2,000=$1일 때 미국인 투자자는 한국 정부가 발행한 ₩2,000,000 채권을 매입하기 위해 $1,000를 지불하면 된다. 환율이 ₩500=$1이면 $4,000를 지불해야 한다. 환율이 ₩2,000=$1일 때 미국 전자대리점 주인은 LG로부터 ₩200,000,000어치 TV세트를 구매하기 위해 $100,000를 지불해야 한다. 환율이 ₩500=$1가 되면 $400,000나 지불해야 한다.

다른 시장과 마차가지로 외환시장은 수요와 공급이 일치할 때 균형을 이룬다. [그림 14-8]에서는 ₩1,000=$1가 균형환율이다. 환율이 ₩1,000=$1보다 높으면 달러과잉(초과공급)이 발생하여 환율하락 압력이 발생한다. 달러과잉과 환율하락 압력은 환율이 ₩1,000=$1가 될 때까지 계속된다. 만약 환율이 ₩1,000=$1보다 낮으면 달러부족(초과수요)과 환율상승 압력이 발생한다. 달러부족과 환율상승 압력은 환율이 ₩1,000=$1가 될 때까지 지속될 것이다. 결국 외환시장은 달러당 1,000원 환율인 E점에서 균형을 이룬다. 오늘날 달러와 원 같은 주요 통화 간 거래량은 매우 크다. 또 외환거래자들도 네트워크를 통해 서로 연결되어 있기 때문에 외환시장의 과잉과 부족은 빠르게 해소되고 있다.

3. 외환시장의 수요와 공급 변화

외환시장의 수요와 공급변화는 균형환율을 변화시킨다. 외환시장에서 수요곡선과 공급곡선을 이동시키는 요인은 다음 세 가지로 요약할 수 있다.

- 한국산 상품과 서비스 수요변화와 외국산 상품과 서비스에 대한 수요변화
- 한국에 대한 투자의사변화와 외국에 대한 투자의사변화
- 원이나 달러의 미래가치와 외국통화의 미래가치에 대한 외환거래자 예상의 변화

4. 환율변동과 수출 및 수입

환율변동은 수입과 수출에 어떤 영향을 주는가? 원화가치가 상승하면 한국산 수

출재의 외국통화가격은 상승하고, 외국산 수입재 원가격은 하락한다. 한국에서는 미화 1달러($)와 교환되는 한국 원화(₩)의 크기를 **환율**이라고 한다. 한국에서는 ₩/$를 환율로 표시하고 있다. 외환시장에서 1달러와 1,300원이 서로 교환된다면 우리는 1,300 : 1을 환율이라고 한다. 그런데 환율이 1,300원에서 1,400원으로 변하면 원화가치가 떨어지므로 **평가절하(depreciation)**라고 한다. 반대로 1,400원에서 1,300원으로 변하면 원화가치가 올라가므로 **평가절상(appreciation)**이라고 한다.

원화가치가 평가절하되면 수출이 증가하고 수입이 감소한다. 환율이 1,300원에서 1,400원으로 증가하면(평가절하), 수출업자들은 1달러짜리 상품을 팔면 전에는 1,300원을 벌었는데 이제는 1,400원을 벌기 때문에 수익성이 높아진다. 따라서 환율이 상승하면 수출이 촉진된다. 그러나 수입업자들은 1달러짜리 상품을 사기 위해 전에는 1,300원만 지불했는데 이제는 1,400원을 지불해야 하기 때문에 수입품의 국내가격이 높아진다. 따라서 수입품의 국내수요가 줄어들고 수입이 위축된다. 환율이 평가절상되면 반대효과가 나타난다. 환율이 1,300원에서 1,200원으로 내려가는 평가절상이 일어나면 수입은 증가하고 수출은 감소한다.

생 · 활 · 경 · 제 · 학

환율이 오르면 왜 프랑스 와인 수입이 줄어드는가?

한국 원과 유럽 유로 간의 환율이 ₩1,000=€1라고 하자. 한국에서 가격이 ₩20,000인 CD는 프랑스에서는 가격이 €20가 된다. 프랑스에서 한 병에 가격이 €50인 프랑스산 와인은 한국에서는 ₩50,000이 된다.

한국 원과 유럽 유로 간의 환율이 ₩1,200=€1로 바뀌었다고 하자. 이제 1유로(€)를 사기 위해서는 더 많은 원(₩)이 필요하므로 원은 유로에 비해 평가절하되었고, 유로는 원에 비해 평가절상되었다. 원의 평가절하는 CD의 유로가격을 €20에서 €16.7[=₩20,000/1,200(₩/€)]로 떨어뜨린다. 프랑스산 와인 한 병의 원 가격은 ₩50,000에서 ₩60,000[=€50×1200(₩/€)]으로 상승한다. 결과적으로 프랑스에서는 가격이 싸진 한국산 CD는 더 많이 팔리고 한국에서는 가격이 비싸진 프랑스산 와인은 더 적게 팔릴 것이다.

질문의 답 찾기 QA

삼성전자는 베트남 노동자들에게 너무 적은 임금을 주고 있는가?

베트남의 비숙련노동자는 일당 1~3달러를 받으며 열악한 환경에서 일한다. 나이키제품을 생산하는 노동자는 일당 4~5달러를 받는 것으로 알려져 농업종사 노동자보다는 높은 수준을 보였다. 삼성전자는 보다 높은 수준인 일당 약 10달러를 지급하고 있지만 한국 노동자임금의 10분의 1에도 미치지 못하고 있다.

자유시장 지지자는 국제무역 이득을 강조한다. 비교적 교육수준이 낮고 미숙련상태인 베트남 노동자는 단순조립업무에서 비교우위를 갖는다. 베트남 노동자들은 매우 낮은 임금을 받고 상대적으로 열악한 환경에서 일하지만, 일을 하지 않으면 적은 임금조차 벌 수 없게 된다. 삼성전자가 베트남 노동자들에게 낮은 임금을 주고 있지만, 농업부문보다 훨씬 고임금의 일자리를 제공하고 있다. 농업부문과는 달리 스마트폰공장은 계절적 변화에 상관없이 안정적인 수입을 보장하고 있다. 또 삼성전자는 스마트폰공장을 베트남에 건설하면서 베트남은 신기술을 이전받을 수 있는 기회를 갖게 되었다. 2019년 베트남 전체 수출액이 약 2,400억 달러인데 삼성전자 수출액이 약 600억 달러로 베트남 전체 수출액의 25%를 차지한다. 개인당 소득으로 환산하면 베트남 1인당 GDP가 약 2,600달러인데 이 중 600달러를 삼성전자가 지불하는 셈이다.

한편, 자유무역 반대자는 베트남공장의 저임금과 업무환경이 선진국에 비해 열악하다는 것을 지적한다. 한국의 저임금노동자가 일당 7만 원 정도를 번다면, 베트남 노동자는 10분의 1에도 미치지 못하는 임금을 받는다. 근로환경도 한국수준에 미치지 못할 것이다. 세계 소비자들이 삼성전자 베트남 노동자의 저임금을 문제 삼아 불매운동을 벌인다면 어떤 일이 벌어질까?

삼성전자가 강제로 베트남 노동자의 임금을 인상해주어야 할지도 모른다. 삼성전자가 임금인상을 충당하기 위해 스마트폰가격을 인상해야 한다면, 스마트폰 판매량이 줄어들고 매출액도 감소할 것이다. 이는 베트남 노동자의 해고로 이어질 수 있다. 자유무역 반대자들의 베트남 노동자임금을 인상해주려는 노력이 일자리를 앗아갈 수도 있을 것이다. 삼성전자와 하청업체에 베트남공장 노동자의 임금을 인상하도록 강요한다면 어떤 일이 발생할지는 명확하지 않다. 하지만 일반적으로 세계화가 베트남에 긍정적인 영향을 주었다는 사실은 명확하다고 평가되고 있다.

시사경제용어

- 닛케이지수 : 일본경제신문사(약칭 '닛케이')가 도쿄 증권거래소 1부 시장에 상장된 주식 가운데 225개 종목의 시장가격을 평균하여 산출하는 일본 증권시장의 대표적인 주가지수이다.
- 아웃소싱(Out Sourcing) : 제품생산 · 유통 · 포장 · 용역 등을 하청기업에 발주하거나 외주를 줌으로써 기업 밖에서 필요한 것을 조달하는 방식의 경영전략이다.
- 외국인직접투자(FDI : Foreign Direct Investment) : 외국인이 한 국가의 법인체기업 또는 개인기업의 경영에 참여해 영속적인 이익을 취득할 목적으로 행하는 국제 간 장기자본이동이다. 단기적인 투자이익을 목적으로 한 주식, 채권 파생금융상품 등의 매입을 위한 자본이동 등은 해당되지 않는다.
- OEM(Original Equipment Manufacturing) : 자기상표가 아니라 주문자가 요구하는 상표명으로 부품이나 완제품을 생산하는 방식으로 '주문자상표 부착생산'을 말한다. OEM수출은 상품값을 제대로 받지 못하게 될 뿐만 아니라 주문자, 상표권자의 하청 생산기지 이상의 기능을 할 수 없게 되는 단점이 있다.
- 상계관세 : 수출국으로부터 장려금이나 보조금을 지원받아 가격경쟁력이 높아진 물품이 수입돼 자국(수입국)산업이 피해를 입을 때 이 물품수입을 억제하기 위해 부과하는 관세이다.

연 · 습 · 문 · 제

EXERCISE

01 절대우위와 비교우위에 대하여 설명하시오.

02 무역이득에 대하여 설명하시오.

03 관세부과의 경제적 효과를 설명하시오.

04 다음은 한국과 인도의 무역사례를 나타내고 있다.(10점)

구분	한국	인도
자동차	2대	0.5대
철강	2톤	1톤

① 한국과 인도는 각각 어느 상품생산에서 절대우위를 갖는가? 이유는 무엇인가?

② 한국과 인도는 각각 어느 상품생산에서 비교우위를 갖는가? 이유는 무엇인가?

③ 무역이 개시되면 자동차의 세계가격은 어느 수준에서 결정되는가?

④ 자동차의 세계가격이 대당 철강 1.5톤이라고 할 때, 한국과 인도의 무역이득은 각각 얼마인가?

⑤ 한국과 인도의 생활수준과 소득이 동등하지 않다는 사실은 어떻게 설명할 수 있는가?

05 재화의 세계가격이 20이고 국내 수요 · 공급곡선이 다음의 등식처럼 주어진다고 하자.

$$수요 : P=80-2Q$$

$$공급 : P=2Q$$

① 소비와 국내생산은 얼마인가?
② 소비자잉여와 생산자잉여는 얼마인가?
③ 관세 50%가 부과되면 소비와 국내생산은 얼마나 변하는가?
④ 소비자잉여와 생산자잉여는 어떻게 변하는가?
⑤ 정부의 관세수입은 얼마인가?, 관세의 국내순비용은 얼마인가?

06 환율의 결정원리를 설명하시오.

CHAPTER 15

경제성장과 경제발전

지리적 요인이 열대지역 국가들을 가난하게 하는가?

세계에서 가장 가난한 국가들의 대부분은 적도 근처에 위치한 열대 및 아열대지역 국가들이다. 반면 적도에서 멀리 떨어진 온대지역 국가들은 대부분 훨씬 잘사는 국가들이다. 콩고민주공화국은 적도가 가운데를 지나가는 국가이다. 2010년 1인당 GDP(구매력평가 조정)는 241달러(2005년 불변가격)에 불과하였다.

지도에서 같은 경도를 따라 위도 60도까지 올라가면 핀란드를 발견할 수 있다. 같은 해 핀란드의 1인당 GDP는 32,989달러였다. 다른 적도지역 국가들도 같은 경도를 따라 위도 40~60도로 올라가면, 적도에서 멀리 떨어진 국가들이 적도 부근 국가들보다 훨씬 더 부자라는 사실을 발견할 수 있다. 그렇다면 열대지역에 위치한다는 사실만으로 한 국가는 빈곤에 빠질 수밖에 없는가? 지리가 한 국가의 번영을 결정할 수 있는가?

15.1 한 국가의 경제는 어떻게 성장하는가?

인간은 물질적으로 풍요해지기를 원한다. 물질적 풍요를 누리기 위해서는 경제성장을 통해 많은 생산을 이루어야 한다. 그런데 경제성장이 이루어진다고 모든 사람이 물질적으로 풍요해지는 것은 아니다. 성장 혜택을 일부 사람들이 독차지하는 분배왜곡현상이 나타나면 많은 사람들의 삶은 여전히 어려워질 수밖에 없다. 모든 사람이 골고루 물질적 풍요를 누리는 것을 경제발전이라고 한다. 경제발전이 이루어지기 위해서는 일단 경제성장이 이루어져야 하고, 분배구조가 개선되어야 한다.

1. 경제성장의 의미

경제활동이란 생산(production)과 소비(consumption)가 되풀이되는 현상이다. 이 과정에서 생산 및 소비규모가 커지는 현상을 경제성장(economic growth)이라고 한다. 생산이 커지는 것은 국내총생산(GDP)이 늘어나는 것이므로 국가적으로는 실질GDP가 확대되는 현상을 경제성장이라고 정의할 수 있다.

60년 전에는 오늘날 우리가 가지고 있는 물건의 대부분이 매우 귀한 물건이었다. 냉장고, 에어컨, 자동차나 텔레비전도 매우 귀했다. 과거에는 요즘 흔한 물건이라도 가질 수 있는 사람은 극히 소수였다. 요즘은 거의 모든 사람들이 냉장고나 텔레비전을 가지고 있다. 오늘날은 60년 전에 비해 생산되고 소비되는 상품의 양이 크게 늘어났는데, 모두 경제성장의 결과이다.

경제성장은 생산가능곡선을 이용하여 보다 더 쉽게 설명할 수 있다. 우리나라에 존재하는 가용자원을 모두 사용하여 공산품과 농산품을 생산한다면 [그림 15-1]의 *AaB*와 같은 곡선을 따라 공산품과 농산품을 생산할 수 있다고 하자. 현재의 생산자원을 모두 농산물생산에 투입한다면 *B*만큼 농산물이 생산되고, 모든 생산자원을 공산품생산에만 투입한다면 *A*만큼 공산품이 생산된다. 그리고 두 상품을 동시에 생산한다면 *AaB*곡선을 따라 공산품과 농산품을 동시에 생산할 수 있다. *AaB* 곡선은 생산가능한 공산품과 농산품의 양을 나타낸다. 이 곡선을 생산가능곡선(production possibility frontier)이라고 한다. 생산가능곡선을 넘어서는 생산할 수 없으며, 이 곡선 범위 내에서만 생산이 가능하다.

완전고용이 이루어지면 *a*점과 같은 생산가능곡선상에서 실제생산이 이루어진다. 경제성장이란 생산가능곡선이 *AaB*로부터 *A′bB′*로 이동하면서 생산점이 *a*에서 *b*로 이동하는 것을 의미한다. 생산점이 *a*에서 *b*로 이동함으로써 더 많은 농산품과 공산품이 생산될 수 있다.

생산가능곡선이 *AaB*에서 *A′bB′*로 이동해도 완전고용이 이루어지지 못해 생산점이 여전히 *a*에 그대로 머물러 있으면 이때는 경제성장이 이루어진 것이 아니다. 총산출량이 증가하지 못했기 때문이다. 경제성장이란 실제로 경제 전체의 생산량이 늘어나는 것을 말한다.

경제성장이 사람들의 생활수준을 향상시키려면 경제성장률(rate of growth)이 인구증가율(rate of population increase)을 앞질러야 한다. 어떤 경제학자들은

그림 15-1 생산가능곡선과 경제성장

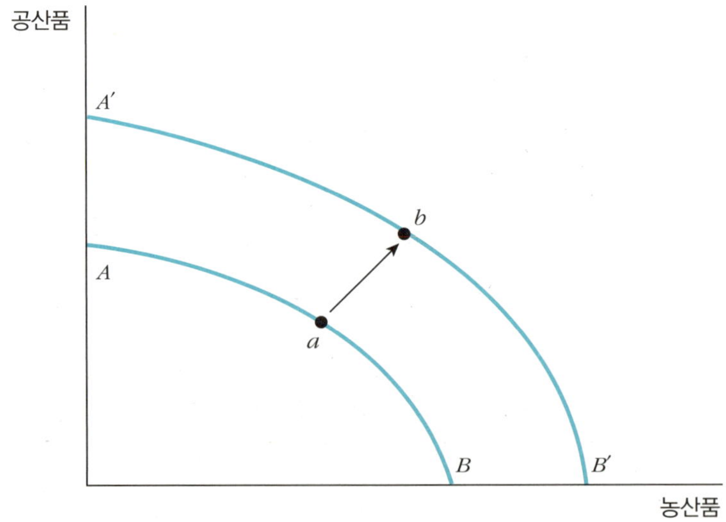

GDP 총량보다 1인당 GDP가 증가하는 것을 경제성장이라고 정의하기도 한다. 경제성장의 원천은 크게 생산자원의 양과 생산기술이라고 할 수 있다. 생산자원의 양이 많아지거나 생산기술이 향상되면 [그림 15-1]에서 생산가능곡선 AaB가 $A'bB'$로 이동한다.

2. 생산자원, 생산성 및 경제성장

생산자원은 크게 노동(labor)과 자본(capital)으로 구분할 수 있다. 그리고 자본은 물적 자본(physical capital)과 인적자본(human capital)으로 나눌 수 있다. 노동은 노동의 양을 의미하며, 인구(population)가 증가하면 노동의 양이 증가한다. 노동의 양은 노동력이므로, 인구가 증가하여 노동력(labor force)이 증가하면서 노동공급량(labor supply)이 증가한다. 완전고용이 이루어지면서 노동공급량이 증가하면 경제성장이 이루어진다. 최근에는 지식(knowdges) 및 숙련(skills)과 같은 노동의 질적 측면이 중요시되고 있다.

물적 자본은 기계, 건물, 토지 등과 같은 생산설비를 의미한다. 물적 자본이 증가하면 생산이 더 많이 이루어지기 때문에 경제가 성장한다. 투자에 의해 물적 자본이 증가하는 데 투자를 통한 자본축적은 경제성장의 매우 중요한 요소이다. 물적 자본의 양이 많아지면 노동의 생산성이 증가한다. 노동생산성은 생산량(Y)을 노동량(L)으로 나눈 값(Y/L)인데, 자본의 양이 많아지면 노동생산성이 증가한다. 경제성장과정에서는 물리적 자본의 양(K)이 노동의 양(L)보다 더 빠르게 증가한다. 즉 노동에 대한 자본의 비율(K/L)이 증가한다. 이는 노동생산성(Y/L)을 증가시키는 원천이다.

인적자본이란 노동의 질을 의미한다. 같은 노동자라도 한 사람은 대졸이고 또 다른 사람은 고졸이라고 하면 대졸 노동자는 고졸 노동자보다 인적자본이 더 많다고 본다. 인적자본에 대한 투자도 경제성장의 중요한 원천이 된다. 건강하고 교육수준이 높으며, 숙련도가 높은 노동자는 인적자본이 많다고 할 수 있다. 인적자본이 많을수록 경제성장은 더욱 빠르게 이루어질 수 있다.

생 · 활 · 경 · 제 · 학

미국인은 왜 고조할아버지보다 훨씬 더 잘 사는가?

오늘날 미국의 1인당 실질GDP는 1820년에 비해 약 25배 수준으로 늘어났다. 1820년에는 전체 인구 가운데 소수만 도시에 살았고, 대부분은 농업에 종사하였다. TV, 자동차, 비행기와 같이 지금은 당연하게 생각하는 많은 재화와 기술은 당시에는 상상할 수도 없었다.

미국 등 선진국들은 새로운 상품과 서비스, 기술을 개발하면서 지난 200년 동안 1인당 GDP를 크게 향상시켜 놀라운 경제성장을 달성하였다. 미국이 지난 수십 년 동안 이룩한 눈부신 경제성장은 물적 자본과 인적자본의 증가에 힘입은 바 크지만, 기술발전이 기여한 바가 가장 큰 것으로 나타났다.

〈미국의 GDP(노동시간당) 성장에 대한 기술, 물적 자본, 인적자본 기여도(1950~2007년)〉

(단위 : %)

요소 \ 기간(년)	1950~59	1960~69	1970~79	1980~89	1990~99	2000~2007
기술	2.37 (66.95)	2.2 (67.48)	1.22 (57.82)	0.45 (27.95)	0.87 (42.03)	1.29 (52.23)
물적 자본	0.89 (25.14)	0.89 (27.30)	0.88 (41.71)	0.86 (53.42)	0.84 (40.58)	0.99 (40.08)
인적자본	0.28 (7.91)	0.17 (5.21)	0.11 (5.21)	0.3 (18.63)	0.36 (17.39)	0.19 (7.69)
계	3.54 (100.00)	3.26 (100.00)	2.11 (100.00)	1.61 (100.00)	2.07 (100.00)	2.47 (100.00)

자료 : *Data from Bureau of Labor Statistics*, Bureau of Economic Analysis, United States Census Bureau

노동의 양, 물적 자본의 양, 인적자본의 양이 증가하는 것으로도 설명되지 않는 경제성장의 원천이 존재한다. 이는 생산요소들의 생산성 향상이다. 생산성 향상은 기술진보(technological progress)에 의해 이루어진다. 발명(invention)과 혁신(innovation) 등을 거쳐 기술발전이 이루어지면 경제가 빠른 속도로 성장한다. 오늘날 경제성장은 많은 부문이 기술발전에 기인한다고 보고 있다. 컴퓨터 출현과 더불어 첨단기술이 개발됨으로써 경제성장은 더욱 빠르게 이루어지고 있다.

생산성 향상은 새로운 지식에 의해서도 이루어진다. 특히 경영지식의 발달로 기업의 생산성은 점점 높아지고 있다. 기업경영의 새로운 기법이 개발됨으로써 기업은 점점 더 효율적인 생산을 하고 있다. 규모의 경제(economics of scale)도 생산성을 증가시키는 중요한 요인이다. 오늘날 대기업의 출현과 더불어 규모의 경제가 실현됨으로써 기업의 생산성은 더 높아지고 있다.

3. 경제성장에 대한 논쟁

경제성장은 경제학이 달성하고자 하는 하나의 목표이다. 경제학은 물가를 안정시키면서 실업을 줄이고 경제규모를 키워나가는 것을 추구하고 있다. 이를 통해 모든 인간에게 물질적 풍요를 주고자 한다. 경제가 성장해야만 물질적 풍요가 달성될 수 있고, 물질적 풍요가 달성되면 인간생활은 더욱 윤택해진다.

1960년대 이래 한국은 급속한 경제성장을 이룩해왔다. 오늘날 상당한 수준의 물질적 풍요를 누리고 있다. 1960년과 2019년을 비교해보면 물질적 풍요 면에서는 하늘과 땅 차이를 느낄 수 있다. 1960년에는 식량문제도 충분히 해결되지 않았을 뿐만 아니라 전화, TV, 냉장고, 자동차 등은 극히 제한된 계층의 전유물이었다.

오늘날에는 식량부족문제는 해결되었으며, 거의 모든 가정이 전화, TV, 냉장고, 자동차를 가지고 있다. 현대의 풍요로움은 경제성장(economic growth)의 산물이라고 할 수 있다. 한편 경제성장은 다음과 같은 몇 가지 한계를 갖는다. 첫째, 경제성장이 삶의 질(quality of life)까지도 반드시 개선해주는 것은 아니다. 산업화가 진전되면 경제성장과 더불어 삶의 질은 오히려 나빠지기도 한다. 많은 사람들이 대도시에 몰려 매일 치열한 경쟁에 시달리고 있다.

둘째, 경제성장은 인간에게 새로운 욕구를 창출시킨다. 새로운 상품은 인간의 새로운 욕구를 불러일으키고 이를 얻기 위해 더욱 노력하게 만든다. 따라서 끊임없는 욕망은 인간을 물질의 주인이 아니라 물질의 노예로 만든다.

셋째, 경제성장은 유한한 자원을 고갈시킨다. 경제성장과 더불어 에너지 수요가 급증하였기 때문에 지구상의 석유자원이 고갈될 위기에 놓여 있다. 나무와 물 등재생되는 자원도 사용량이 급증하면 사라질 위기에 직면하게 된다. 오염과 공해도 심화되고 환경파괴도 심화된다.

넷째, 경제성장은 소득분배를 불공평하게 만든다. 빈익빈 부익부를 심화시키고 성장의 혜택을 골고루 나눠 갖지 못한다. 오늘날 고도성장에도 불구하고 굶주리는 사람이 존재하는 것이 사실이다. 오히려 빈부의 격차는 더욱 확대되는 경향이 있으며, 한국도 경제위기를 겪으며 중산층이 무너지고 소득격차가 커지는 현상을 보이고 있다. 장기적으로 중산층의 소비를 축소하여 경제 전체를 위축시키고 시장의 기능을 왜곡할 가능성이 있다. 경제성장이 모든 사람을 동시에 행복하게 할 수 없으며, 지속적인 성장을 방해하는 요인으로 작용할 수 있다.

경제학자

프리드리히 아우구스트 폰 하이에크(Friedrich August von Hayek, 1899~1992)

20세기 후반 신자유주의 "시장자율 보장해야 경제발전"

케인즈이론에 입각해 경제를 운영하던 세계 각국은 1970년대 새로운 위기에 직면했다. 정부가 돈을 풀어도 경기는 살아나지 않고 물가만 올라가는 '스태그플레이션'현상이 나타났다. 이때부터 오스트리아 출신 경제학자 하이에크의 이론이 힘을 발휘하기 시작했다. 하이에크는 경제발전을 위해서는 사람들이 재능과 능력을 발휘할 수 있도록 시장에 최대한 자율을 주고 정부는 질서만 만들면 된다고 생각했다.

하이에크는 정부가 시장에 개입하면 반드시 부작용이 생기며 사람들은 정부규제로 재능과 능력을 제대로 발휘할 수 없어 '노예의 길'로 가게 된다고 지적했다. 하이에크의 생각을 '신(新)자유주의'라고 부른다.

중국경제를 개혁한 덩샤오핑(鄧小平)이 1978년 하이에크를 불러 면담한 것은 유명하다. 식량부족으로 고민하던 덩샤오핑은 하이에크에게 해결책을 물었다. 하이에크는 "중국의 식량문제는 시장만이 해결할 수 있다"고 답했다. 이후 중국은 집단농장에서 생산해 똑같이 분배하는 대신 국유지를 농민에게 임대해 생산량의 일부만 정부에 내도록 바꿨다. 2년 만에 식량생산량은 26% 늘었다.

하이에크는 사회주의체제의 붕괴를 예언했으며 죽기 전에 자신의 예언이 실현되는 것을 목격했다. 소련의 붕괴 소식을 아들이 전하자 90세가 넘은 하이에크가 "거봐, 내가 뭐랬어"라고 답했다는 일화는 유명하다.

15.2 경제발전의 의미와 전략

1. 경제발전의 배경

경제성장(economic growth)과 경제발전(economic development)은 거의 같은 의미로 사용되고 있다. 그러나 엄밀하게 따지면 두 용어는 각기 다른 의미를 가지고 있다. "어떤 나라가 국민소득은 높아졌지만 대부분의 국민이 혜택을 보고 있지 못하다"고 말할 때, 국민소득이 높아졌다고 하는 부분은 경제성장을 의미하고, 혜택을 보고 있지 못하다는 부분은 경제발전이 이루어지지 못했다는 것을 의미한다. 즉 경제성장은 있었지만 경제발전은 없었다는 의미이다.

경제성장은 국가경제 전체의 총산출량이 커지는 것을 말하고, 경제발전은 국민 개개인의 삶의 질이 좋아지는 것을 말한다. 경제성장은 경제발전의 전제가 된다. 일단 성장을 통해 파이의 크기를 크게 해놓은 다음 파이를 골고루 나누어 먹는 것이 성장과 발전의 일반적 관계라고 본다.

지구상에는 200개가 넘는 나라가 있고 60억이 넘는 인구가 있다. 그런데 이 인구의 1/4이 선진국(developed countries)에 살면서 세계생산량의 3/4을 소비하고 있다. 반면 3/4의 세계인구가 저개발국(developing countries)에 살면서 세계생산량의 1/4만 차지하고 있다. 지구상의 대다수 인구가 빈곤에서 탈피하지 못하고 있다. 저개발국 인구 중에서는 40%가 충분한 영양을 섭취하지 못하고 있는 실정이다.

경제성장이 높게 이루어져도 많은 사람들은 의식주 면에서 삶의 질을 향상시키지 못하고 있다. 경제성장과 경제발전이 동시에 이루어지고 있지 못하기 때문이다. 우리가 궁극적으로 달성시키고자 하는 것은 경제발전이다. 경제성장을 통해 경제발전이 동시에 달성되도록 하는 것이 우리가 추구하는 목표이다.

한편 상대적으로 부유하고, 가난한 나라들의 위치를 보여주고 있다. 더 높은 소득을 보여주고 있는 국가들이 지구의 북반부에 위치하는 경향을 보이고 있다. 예외적인 국가는 상대적으로 높은 일인당 소득을 보여주는 오스트레일리아와 뉴질랜드이다. 예외적인 경우들을 제외하면, 소득불평등은 지역적 패턴을 갖는 것으로 보인다. 북반부가 상대적으로 부유하고 남반부가 상대적으로 가난하다. 남북문제(North-South problem)라는 세계적 소득불평등문제를 포함하고 있다. 많은 부유한 나라들끼리, 많은 가난한 나라들끼리 서로 인접해 있는 지역성이 나타난다. 초기의 경제성장은 영국, 프랑스, 독일과 같은 북서 유럽에서 시작된 산업혁명(Industrial Revolution) 시기에 발생하였으며, 다시 미국으로 확산되었다. 미국은 19세기와 20세기에 급격히 산업화되었으며, 19세기 후반 다시 일본으로 확산되어 메이지 유신을 낳았다.

생·활·경·제·학

아이폰을 사려면 몇 시간을 일해야 하는가? : 아이폰지수

스위스의 투자은행인 UBS가 아이폰의 가격을 가지고 세계 각국의 주요 도시를 기준으로 임금(소득)수준을 비교한 아이폰X(10)지수를 개발해 발표하고 있다. 기준은 각 도시의 근로자들의 임금을 평균해 최신 아이폰10 한 대를 사려면 얼마나 오랫동안 일해야 하는가이다. 즉 임금이 높을수록 짧은 시간을 일하고 임금이 낮으면 더 오랫동안 일해야 아이폰을 살 수 있다는 얘기다. 세계 70여 개 도시를 비교한 결과 가장 오랫동안 일해야 하는 곳은 이집트의 카이로로 나타났다.

이집트 카이로의 근로자들은 아이폰10을 사려면 1,066시간을 일해야 한다. 하루 8시간을 기준으로 했기 때문에 일당으로 환산하면 133일 동안 한 푼도 쓰지 않고 모아야 한다는 이야기다. 근로소득의 1/2 정도를 저축한다고 해도 휴일과 휴가를 감안하면 1년쯤 걸리는 셈이다. 2위는 인도의 뭄바이로 917시간을 일해야 하고 5위를 차지한 인도네시아의 자카르타에서는 651시간을 일해야 아이폰10 한 대를 살 수 있다.

임금수준이 높은 선진국에서는 대체적으로 50시간 안팎을 일하면 아이폰10을 살 수 있는 것으로 조사됐다. 스위스의 취리히가 38시간으로 1위를 차지했고 미국의 로스앤젤레스가 50시간 그리고 캐나다의 몬트리올이 63시간으로 9위를 차지했다. 유럽 국가들 가운데는 노르웨이, 스웨덴, 덴마크 등 북유럽과 프랑스, 독일, 영국 등 서유럽 국가들이 평균적으로 시간당 임금이 높은 것으로 나타났다.

헝가리, 체코, 폴란드 등 동유럽과 그리스 등 남유럽 국가들은 말레이시아나 이스라엘 등 아시아와 일부 중동 국가들보다 임금수준이 낮은 것으로 조사됐다. 아시아와 아프리카에서는 홍콩과 도쿄가 가장 임금수준이 높았고 서울은 146시간을 일해야 아이폰10을 살 수 있는 것으로 조사됐다. 아메리카와 오세아니아 국가들 가운데는 예상대로 남미 국가들의 임금이 낮았고 북미와 오세아니아는 비슷한 것으로 나타났다.

아이폰X(10)를 사기 위해 일해야 하는 시간					
유럽		제네바	47.5	아시아	
키예프	708.6	취리히	38.2	뭄바이	917.8
부다페스트	399	아프리카		뉴델리	804.2
프라하	274.5	카이로	1066.2	자카르타	651.6
소피아	273.7	나이로비	577.7	하노이	361
바르샤바	269.3	요하네스버그	291.9	베이징	314.3
리스본	223.2	아메리카		모스크바	299
마드리드	140.5	멕시코시티	637.5	방콕	261.9
브뤼셀	138.6	부에노스아이레스	470.1	서울	146.8
로마	106.5	리우데자네이루	316	도쿄	75.3
암스테르담	106	상파울루	288.7	홍콩	70.7
파리	102.4	몬트리올	63.7	오세아니아	
런던	91	토론토	63.5	오클랜드	69.2
베를린	89.2	시카고	55	시드니	68
빈	83.8	뉴욕	54.1		
룩셈부르크	64.5	로스앤젤레스	50.6		

자료 : www.ubs.com, www.howmuch.net(2019)

2. 경제발전의 요인과 쟁점

경제발전의 요인

경제발전을 위해서는 경제성장이 뒷받침되어야 한다. 자본형성(capital formation), 인적자원(human resources) 확충, 기업가능력(entrepreneurial ability) 함양, 사회간접자본(social overhead capital) 확충 등은 성장과 발전의 원천이다. 한 국가는 경제발전을 위해 필요한 여건을 갖추어가면서, 해당 국가에 맞는 발전전략을 선택해야 한다.

한국은 공업위주로 수출주도전략으로 경제발전을 이끌어왔다. 정부는 경제발전을 위한 중앙계획(central planning)을 수립하는 정부주도형 발전전략을 선택하였다. 그러나 경제규모가 확대되면 정부주도적 경제성장은 한계에 이르게 된다. 자본주의경제가 고도화되기 위해서는 시장중심적인 경제가 정착되어야 한다. 물론 시장경제가 제대로 작동하기 위해서는 정부의 공정하고 합리적인 역할이 필요한 것이 사실이다.

주요 선진국과 많은 아프리카 국가들 간에는 경제성장 정도가 큰 차이를 보이고 있다. 즉 미국과 가나 간에는 1인당 GDP가 엄청난 격차를 보여주고 있다. 국가 간 1인당 GDP 격차는 기술, 물적 자본과 인적자본의 차이로 설명할 수 있다고 하였다. 그렇다면 왜 어떤 국가들은 다른 국가들보다 물적 자본을 더 많이 축적하고, 인적자본에 더 많이 투자하며, 좋은 기술개발도 더 잘하는가? 왜 아프리카 국가들은 미국이나 서유럽 국가들처럼 발전하지 못하는가?

경제성장을 결정하는 가까운 요인은 물적 자원, 인적자원, 기술의 차이지만 경제발전을 결정하는 다른 근본적인 요인이 존재한다고 할 수 있다. 경제발전의 근본원인(fundamental causes)은 경제성장원인인 물적 자본, 인적자본, 기술에 영향을 주는 지리적 · 문화적 · 제도적 요인들이다. 즉 지리, 문화, 제도는 물적 자본, 인적자본, 기술에 영향을 주어 국가번영의 차이를 이끌어낸다.

지리 지리적 요인이 경제발전을 결정한다는 것이다. 지리, 기후, 생태환경의 차이가 국가 간 경제발전 차이를 결정한다고 한다. 어떤 국가는 매우 불리한 지리적 · 기후적 · 생태적 환경을 가지고 있어서, 생산활동을 효과적으로 할 수 없거나 많은 비용이 든다. 따라서 불리한 지리적 환경을 가진 국가들은 생산요소 축적이나 기술개발에 불리하다.

문화 문화적 요인이 경제발전을 결정한다는 것이다. 개인과 사회가 가지고 있는 가치, 선호 및 신념 등 문화의 차이가 경제적 성과를 달성하는 데 결정적인 역할을 한다. 어떤 사회는 투자, 노동, 신기술을 장려하는 가치를 가지고 있지만, 다른 사회는 힘든 노동과 투자를 위한 저축을 꺼리고 신기술개발에 관심을 크게 갖지 않는다.

제도 제도(institution)가 경제발전을 결정한다는 것이다. 법과 규제를 포함하여 한 사회의 조직을 지배하는 공식적 · 비공식적 규칙인 제도가 경제발전에 중요한 역할을 한다는 것이다. 즉 어떤 사회가 가지고 있는 제도는 효과적인 인센티브를 창출하고 인센티브는 생산요소 축적과 신기술개발에 영향을 주어 다른 사회와 경제발전 격차를 유발한다는 것이다.

경제발전의 쟁점

경제발전이란 인간 개개인이 모두 인간다운 생활을 즐길 수 있도록 하는 것을 목표로 하고 있다. 선진국은 경제발전 목표를 어느 정도 달성하였다고 볼 수 있다. 저개발국에서는 경제성장은 느리지만 인구는 매우 빠른 속도로 증가하고 있다. 따라서 모든 개인에게 인간다운 생활을 보장해준다는 목표는 매우 어려운 과제가 되고 있다.

200여 년 전에 영국의 경제학자 맬서스(T. Malthus)는 생산물 증가속도는 인구증가속도에 따라가지 못하기 때문에 인간의 생존조건은 점점 더 어려워질 것이라고 주장하였다. 인구증가는 경제발전의 가장 중요한 논제가 아닐 수 없다. 인구증가율은 출생률(fertility rate)에서 사망률(mortality rate)을 뺀 값인데, 의료수준의 발달과 더불어 사망률이 급속도로 낮아지기 때문에 인구가 빠르게 증가하고 있다. 저개발국에서는 선진국에 비해 출생률 감소가 상대적으로 느린 속도로 진행되고 있기 때문에 인구가 빠르게 증가하고 있다. 한편 선진국에서는 출생률 저하에 따른 인구감소와 인구 고령화가 경제성장을 가로막는 사회적 문제로 대두되고 있다. 인구 고령화는 생산가능인구의 감소, 사회보장비 증가 등 여러 가지 사회적 문제를 야기하고 있다. 한국은 세계에서 인구감소와 고령화가 가장 빠르게 진행되고 있는 국가 중의 하나이다. 생산력 축소 및 사회비용 증가 등 사회적 문제들도 날로 심각해질 것으로 전망된다.

질문의 답 찾기

지리적 요인이 열대지역 국가들을 가난하게 하는가?

아니다. 500년 전에는 적도 부근 열대 지역 많은 국가들이 적도에서 멀리 떨어진 국가들보다 더욱 번영했다. 열대지역 국가들이 못살게 된 이유는 지리적 특성변화보다는 유럽 국가가 식민화기간 동안 형성한 서로 다른 제도적 구조의 영향을 더 많이 받은 것으로 보인다. 도시화수준과 인구밀도로 측정했을 때 유럽식민화 이전인 1500년경에 더욱 번영했던 열대지역 국가들은 오늘날 상대적으로 덜 부유한 상태에 놓이게 되었다. 지리적 요인들도 경제발전에 일정한 역할을 할 수 있지만, 주된 원인이라고 보기는 어렵다.

자료 : 에스모글루 외(2016), 『경제학원론』, pp. 554-549 참조

시사경제용어

- 신자유주의 : 자유방임적 자유주의의 시장중심의 경제사상의 결함을 인정하여 국가에 의한 사회정책 등의 필요를 승인하면서도 이상주의적 개인주의를 밑바탕으로 하여 자본주의의 자유기업 전통을 지키고 사회주의에 반대하는 사상이다.
- 일대일로(一帶一路) : 중국주도의 '신(新)실크로드전략 구상'으로 내륙과 해상의 실크로드경제벨트를 지칭한다. 2013년 시진핑 국가주석의 제안으로 시작됐으며, 현대판 실크로드를 다시 구축해 중국과 주변 국가의 경제·무역 합작 확대의 길을 연다는 대규모 프로젝트이다.
- 과밀부담금 : 일정규모 이상의 판매시설에 대해 사업비(토지비와 건축비 등) 가운데 수도권 집중을 억제하기 위해 부과하는 일정액의 부담금이다. 수도권 과밀화 해소 및 지역 균형개발 도모를 위한 재원 확충을 위해 1994년 도입되었다.

연 · 습 · 문 · 제

EXERCISE

01 국가마다 경제성장률이 차이가 나는 이유는 무엇인가?

02 경제발전의 요인은 무엇인가?

03 어떤 경제학자들은 아프리카 국가들을 돕기 위해서는 선진국들이 기초적인 사회간접자본 구축을 위한 자금지원을 확대해야 한다고 주장한다. 다른 학자들은 아프리카 국가들이 사회간접자본을 유지하기 위한 재정적 수단과 정치적 수단을 먼저 갖추어야만 장기적인 성장효과를 거둘 수 있다고 주장한다. 어떤 정책에 우선순위를 두어야 하는가?

| 참 | 고 | 문 | 헌 |

거버, J. (허찬국 외 옮김), 『국제경제학』, 제7판, 2018.

김영식, 『경제학으로의 초대』, 제2판, 도서출판 청람, 2014.

다이아몬드, G. (김진준 옮김), 『총, 균, 쇠』, 문학사상사, 1998.

도종록 외, 『한국경제 진단과 처방: 그때는 맞고 지금은 틀리다』, 원더박스, 2018.

도쿄대 고령사회 종합연구소 (최예은 옮김), 『도쿄대 고령사회 교과서』, 행성B, 2019.

레빗, S. 외 (한채원 옮김), 『세상물정의 경제학』, 위즈덤하우스, 2015.

레빗, S. 외 (안진환 옮김), 『슈퍼괴짜경제학』, 웅진지식하우스, 2009.

레이워스, K. (홍기빈 옮김), 『도넛 경제학』, 학고재, 2018.

매일경제 경제경영연구소, 『매경테스트 공식가이드』, 매일경제신문사, 2018.

맥어스킬, W. (전미영 옮김), 『냉정한 이타주의자』, 부키, 2015.

맥코넬, R. 외 (정기화 옮김), 『알기 쉬운 경제학』, 생능, 2017.

맨큐, N. G. (김경환 외 옮김), 『맨큐의 경제학』, 제8판, 교보문고, 2018.

맨큐, N. G. (김경환 외 옮김), 『맨큐의 핵심경제학』, 제8판, 교보문고, 2018.

맨큐, N. G. (이병락 옮김), 『거시경제학』, 제9판, 시그마프레스, 2016.

베산코, D. A. 외 (이병락 편역), 『미시경제학』, 시그마프레스, 2015.

보몰 외, (김원선 역), 『경제학의 핵심』, 시그마프레스, 2006.

보발레, M. (권지현 옮김), 『인센티브와 무임승차』, 중앙북스, 2013.

부크홀츠, T. (이승환 옮김), 『죽은 경제학자의 살아있는 아이디어』, 김영사, 2001.

스티글리츠, J. E. (이순희 옮김), 『불평등의 대가』, 열린책들, 2012.

스티글리츠, J. E. (김균외 옮김), 『스티글리츠의 경제학』, 한울아카데미, 2002.

슬로만, J. 외 (박재민 외 옮김), 『비즈니스 경제학 입문』, 제4판, 시그마프레스, 2016.

애리얼리, D. 외 (이경식 옮김), 『부의 감각』, 청림출판, 2017.

에스모글루, D. 외 (손광락 외 옮김), 『경제학원론』, 시그마프레스, 2016.

엘렌버그, J. (김명남 옮김), 『틀리지 않는 법』, 열린책들, 2019.

월런, C. (형선호 옮김), 『벌거벗은 경제학』, 황금가지, 2003.
전현중, 『경제학 에센스』, 청람, 2009.
조순 외, 『경제학원론』, 제10판, 율곡출판사, 2013.
쿤데라, M. (이재룡 옮김), 『참을 수 없는 존재의 가벼움』, 민음사, 2018.
크루그먼, P. (김재영 외 옮김), 『크구그먼의 거시경제학』, 제4판, 시그마프레스, 2018.
크루그먼, P. (김재영 외 옮김), 『크루그먼의 미시경제학』, 제4판, 시그마프레스, 2018.
크루그먼, P. 외 (김재영 외 옮김), 『크루그먼의 경제학입문』, 제4판, 시그마프레스, 2017.
크루그먼, P. 외 (김재영 외 옮김), 『크루그먼의 경제학』, 제4판, 시그마프레스, 2017.
크루그먼, P. (예상한 외 옮김), 『미래를 말하다』, 한국경제연구원, 2007.
탭스콧, D. 외 (윤미나 옮김), 『위키노믹스』, 21세기북스, 2008.
포터, M. E. (이희령 옮김), 『하버드 비즈니스 리뷰 경영 인사이트 BEST 11』, 매일경제신문사, 2018.
핀디크, R. 외 (박원규 외 옮김), 『미시경제학』, 제7판, 시그마프레스, 2011.
하이에크, F. A. (김이석 옮김), 『노예의 길』, 자유기업원, 2018.
하포드, T. (이진원 옮김), 『경제학콘서트 2』, 웅진지식하우스, 2008.
한국은행, 『한국은행의 알기 쉬운 경제이야기』, 한국은행, 2015.
한국은행, 『알기 쉬운 경제지표해설』, 2019.
허바드, R. (이상규 외 옮김), 『허바드의 경제학』, 제5판, 경문사, 2016.

Koma, J., *Economics*, Project KT, 2016.
Heyne, P. et al., *The Economic Way of Thinking*, 13th edition, Prentice-Hall, New Jersey, 2013.
Rosling, O. et al., *Factfulness*, Flatiron Books, New York, 2018.
Sharp, A. et al., *Economics of Social Issues*, 17th edition, McGraw-Hill/Irwin, New York, 2006.
Silem, A. et al., *Comprendre les théories économiques* (tome 1-2), Edition du Seuil, 1987.
Sowell, T., *Basic Economics*, 5th edition, Basic Books, New York, 2015.

동아일보, 매일경제신문, 조선일보, 중앙일보, 한국경제신문, 한겨레신문
The Economist

| 찾 | 아 | 보 | 기 |

[저자 소개]

■ **전현중**

동서대학교 국제통상학과 교수

경제학박사(프랑스 Paris 1 대학교)
동서대학교 중앙도서관장, 사회교육원장, 국제학부장

베이직 경제학

2019년 9월 15일 1판 1쇄 발행
2023년 2월 25일 1판 2쇄 발행

저　　자 | 전현중
발 행 인 | 이수영
발 행 처 | 도서출판 청람
서울시 마포구 독막로 288(대흥동, 세양상가 109호)
전　　화 | 02)3272-2601~2
팩　　스 | 02)3272-2603
이 메 일 | crbooks@daum.net
홈페이지 | www.crbooks.co.kr
등　　록 | 2000년 8월 26일 제6-0509호

ISBN 978-89-5972-727-8 93320 [정가 22,000원]